MARC AUREL
WEGE ZU SICH SELBST

MARC AUREL

WEGE ZU SICH SELBST

Herausgegeben und übersetzt
von Rainer Nickel

ARTEMIS VERLAG
MÜNCHEN UND ZÜRICH

CIP-Titelaufnahme der Deutschen Bibliothek

Marcus Aurelius Antonius ⟨Imperium Romanum, Imperator⟩
Wege zu sich selbst : Marc Aurel
Hrsg. u. übers. von Rainer Nickel
München ; Zürich : Artemis-Verl., 1990
ISBN 3-7608-1893-5
NE: Nickel, Rainer [Hrsg.]

 Satz: Laupp & Göbel, Nehren b. Tübingen
Druck: Kösel, Kempten. Printed in Germany

INHALT

ANHANG

ERSTES BUCH

1. Von meinem Großvater Verus (wurden mir) Ausgeglichenheit und Gelassenheit (vorgelebt).

2. Den Urteilen und Berichten über meinen Vater (verdanke ich eine Vorstellung von) Bescheidenheit und männlichem Wesen.

3. Bei meiner Mutter (erlebte ich) Frömmigkeit, Freigebigkeit und Abneigung gegen böse Taten und Gedanken, ferner Schlichtheit in der Lebensführung und Ablehnung eines aufwendigen Lebensstiles.

4. Meinem Urgroßvater (ist zu verdanken), daß ich nicht auf öffentliche Schulen zu gehen brauchte, gute Hauslehrer hatte und erkannte, daß man dafür viel Geld ausgeben muß.

5. Von meinem Erzieher (lernte ich), weder für die Grünen, noch für die Blauen, die Rundschilde oder Langschilde Partei zu ergreifen, Anstrengungen zu ertragen, wenig zu benötigen, meine Arbeit selbst zu erledigen, mich nicht in fremde Angelegenheiten zu mischen und nicht auf üble Nachrede zu hören.

6. Von Diognetos (lernte ich), sinnloses Streben zu vermeiden, dem Gerede der Wundertäter und Zauberer über Beschwörungen, Teufelsaustreibungen und ähnliches nicht zu glauben, keine Wachteln zu halten und keine vergleichbaren Leidenschaften zu haben, ein offenes Wort zu vertragen, ein enges Verhältnis zur Philosophie zu gewinnen und zuerst Bakchios, dann Tandasis und Markian zu hören, schon als Kind Dialoge zu schreiben, ein niedriges Bettgestell und ein Fell zu verlangen und was sonst noch mit der Lebensweise griechischer Philosophen zu tun hat.

7. Von Rusticus wurde mir die Einsicht vermittelt, daß mein Charakter der Verbesserung und Pflege bedarf. (Von ihm lernte ich), nicht auf die Nacheiferung der Sophisten zu verfallen und nicht über die Künste und Wissenschaften zu schreiben, keine Mahnreden zu halten oder unter Vortäuschung falscher Tatsachen den Asketen oder den Wohltäter der Menschheit zu spielen und auf professionelles Redenhalten, Dichten und gebildetes Sprechen zu verzichten, nicht in vornehmer Kleidung im Haus herumzulaufen und anderes dieser Art zu tun, außerdem meine Briefe einfach zu formulieren – ein vorbildliches Beispiel dafür ist der Brief, den er meiner Mutter aus Sinuessa schrieb –, gegenüber denjenigen, die einen beschimpft und Fehler gemacht haben, eine versöhnliche Haltung einzunehmen, sobald sie zur Umkehr bereit sind, genau zu lesen, sich nicht damit zufriedenzugeben, etwas nur oberflächlich zu erfassen, und den Schwätzern nicht ohne weiteres zuzustimmen. (Schließlich verdanke ich ihm auch), daß ich auf die Aufzeichnungen über Epiktet gestoßen bin, die er mir aus seiner Bibliothek überließ.

8. Von Apollonios (wurden mir) die innere Unabhängigkeit und die Entschlossenheit (vermittelt), nichts dem Zufall zu überlassen, dann die Fähigkeit, auf nichts anderes – auch nicht für kurze Zeit – als auf die Vernunft Rücksicht zu nehmen und immer die gleiche Haltung bei schweren Schmerzen, beim Verlust eines Kindes und während einer langen Krankheit zu bewahren. Er ließ mich auch am lebenden Vorbild deutlich sehen, daß ein und derselbe Mensch sowohl äußerst tatkräftig als auch fröhlich und gelöst sein kann. (Von ihm lernte ich), bei der Auslegung von Texten nicht die Geduld zu verlieren. (Er brachte mich dazu), in ihm einen Menschen zu sehen, der offensichtlich glaubte, daß seine Erfahrung und seine große Kunst in der Vermittlung von Lerninhalten die geringste seiner guten Eigenschaften sei. (Nicht zuletzt aber lernte ich von

ihm), wie man die scheinbaren Wohltaten von Freunden annehmen muß, indem man sich dadurch weder demütigen läßt, noch achtlos daran vorbeigeht.

9. Von Sextus (wurden mir) Freundlichkeit und Güte (vorgelebt). Er gab mir das Beispiel des guten Familienvaters. (Er vermittelte mir) das Bewußtsein von einem Leben im Einklang mit der Natur, Würde und Anstand ohne Künstlichkeit, Fürsorglichkeit gegenüber den Freunden, Toleranz gegenüber den Einfaltspinseln und solchen, die Vermutungen anstellen über das Unerforschliche. (Bei ihm erlebte ich) die Fähigkeit, mit allen Menschen zu harmonieren, so daß der Umgang mit ihm angenehmer war als jede Art von Schmeichelei, er gleichzeitig aber bei eben jenen höchste Achtung und Verehrung genoß, darüber hinaus das Vermögen, die für das Leben notwendigen Leitideen zupackend und zielgerecht zu erfassen und zu ordnen, niemals den Anschein von Zorn oder irgendeiner anderen Leidenschaft zu erwecken, sondern einerseits zwar völlig frei von Leidenschaft, andererseits aber ein äußerst liebevoller Mensch zu sein, (und schließlich die Kunst), mit Feingefühl zu loben und zu ermutigen und eine Fülle von Wissen zu haben, ohne damit aufzutrumpfen.

10. Von Alexandros, dem Sprachlehrer (lernte ich), darauf zu verzichten, mit Worten um mich zu schlagen und auf beleidigende Weise auf diejenigen loszugehen, die fremdartige, fehlerhafte oder häßlich klingende Worte gebrauchten, sondern einfach eben jenes Wort, das man hätte benutzen müssen, geschickt ins Gespräch zu bringen – in Form einer Antwort, Bestätigung oder einer gemeinsamen Überlegung über die Sache selbst, nicht über die Formulierung, oder mit Hilfe einer anderen beiläufigen, aber angemessenen Bemerkung dieser Art.

11. Von Fronto (lernte ich), meine Aufmerksamkeit darauf zu richten, was tyrannische Verleumdung, Verschlagenheit

und Verstellung ist und daß die Adligen, die bei uns Patrizier heißen, meistens ziemlich lieblos und grausam sind.

12. Von dem Platoniker Alexandros (lernte ich), nicht zu oft und ohne Notwendigkeit jemandem zu sagen oder zu schreiben, daß man keine Zeit habe, und auf diese Weise die aus unseren Beziehungen zu unseren Mitmenschen erwachsenden Pflichten dauernd zu vernachlässigen, indem man andere Probleme vorschiebt.

13. Von Catulus (lernte ich), die Vorhaltungen eines Freundes nicht zu überhören, auch wenn er sie ohne Grund erheben sollte, sondern zu versuchen, das Vertrauensverhältnis wiederherzustellen, ferner die Lehrer wahrhaftig und aufrichtig zu loben, wie es die Erzählungen über Domitius und Athenodotos veranschaulichen, und die Kinder wirklich zu lieben.

14. Bei Severus (erlebte ich, was es heißt), seine Familie, die Wahrheit und die Gerechtigkeit zu lieben. Durch ihn lernte ich Thrasea, Helvidius, Cato, Dion und Brutus kennen und gewann eine Vorstellung von einem Staat, in dem alle die gleichen Rechte und Pflichten haben und der im Sinne der Gleichheit und allgemeinen Redefreiheit verwaltet wird, und von einer Monarchie, die vor allem die Freiheit der Bürger achtet. Außerdem (sah ich) bei ihm die Einfachheit und die Ausdauer in der Achtung vor der Philosophie, das Bedürfnis, Gutes zu tun und immer wieder freigebig zu sein, die Hoffnung und das Vertrauen darauf, von den Freunden geliebt zu werden, die Offenheit gegenüber denjenigen, die in seinen Augen einen Tadel verdienten, und die Tatsache, daß seine Freunde keine Vermutungen darüber anstellen mußten, was er wollte oder nicht wollte, sondern daß er es klar zu erkennen gab.

15. Bei Maximus (erlebte ich) Selbstbeherrschung und unbedingte Festigkeit, Zuversicht in Krankheiten und anderen Schwierigkeiten, Ausgeglichenheit, Nachgiebigkeit und

Würde, die Bereitschaft zu umsichtiger und sorgfältiger Erledigung seiner Aufgaben. (Ich sah), wie alle bei dem, was er sagte, davon überzeugt waren, daß er es auch so meinte, und bei dem, was er tat, es ohne böse Absicht tat. (Ich sah), daß er es schaffte, nie über etwas zu staunen und zu erschrecken und nie in Eile zu sein und nie zu zaudern, nie ohne eine Lösung oder niedergeschlagen zu sein, nie ein freundliches Lächeln vorzutäuschen oder wieder wütend oder mißtrauisch zu sein. Er war wohltätig, immer bereit zu verzeihen und unbedingt zuverlässig und aufrichtig. Er bot eher das Bild eines Mannes, der nicht vom rechten Weg abzubringen war, als eines solchen, der sich auf dem rechten Weg befand. (Es ist sicher), daß niemand geglaubt hätte, er werde von ihm verachtet, oder gewagt hätte, sich ihm überlegen zu fühlen. (Es gehörte zu seinem Wesen), Humor zu haben.

16. Mein Adoptivvater war ein Vorbild der Nachgiebigkeit und des unbedingten Festhaltens an dem, was er nach sorgfältiger Prüfung als richtig erkannt hatte, außerdem der Unempfänglichkeit gegenüber äußerem Ruhm, der Arbeitsfreude und Beharrlichkeit. Er hatte ein offenes Ohr für alle, die etwas Gemeinnütziges vorzuschlagen hatten. Er ließ sich nicht davon abbringen, jedem das zuzuteilen, was er verdiente. Er wußte, wo Strenge und wo Nachsicht erforderlich war. Er schaffte die Knabenliebe ab. Er hatte einen Sinn für jedermann und zwang seine Freunde nicht, stets mit ihm zusammen zu essen und ihn auf Reisen zu begleiten, sondern von denjenigen, die aus irgendwelchen wichtigen Gründen nicht mitgekommen waren, wurde er stets unverändert freundlich angetroffen. Bei Beratungen pflegte er gründliche Untersuchungen anzustellen und legte Geduld an den Tag. Er gab seine Nachforschungen nicht vorzeitig auf, zufrieden mit naheliegenden Erklärungen. Er besaß die Fähigkeit, sich seine Freunde zu erhalten, war niemals unbeständig in seinen Neigungen und

hatte keine Leidenschaften. Er war in jeder Hinsicht selbständig und unabhängig und hatte ein fröhliches Herz.

Er besaß außerordentlichen Weitblick und die Gewohnheit, auch die kleinsten Dinge lange im voraus zu planen, aber ohne viel Aufhebens zu machen. Er sorgte dafür, daß die Beifallskundgebungen und jede Form von Schmeichelei gemieden wurden. Er kümmerte sich stets um alles, was für das Reich notwendig war, wirtschaftete sparsam und ertrug die bei solchen Maßnahmen üblichen Vorwürfe. Was die Götter betrifft, so war er nicht übermäßig fromm; was die Menschen betrifft, so legte er auf die Gunst des Volkes keinen besonderen Wert, wollte nicht unbedingt gefallen oder ein Liebling der Massen sein. Er blieb vielmehr in allem nüchtern und fest und war niemals geschmacklos oder auf Neuerungen aus.

Die Dinge, die zur Bequemlichkeit des Lebens beitragen und die das Glück in reicher Fülle gewährte, gebrauchte er, ohne zu übertreiben, aber auch ohne Bedenken, so daß er sie, solange sie vorhanden waren, ohne besonderen Aufwand benutzte, wenn sie aber nicht zur Verfügung standen, nicht entbehrte. (Es ist bemerkenswert), daß ihm nicht ein einziger Mensch nachsagte, er sei ein Sophist, ein Spaßvogel oder weltfremder Gelehrter gewesen. Statt dessen stellte man fest, daß er ein reifer, vollendeter und allen Schmeicheleien unzugänglicher Mann gewesen sei, der seine eigenen und die Angelegenheiten anderer fest im Griff gehabt habe. Außerdem gehörte es auch zu seinen Eigenschaften, die wahren Philosophen zu ehren, die übrigen aber nicht zu schmähen, sich von ihnen aber auch nicht an der Nase herumführen zu lassen.

Ferner (sind) seine Umgänglichkeit und unaufdringliche Liebenswürdigkeit (hervorzuheben), seine wohlabgewogene Fürsorge für seinen eigenen Körper, die er weder wie jemand betrieb, der sein Leben besonders liebt, noch um eine strahlende Erscheinung abzugeben, aber auch ohne Nachlässigkeit, sondern vielmehr so, daß er aufgrund seiner eigenen Aufmerksamkeit kaum ärztliche Hilfe, Medikamente und Mittel äußerer Anwendung brauchte. Besonders auffallend war, daß er denjenigen, die irgendeine bemerkenswerte Fähigkeit besaßen, wie z. B. Redekunst, Rechtskunde, Kenntnis menschlichen Verhaltens oder anderer Dinge, den Rang nicht streitig machte, und daß er sich darum bemühte, daß jeder einzelne die seinen Vorzügen entsprechende Anerkennung erhielt. Obwohl er alles im Einklang mit der Überlieferung tat, erweckte er doch nicht den Anschein, daß er nur die Überlieferung bewahren wollte. Zudem war es typisch für ihn, daß er sich nicht leicht von der Stelle bewegte und nicht von Unruhe geplagt wurde, sondern seine Zeit an denselben Orten und bei denselben Gegenständen verbrachte, daß er nach seinen Kopfschmerzanfällen sofort wieder frisch und kraftvoll an die gewohnte Arbeit ging und daß er nur ganz wenige Geheimnisse hatte, die ausschließlich das Gemeinwohl betrafen.

Bemerkenswert waren auch seine Besonnenheit und seine Zurückhaltung bei der Veranstaltung von Festen, bei der Errichtung von Bauwerken, bei der Verteilung von Unterstützungen und ähnlichen Vorkehrungen. Dabei erwies er sich als ein Mensch, der nur das, was getan werden mußte, im Auge hatte, und nicht die öffentliche Anerkennung aufgrund seiner Leistungen. Er badete nicht zu unpassender Zeit, war nicht besonders baulustig und legte keinen Wert auf erlesene Speisen, auf Gewebe und Farben von Kleidern oder auf die Schönheit seiner Sklaven. Seine Kleidung stammte aus Lorium, von seinem Landsitz in der Ebene, und das meiste (was er brauchte), kam von den Leuten in Lanuvium. (Man erinnere sich auch daran), wie er mit dem Zollpächter umging, der ihn in Tusculum um Verzeihung bat, und an seine ganze Art, die er auch sonst an den Tag legte. Es gab keine Unfreundlichkeit, keine Schamlosigkeit, keine Heftigkeit (in seinen Worten), so daß niemand irgendwann einmal hätte sagen können: „Bis zum Schweiß“, sondern alles war in seinen Einzelheiten durchdacht wie bei einem wissenschaftlichen Vortrag, ohne Unruhe, gut geordnet, kraftvoll und in sich widerspruchslos. Es dürfte auf ihn zutreffen, was man von Sokrates erzählt, daß er gleichermaßen zum Verzicht wie zum Genuß der Dinge fähig war, auf die zu verzichten viele Menschen zu schwach sind und bei deren Genuß sie keine Hemmungen kennen. Doch in beidem stark zu sein, die Beherrschung nicht zu verlieren und nüchtern zu bleiben, ist Kennzeichen eines Mannes, der einen aufrechten und unbezwingbaren Charakter hat, wie er sich in einer lebensbedrohenden Krankheit bewährt.

17. Den Göttern (verdanke ich es), tüchtige Großväter, gute Eltern, eine gute Schwester, gute Lehrer, gute Angehörige, Verwandte, Freunde zu besitzen und fast nur gute Menschen um mich zu haben, und daß ich nicht darauf verfiel, einem von ihnen etwas Böses anzutun, obwohl ich durchaus dazu veranlagt war und so gehandelt hätte, wenn es sich ergeben hätte. Nur die Güte der Götter verhinderte das Zustandekommen einer Gelegenheit, die mich hätte entlarven können. Den Göttern verdanke ich auch, daß ich nicht länger bei der Geliebten meines Großvaters lebte, meine jugendliche Unschuld bewahrte und nicht vorzeitig zum Mann wurde, sondern noch genug Zeit bis dahin bekam, daß ich mich einem Herrscher und Vater unterzuordnen hatte, der mir jeden Hochmut nehmen und mich zu der Einsicht bringen sollte, daß es möglich ist, am Hofe zu leben, ohne Leibwächter zu benötigen oder auffallende Kleidung, Kronleuchter, Standbilder, andere Dinge dieser Art und ähnlichen Prunk, sondern daß es möglich ist, sich fast wie ein Privatmann zu geben und darum keine schlechtere oder weniger verantwortungsbewußte Einstellung gegen-

über den notwendigen Aufgaben des Herrschers zum Wohle der staatlichen Gemeinschaft zu haben.

(Ich danke den Göttern), daß ich einen solchen Bruder bekommen habe, der mich durch seinen Charakter dazu aufwecken konnte, an mir selbst zu arbeiten, und mir zugleich durch seine Achtung und Zuneigung Freude bereitete, daß ich keine unbegabten oder körperlich behinderten Kinder bekam, daß ich keine nennenswerten Fortschritte in der Rhetorik, der Dichtkunst und den anderen Tätigkeiten erzielte, denen ich mich vielleicht ganz hingegeben hätte, wenn ich festgestellt hätte, daß ich darin gut vorangekommen wäre, daß ich meine Erzieher frühzeitig in die Stellungen brachte, die sie mir zu wünschen schienen, und sie nicht damit vertröstete, daß ich dies, weil sie noch zu jung seien, später tun würde. Den Göttern sei Dank, daß ich Apollonios, Rusticus und Maximus kennenlernte, daß ich vom wahren Wesen des naturgemäßen Lebens mehr als nur einmal eine klare Vorstellung gewann, so daß mich, soweit es an den Göttern, den von dort kommenden Gaben, Hilfen und Anregungen lag, eigentlich nichts daran hinderte, sofort ein Leben im Einklang mit der Natur zu führen, ich es aber aus eigener Schuld und aufgrund mangelhafter Beachtung der von den Göttern kommenden Hinweise, die fast schon Belehrungen waren, dazu nicht kommen ließ.

Weiterhin danke ich den Göttern, daß mir mein Körper bei einem solchen Leben so lange gesund blieb, daß ich weder Benedikte noch Theodotos anrührte, sondern auch später trotz der Verstrickung in die Leidenschaft der Liebe wieder gesund wurde, daß ich Rusticus, obwohl ich mich über ihn oft genug ärgerte, nichts weiter antat, was ich hätte bereuen müssen, daß meine Mutter, die jung sterben sollte, doch noch ihre letzten Jahre bei mir verbrachte, daß ich, sooft ich einem Armen oder in anderer Hinsicht Bedürftigen helfen wollte, niemals hören mußte, ich hätte kein Geld dafür, daß ich selbst in keine vergleichbare Notlage geraten bin, so daß ich von einem anderen etwas hätte nehmen müssen. Ich danke den Göttern, daß meine Frau so war, wie sie war, so hingebungsvoll, so zärtlich, so unkompliziert, daß ich fähige Erzieher für meine Kinder gewann und daß ich in meinen Träumen Ratschläge erhielt, unter anderem gegen das Blutspucken und die Schwindelanfälle. Dank auch für das Wort des Mannes aus Caieta: „Wie du es gebrauchen wirst..." Dank auch dafür, daß ich, als ich mich mit der Philosophie beschäftigen wollte, nicht an irgendeinen Sophisten geriet und mich nicht dazu herabließ, Gemeinplätze zu verfassen, Syllogismen aufzulösen oder meteorologische Fragen zu klären. Denn das alles ist auf helfende Götter und Glück angewiesen. – Diese Zeilen habe ich bei den Quaden am Gran geschrieben.

ZWEITES BUCH

1. Am Morgen sollte man sich sagen: Ich werde mit einem beschränkten, undankbaren, unverschämten, falschen, mißgünstigen und unverträglichen Kerl zusammentreffen. Alle diese Eigenschaften besitzen die Leute, weil sie nicht wissen, was gut und böse ist. Da ich aber das Wesen des Guten erkannt habe, daß es schön ist, und des Bösen, daß es häßlich ist, und das Wesen dessen, der alles falsch macht, daß er mir verwandt ist – nicht weil er dasselbe Blut hat oder aus demselben Samen stammt, sondern weil er teilhat an demselben Geist und an denselben göttlichen Gaben –, kann ich weder von einem dieser Leute geschädigt werden – denn in Häßliches wird mich niemand verstricken – noch kann ich meinem Verwandten zürnen oder sein Feind sein. Denn wir sind da, um zusammenzuarbeiten, wie die Füße, Hände, Augenlider oder die Reihen der oberen und unteren Zähne. Gegeneinander zu arbeiten, wäre gegen die Natur. Man arbeitet aber gegeneinander, wenn man ärgerlich ist und sich abwendet.

2. Was ich eigentlich bin, ist ein bißchen Fleisch, ein wenig Atem und das leitende Prinzip meiner Seele. Wirf die Bücher fort. Laß dich nicht mehr quälen – das ist nicht erlaubt –, sondern verachte, als ob du schon sterben müßtest, das erbärmliche Fleisch: Schmutziges Blut, Knochen, Gebilde aus Sehnen, Verschlingung von Venen und Arterien. Sieh dir auch an, was der Atem ist: Wind, aber nicht immer derselbe, sondern jeden Augenblick ausgestoßen und wieder eingesogen. Das dritte nun ist das leitende Prinzip der Seele. Überlege dir folgendes: Du bist alt. Laß es keine Sklavin mehr sein, laß es

nicht mehr in Abhängigkeit von einem egoistischen Trieb hin und her gerissen sein, laß nicht mehr zu, daß es mit dem Unausweichlichen unzufrieden ist, wenn es da ist, oder ihm ängstlich entgegensieht, wenn es noch bevorsteht.

3. Was von den Göttern kommt, ist von der Vorsehung bestimmt; was dem Zufall unterliegt, ist nicht ohne Verbindung mit der Natur oder nicht ohne Verknüpfung und Verkettung mit allem, was von der Vorsehung bestimmt wird. Alles hat dort seinen Ausgangspunkt. Es kommt noch das Notwendige und das für den ganzen Kosmos Nützliche hinzu, von dem du ein Teil bist. Für jeden Teil der Natur aber ist alles gut, was die Natur des Ganzen mit sich bringt und was ihrer Erhaltung dient. Den Kosmos aber erhalten die Verwandlungen sowohl der kleinsten Bausteine wie auch der zusammengesetzten Körper.

Diese Einsichten sollen dir genügen, wenn sie deine Grundüberzeugungen sind. Befreie dich von deinem Hunger auf Bücher, damit du dein Leben nicht in Gram beschließt, sondern wahrhaft heiter und den Göttern von Herzen dankbar.

4. Erinnere dich daran, seit wann du dies aufschiebst und wie oft du von den Göttern Termine bekamst, ohne sie zu nutzen. Du mußt doch endlich einmal zur Kenntnis nehmen, was für ein Kosmos es ist, von dem du ein Teil bist, und wer es ist, der den Kosmos verwaltet und als dessen Abkömmlung du auf die Welt gekommen bist, und daß deine Zeit begrenzt ist; wenn du sie nicht zu deiner Erleuchtung gebrauchst, dann wird sie vorbei sein und auch du wirst nicht mehr da sein, und es wird dir kein zweites Mal möglich sein.

5. Zu jeder Stunde denke als Römer und als Mann daran, das, was dir aufgegeben ist, mit unanfechtbarer, schlichter Würde und Menschenliebe, in Freiheit und Gerechtigkeit zu tun und dir Ruhe vor allen anderen Vorstellungen zu verschaffen. Du wirst sie dir aber nur dann verschaffen, wenn du jede

Handlung so vollziehst, als ob sie die letzte deines Lebens sei, frei von jeder Unbesonnenheit und ohne die durch Leidenschaft verursachte Abkehr von der klaren Vernunft, frei von Heuchelei, Selbstsucht und Ärger über die Fügungen des Schicksals. Du siehst, wie wenig es ist, was man beherrschen muß, um ein glückliches und gottgefälliges Leben zu führen. Denn auch die Götter werden von dem, der dies beachtet, nichts weiter verlangen.

6. Du mißhandelst, mißhandelst dich selbst, meine Seele. Doch dich zu ehren, wirst du keine Zeit mehr haben. Denn jeder hat nur ein Leben. Für dich ist es aber fast abgelaufen, ohne daß du Rücksicht auf dich selbst nahmst, sondern dein Glück in den Seelen anderer suchtest.

7. Das äußere Geschehen soll dich nicht ablenken, und du sollst dir Zeit nehmen, etwas Gutes hinzuzulernen, und aufhören umherzuirren. Man muß sich jetzt aber auch vor dem anderen Fehler in acht nehmen: Denn auch diejenigen sind töricht in ihrem Tun, die vom Leben erschöpft sind und kein Ziel haben, auf das sie jeden inneren Antrieb und überhaupt jede Vorstellung richten können.

8. Weil er nicht darauf achtete, was in der Seele eines anderen vor sich ging, wurde kaum jemand als unglücklich angesehen. Diejenigen aber, die die Regungen der eigenen Seele nicht aufmerksam verfolgen, sind zwangsläufig unglücklich.

9. Dessen muß man sich immer bewußt sein, was die Natur des Ganzen und was meine eigene Natur ist und wie sich diese zu jener verhält und welcher Teil welches Ganzen sie ist und daß es niemanden gibt, der dich daran hindern könnte, stets das, was im Sinne der Natur ist, deren Teil du bist, zu tun und zu sagen.

10. In seiner „Vergleichenden Untersuchung unmoralischen Verhaltens“ sagt Theophrast auf philosophische Weise, wie man wohl üblicherweise derartige Vergleiche anstellt, daß

die Verfehlungen aufgrund einer Begierde schwerer wiegen als die Verfehlungen aus Zorn. Denn der Zornige setzt sich offensichtlich unter Schmerzen und in unbewußter Niedergeschlagenheit über die Vernunft hinweg. Wer aber aufgrund einer Begierde einen Fehler begeht und von Lust überwältigt wird, ist offensichtlich irgendwie ungehemmter und unmännlicher in seinen Verfehlungen. Richtig und eines Philosophen würdig ist Theophrasts Feststellung, daß die Verfehlung, die mit Lust verbunden ist, einen größeren Vorwurf verdient als die Verfehlung, die mit Schmerz verbunden ist. Überhaupt gleicht der eine mehr demjenigen, dem zuvor Unrecht getan wurde und der von Schmerz überwältigt in Zorn ausbrach. Der andere aber tat aus eigenem Antrieb Unrecht, indem er sich dazu hinreißen ließ, etwas aus Begierde zu tun.

11. Alles so tun, sagen und denken, als ob es möglich wäre, aus dem Leben zu scheiden. Die Menschen zu verlassen, ist nichts Furchtbares, wenn es Götter gibt. Denn sie schicken dich wohl nicht in ein Unglück. Falls es aber keine Götter gibt oder sie sich um die menschlichen Dinge nicht kümmern, was für einen Sinn hat es dann für mich, in einer Welt ohne Götter oder ohne Vorsehung zu leben? Doch es gibt Götter, und sie kümmern sich auch um die menschlichen Angelegenheiten; und sich dem wirklich Bösen nicht auszusetzen, haben sie ganz der Entscheidung des Menschen überlassen. Wenn aber unter den übrigen Dingen etwas Böses wäre, dann hätten sie auch dafür gesorgt, daß es bei jedem selbst läge, sich ihm nicht auszusetzen. Was einen Menschen nicht schlechter macht – wie könnte dies denn das Leben eines Menschen schlechter machen?

Weder aus Unwissenheit noch wissentlich, aber unfähig, Vorsorge zu treffen oder den Fehler zu korrigieren, hätte die Natur des Ganzen das übersehen, noch hätte sie aus Unfähigkeit oder Ungeschicklichkeit einen so schweren Fehler begangen, daß das Gute und das Böse gleichermaßen den guten wie den bösen Menschen ohne Unterschied zuteil wird. Tod und Leben jedoch, Ansehen und Verachtung, Mühe und Freude, Reichtum und Armut – das alles wird den guten wie den bösen Menschen gleichermaßen zuteil, und es ist weder schön noch häßlich. Folglich ist es weder gut noch böse.

12. Wie schnell alles verschwindet: In der Welt die Lebewesen selbst, in der Ewigkeit die Erinnerung an sie. So ist es mit allem Wahrnehmbaren und vor allem dem, was mit der Erwartung auf Lust lockt oder mit Mühsal abschreckt oder mit Eitelkeit überall verbreitet wird: Wie billig, verächtlich, schmutzig, vergänglich und tot diese Dinge sind – das zu verstehen, liegt im Bereich unseres vernünftigen Denkens. (Damit begreift man auch), was die Leute wert sind, deren Meinungen und Stimmen Ansehen verschaffen, was das Sterben ist und daß man, wenn man es für sich allein betrachtet und die ihm anhaftenden Vorstellungen mit analytischem Verstand auflöst, annehmen wird, daß es nichts anderes ist als ein natürlicher Vorgang. Wenn aber jemand einen natürlichen Vorgang fürchtet, ist er ein Kind. Das Sterben ist freilich nicht nur ein natürlicher Vorgang, sondern auch nützlich für die Natur.

(Man muß sich fragen), wie ein Mensch mit Gott in Berührung kommt und mit welchem Teil von sich selbst und wie überhaupt dieser Teil des Menschen beschaffen ist.

13. Nichts ist erbärmlicher als der Mensch, der ständig und überall im Kreis läuft und – wie es heißt – „die Dinge unter der Erde erforscht“ und die Vorgänge in den Seelen seiner Mitmenschen mit Hilfe von Vermutungen zu klären versucht, aber nicht bemerkt, daß es genügt, nur bei dem göttlichen Geist im eigenen Innern zu verweilen und ihn wirklich in Ehren zu halten. Ihn in Ehren zu halten, bedeutet, ihn rein zu halten von Leidenschaft, Unbesonnenheit und Unzufriedenheit mit allem, was von Göttern und Menschen ausgelöst

wird. Was von den Göttern kommt, ist wegen seiner Vollkommenheit ehrfurchtgebietend. Was von den Menschen ausgeht, ist uns willkommen, weil wir ja alle verwandt sind, manchmal aber auch irgendwie mitleiderregend, weil es auf fehlende Kenntnis des Guten und des Bösen zurückzuführen ist. Dieser Mangel ist ebenso bedeutsam wie die Unfähigkeit, weiß und schwarz zu unterscheiden.

14. Auch wenn du dreitausend Jahre und zehnmal so lange leben solltest, denk doch daran, daß niemand ein anderes Leben verlieren kann als das, was er lebt, und auch kein anderes lebt als das, welches er verliert. Die längste Zeit hat also dieselbe Grenze wie die kürzeste. Denn das Gegenwärtige ist für alle gleich, und was vorübergeht, ist demnach ebenso gleich, und was verloren geht, ist offensichtlich so winzig und unbedeutend. Denn niemand kann die Vergangenheit oder die Zukunft verlieren. Was einer nämlich nicht hat – wie könnte ihm das jemand wegnehmen?

Immer also an diese beiden Dinge denken: erstens, daß alles seit Ewigkeiten gleichartig ist und sich in ständigem Kreislauf wiederholt und daß es ohne Bedeutung ist, ob jemand in hundert oder zweihundert Jahren oder in unendlicher Zeit dasselbe sehen wird; zweitens, daß der am längsten Lebende dasselbe verliert wie der andere, der sehr früh sterben muß. Denn nur das Gegenwärtige wird einem weggenommen, jedenfalls dann, wenn man nur dies besitzt und nicht verliert, was man nicht hat.

15. Alles ist zunächst nur ein Aufnehmen. Denn es ist doch klar, was von dem Kyniker Monimos gesagt wurde. Eindeutig ist aber auch die Nützlichkeit dieser Aussage, wenn man ihren wahren Kern erfaßt.

16. Die Seele des Menschen schädigt und mißhandelt sich selbst am meisten dann, wenn sie zu einem Geschwür und zu einer Art von Auswuchs des Kosmos wird, soweit sie dafür

selbst verantwortlich ist. Denn sich über irgendein Ereignis zu ärgern, bedeutet Entfernung und Abkehr von der Natur, in die die Einzelnaturen aller übrigen Wesen eingebettet sind. (Die Seele mißhandelt sich) aber auch dann, wenn sie einen Menschen im Stich läßt oder ihn sogar angreift, um ihm Schaden zuzufügen, wie es die Seelen der Zornigen tun. Drittens schädigt sie sich selbst, wenn sie der Lust oder dem Schmerz nachgibt. Viertens, wenn sie sich verstellt und unter Vortäuschung falscher Tatsachen etwas tut oder sagt. Fünftens, wenn sie ihre Aktivitäten und Absichten nicht auf ein bestimmtes Ziel richtet, sondern planlos und inkonsequent handelt, obwohl es doch notwendig ist, daß selbst das Unbedeutendste zu einem bestimmten Zweck geschieht. Das Ziel aber aller vernünftigen Lebewesen ist es, der Vernunft und dem Gesetz des ältesten und ehrwürdigsten „Staates" zu folgen.

17. Die Dauer des menschlichen Lebens ist nur ein Augenblick, seine Existenz in dauerndem Fluß; die Wahrnehmungsfähigkeit des Menschen ist schwach, das Gebilde seines Körpers ganz der Fäulnis ausgesetzt, seine Seele unbeständig und orientierungslos, sein Schicksal unberechenbar, sein Reden unbestimmt und verworren. Kurz: Alles Körperliche – ein Fluß, alles Seelische – Schall und Rauch, das Leben – Krieg und kurzer Aufenthalt eines Fremden, der Nachruhm – Vergessen. Was kann uns da noch stützen und helfen? Einzig und allein die Philosophie. Ihre Hilfe besteht darin, den göttlichen Geist in unserem Innern vor Schaden und Verletzung zu bewahren, auf daß er Lüsten und Schmerzen überlegen sei, nichts planlos tue, ohne Lug und Trug und unabhängig sei vom Tun oder Lassen eines anderen, außerdem das, was geschieht und zugeteilt wird, hinnehme; als ob es irgendwie von dort komme, woher er selbst gekommen ist, schließlich den Tod mit heiterer Gelassenheit erwarte, als ob er nichts anderes sei als die Trennung der Grundbestandteile, aus denen jedes Lebewesen besteht.

Wenn es aber für die Grundbestandteile selbst nicht schlimm ist, daß sich jedes einzelne ununterbrochen in ein anderes verwandelt – warum fürchtet man dann die Verwandlung und Trennung aller Grundbestandteile? Das ist doch natürlich. Nichts aber ist schlecht, was natürlich ist. Dieses 2. Buch habe ich in Carnuntum geschrieben.

DRITTES BUCH

1. Nicht allein daran muß man denken, daß das Leben mit jedem Tag kürzer wird und ein ständig kleinerer Teil von ihm übrigbleibt, sondern man sollte sich auch dessen bewußt sein, daß es keineswegs sicher ist, wenn man länger leben sollte, ob auch die geistige Kraft gleich bleiben wird, die für das Verständnis der Vorgänge in dieser Welt und für die Denkarbeit erforderlich ist, die auf die Erforschung der göttlichen und menschlichen Grundfragen zielt. Wenn man nämlich anfängt, albern zu reden, wird sich das Atmen, die Ernährung, die Wahrnehmung, das Streben und Verlangen und anderes dieser Art nicht abschwächen. Doch über sich selbst zu verfügen, seine einzelnen Pflichten sorgfältig auseinanderzuhalten, die Phänomene zu unterscheiden, sich vor allem darüber im klaren zu sein, ob man seinem Leben schon ein Ende machen muß, und was sonst noch einen besonders gut geschulten Verstand voraussetzt – alle diese Fähigkeiten nehmen deutlich ab. Man muß sich also beeilen, nicht nur weil man täglich dem Tod näherkommt, sondern auch weil die Fähigkeit zum Verstehen und Verarbeiten der Vorgänge in der Welt früher aufhört, als man denkt.

2. Man muß auch folgendes beachten: Auch die Ereignisse, die die natürlichen Vorgänge begleiten, haben etwas Reizvolles und Anziehendes an sich. Wenn zum Beispiel ein Brot gebacken wird, platzen einige Stellen auf, und diese Risse, die gewissermaßen im Widerspruch zum Zweck des Brotbackens stehen, fallen irgendwie ins Auge und regen auf besondere Weise den Appetit an. Auch die Feigen platzen auf, wenn sie

überreif sind. Und bei den vollreifen Oliven erhält die Frucht eine eigentümliche Schönheit, wenn die Fäulnis unmittelbar bevorsteht. Die sich nach unten neigenden Ähren, die runzlige Stirn des Löwen, der Schaum, der aus dem Maul des Ebers fließt, und vieles andere, das für sich allein betrachtet alles andere als schön ist, trägt dennoch zur Schönheit bei und hat seinen eigenen Reiz, weil es die natürlichen Erscheinungen begleitet; wenn also jemand ein Gefühl und ein tieferes Verständnis für das Geschehen im Weltganzen hat, dann wird ihm deutlich werden, daß fast alles auch durch derartige Begleitumstände eine auf seine Weise angenehme und erfreuliche Wirkung hat. Ein solcher Mensch wird sogar die wirklichen Mäuler wilder Tiere ebenso gern anschauen wie ihre von Malern und Bildhauern gefertigten Abbildungen. Er wird auch in der Lage sein, die Reife und Blüte einer alten Frau und eines alten Mannes und die Anmut von Kindern mit seinen unverbildeten Augen zu sehen. Vieles dieser Art wird nicht jedem zugänglich sein, sondern allein demjenigen, der mit der Natur und ihrem Wirken vollkommen eins ist.

3. Hippokrates heilte viele Krankheiten, wurde dann selbst krank und starb. Die Chaldäer sagten vielen Menschen den Tod voraus, dann überfiel auch sie das Schicksal. Alexander, Pompeius und Gaius Caesar zerstörten so oft ganze Städte, ohne einen Stein auf dem anderen zu lassen, metzelten in der Schlacht unzählige Reiter und Fußsoldaten nieder und mußten doch auch selbst am Ende ihr Leben lassen. Heraklit stellte so bedeutende Theorien über die Vernichtung der Welt durch Feuer und starb dann kotbeschmiert an Wassersucht. Demokrit töteten die Läuse, Sokrates andere Läuse. Wozu sage ich das? Du bestiegst ein Schiff, fuhrst los und landetest wieder. Steig aus. Wenn du in ein anderes Leben übergehst, dann ist auch dort alles von Göttlichem erfüllt. Wenn du dich aber im Zustand der Empfindungslosigkeit befindest, wirst du aufhö-

ren, Schmerzen und Freuden zu haben und dem Gefäß zu dienen, das so viel weniger wert ist als das, dem es dient. Dieses nämlich ist Geist und göttliche Kraft, jenes aber nur Erde und Blut.

4. Vergeude nicht den Rest deines Lebens mit Gedanken über andere Menschen, wenn du dies nicht im Blick auf das Gemeinwohl tust. Sonst wirst du nämlich von einer anderen Tätigkeit abgehalten, wenn du dir darüber Gedanken machst, was dieser oder jener tut und weshalb er es tut und was er sagt, was er denkt, was er treibt und was sonst noch dazu führt, daß du von der Beobachtung und Erforschung der höchsten Instanz in dir selbst, der „herrschenden Vernunft", abgebracht wirst.

Man muß also sowohl das Planlose als auch das Zwecklose in der Abfolge seiner Vorstellungen vermeiden, vor allem aber auch das, was einen nichts angeht und was von einem üblen Charakter zeugt. Und man muß sich daran gewöhnen, nur solche Vorstellungen zu haben, bei denen man, wenn man plötzlich gefragt würde: „Was denkst du jetzt?" ganz offen und ohne lange nachzudenken antworten könnte: „Dies und das", so daß sofort von selbst klar ist, daß alles, (was man denkt), einfach und gut und Ausdruck eines um das Wohl der Gemeinschaft bemühten Wesens ist, das lusterweckende oder überhaupt auf Genuß gerichtete Vorstellungen oder irgendwelchen Ehrgeiz, Neid und Argwohn oder andere Empfindungen nicht zuläßt, für die man sich schämen müßte, wenn man erzählte, daß man sie hätte. Denn ein solcher Mensch, der nicht mehr zögert, schon jetzt zu den Allerbesten gehören zu wollen, ist eine Art Priester und Diener der Götter, indem er auch mit der in seinem Innern wohnenden Macht in enger Beziehung steht, die den Menschen von Begierden befreit, gegen jeden Schmerz unempfindlich macht, vor jeder Überheblichkeit bewahrt, für jede Schandtat empfindungslos und zu einem siegreichen

Kämpfer im größten Kampf werden läßt, so daß er von keiner Leidenschaft niedergeworfen wird, weil er tief durchdrungen ist von Gerechtigkeit und mit ganzer Seele alles hinnimmt, was geschieht und zugeteilt wird, und recht selten und nicht ohne besonderen Zwang und nur, wenn es der Gemeinschaft nützt, sich ausmalt, was ein anderer sagt, tut oder denkt. Denn er will nur seine eigenen Gedanken verwirklichen und er denkt ständig über das nach, was ihm selbst im Zusammenhang mit dem Weltganzen vorbestimmt ist; seine eigenen Gedanken läßt er zu schönen Taten werden und ist überzeugt, daß das Vorbestimmte gut ist. Denn das jedem einzelnen zugewiesene Schicksal ist in das Weltganze eingebettet und bettet ihn in dieses ein. Es ist ihm aber auch bewußt, daß alles Vernünftige miteinander verwandt ist und daß es der Natur des Menschen entspricht, sich um alle Menschen zu kümmern, daß man aber auf die Meinung aller Menschen keine Rücksicht nehmen darf, sondern nur auf die Meinung der Menschen, die in Übereinstimmung mit der Natur leben. Wie sich aber diejenigen, die nicht so leben, zu Hause, draußen, bei Nacht und bei Tag benehmen und wer sich mit wem abgibt, daran denkt er ununterbrochen. Folglich legt er auch auf die Anerkennung durch solche Leute keinen Wert, die nicht einmal sich selbst gefallen.

5. Du sollst weder gegen deinen Willen noch zum Schaden der menschlichen Gemeinschaft, noch ohne vorherige Prüfung, noch aus innerer Unsicherheit handeln. Deine Gedanken sollen sich nicht mit Spitzfindigkeiten schmücken. Du sollst nicht viele Worte machen und dich nicht mit allem und jedem abgeben. Darüber hinaus soll der Gott in dir Leitbild eines männlichen Charakters, eines reifen Menschen, eines politischen Geistes, eines Römers und Herrschers sein, der seinen Standort in der Welt gewählt hat, wie es einer Persönlichkeit gemäß ist, die ganz gelassen auf das Zeichen zum Rückzug aus dem Leben wartet, ohne einen Eid oder einen Menschen als

Zeugen zu benötigen. Heiterkeit und Fröhlichkeit sollen in dir sein; du darfst auf Hilfe von außen und auf Beruhigung durch andere nicht angewiesen sein. Du mußt aufrecht stehen, nicht erst aufgerichtet werden.

6. Wenn du etwas Besseres im menschlichen Leben findest als Gerechtigkeit, Wahrhaftigkeit, Selbstbeherrschung, Tapferkeit und – kurz gesagt – Zufriedenheit deines Denkens mit sich selbst, soweit es dich im Sinne der richtigen Vernunft handeln läßt, und Zufriedenheit mit dem Schicksal in allen Dingen, die ohne deinen Einfluß und Willen vorherbestimmt werden – wenn du, so sage ich, etwas Besseres siehst, dann wende dich jenem mit ganzer Seele zu und genieße das, was sich dir als das Beste erweist. Wenn sich aber nichts Besseres zeigt als die in dir wohnende göttliche Kraft, die sich dein Wollen unterworfen hat, deine Vorstellungen prüft, sich von den sinnlichen Leidenschaften, wie Sokrates sagte, entfernt hat, sich den Göttern unterstellte und sich vorrangig um die Menschen kümmert – wenn du alles andere für weniger bedeutend und weniger wertvoll hältst als dies, dann laß nichts anderes mehr zu; denn wenn du dich diesem einmal überlassen und hingegeben hast, wirst du nicht mehr ungehindert jener höchsten Qualität, die dir eigen ist und dir gehört, den Vorrang einräumen können. Es ist nämlich nicht recht, dem vernunftbestimmten und gemeinschaftsbezogenen höchsten Wert irgendeinen anderen Wert vorzuziehen, wie zum Beispiel die Anerkennung in der großen Öffentlichkeit, hohe Ämter, Reichtum oder Lustgewinn. Alle Dinge dieser Art haben den Menschen immer schon plötzlich überwältigt und mit sich fortgerissen, wenn sie sich auch nur für kurze Zeit in das Leben einzufügen schienen. Du aber, sage ich, entscheide dich ganz einfach und zwanglos für das Bessere und halte daran fest. „Besser ist das Nützliche." Wenn es das für dich als vernunftbegabtes Wesen Nützliche ist, dann bewahre es dir. Wenn es

aber nur das für dich als einfaches Lebewesen Nützliche ist, dann bekenne dich dazu und halte schlicht und einfach an deinem Urteil fest. (Wichtig ist nur), daß du deine Prüfung durchführst, ohne den Boden unter den Füßen zu verlieren.

7. Erkenne niemals das als nützlich für dich an, was dich irgendwann einmal dazu zwingen wird, die Treue zu brechen, den Anstand zu verletzen, jemanden zu hassen, Argwohn zu hegen, jemandem etwas Böses zu wünschen, zu heucheln, etwas zu begehren, das sich hinter Mauern und Vorhängen verstecken muß. Wer seinen eigenen Geist, seine göttliche Kraft und den Dienst an deren Vervollkommnung vorzieht, verursacht keine Tragödie, bricht nicht in Stöhnen aus und wird keine Einsamkeit und keine Menschenmenge brauchen. Was das Wichtigste ist – er wird leben, ohne zu verfolgen oder zu fliehen. Ob er aber seine im Körper eingesperrte Seele für einen größeren oder für einen kleineren Zeitraum zur Verfügung haben wird, ist ihm völlig gleichgültig. Denn auch wenn er sich schon trennen muß, wird er so leicht fortgehen, als ob er eine andere von den Aufgaben, die auf anständige und vornehme Weise erfüllt werden können, erfüllen wollte, weil er sich während seines ganzen Lebens allein davor hütet, daß seine Seele einer Veränderung ausgesetzt wird, die eines geistigen und gemeinschaftsbezogenen Lebewesens nicht würdig ist.

8. In der Seele des Menschen, der in seine Schranken gewiesen und geläutert ist, könntest du keinen Eiterherd, keine Verunreinigung, keine innere Fäulnis entdecken. Das Schicksal trifft sein Leben auch nicht unvollendet, wie man es von einer Gestalt der Tragödie sagen könnte, die vor dem Schluß des Dramas die Bühne verläßt. Außerdem gibt es in seiner Seele nichts Sklavisches, nichts Gekünsteltes, keinen Mangel, nichts Abgetrenntes, nichts Unselbständiges, nichts Verstecktes.

9. Achte auf deine Fähigkeit, die Dinge in dein Bewußtsein

aufzunehmen. Nur auf sie kommt es an, damit in deiner leitenden Vernunft keine Auffassung mehr entsteht, die der Natur und der Beschaffenheit des vernunftbegabten Lebewesens nicht entspricht. Diese garantiert die Fähigkeit, eine voreilige Meinungsbildung zu vermeiden, den vertrauten Umgang mit den Mitmenschen und den Gehorsam gegenüber den Göttern.

10. Also wirf alles von dir und halte nur an diesen wenigen Überzeugungen fest und sei dir noch dessen bewußt, daß jeder nur in diesem winzigen Augenblick lebt, der gerade gegenwärtig ist. Die übrige Zeit ist entweder schon verlebt oder liegt im Bereich des Ungewissen. Kurz ist also die Zeit, die jeder lebt, klein ist auch das Fleckchen Erde, wo er lebt. Unbedeutend ist aber auch der Nachruhm, und dieser beruht auf der Überlieferung durch Menschen, die sehr bald sterben werden und nicht einmal sich selbst kennen, geschweige denn den Menschen, der seit langem tot ist.

11. Zu den genannten Grundsätzen ist aber noch ein weiterer hinzuzufügen: Man muß sich immer eine Definition oder einen Begriff von dem Gegenstand bilden, der einem vor Augen tritt, so daß man ihn in seiner Beschaffenheit ganz unverhüllt und in allen Einzelheiten sieht und den ihm gehörenden Namen und die Namen aller Teile, aus denen er zusammengesetzt ist und in die er wieder aufgelöst werden wird, sich selbst nennen kann. Nichts trägt nämlich so sehr dazu bei, innere Überlegenheit zu erzeugen, wie die Fähigkeit, methodisch konsequent und wirklichkeitsgerecht jeden im Leben vorkommenden Sachverhalt zu durchleuchten und zu klären, und die Gewohnheit, die Dinge stets so zu betrachten, daß man gewahr wird, welcher Art von Welt die Sache welchen Nutzen bringt und welchen Wert sie einerseits für das Ganze und andererseits für den Menschen als Bürger des obersten Gemeinwesens hat, zu dem die übrigen Gemeinwesen gleichsam wie Häuser gehören, ferner (daß man sich dessen bewußt ist), was

das ist, das bei mir jetzt die Vorstellung erzeugt, und woraus es zusammengesetzt ist und wie lange es seiner Natur nach erhalten bleiben kann und welche Qualifikation dafür erforderlich ist, wie zum Beispiel Nachgiebigkeit, Tapferkeit, Wahrhaftigkeit, Treue, Schlichtheit, Unabhängigkeit und die übrigen Qualifikationen. Daher muß man sich bei jedem einzelnen Vorgang sagen: Dies ist von Gott gekommen, das geschieht durch schicksalhafte Verkettung, schicksalsbedingte Zusammenfügung, durch ein entsprechendes Zusammentreffen und durch Zufall, jenes aber wurde von meinem Mitbürger, von meinem Verwandten, von meinem Partner verursacht, der allerdings nicht weiß, was seiner Natur gemäß ist. Aber ich weiß es genau. Deshalb gehe ich mit ihm um, wie es dem Naturgesetz der Gemeinschaft und der Partnerschaft entspricht, erfüllt von Wohlwollen und Gerechtigkeit. Zugleich aber habe ich bei den Dingen, die weder gut noch böse sind, das Angemessene im Auge.

12. Wenn du dich mit dem Gegebenen tatkräftig auseinandersetzt und dabei der rechten Vernunft ernsthaft, kraftvoll und mit freundlichem Herzen folgst und nichts als Nebensache behandelst, sondern die göttliche Kraft in dir in ihrer Reinheit erhältst und so bewahrst, als ob du sie schon zurückgeben müßtest, und wenn du daran festhältst, ohne etwas zu erwarten und ohne etwas zu vermeiden, sondern zufrieden bist mit dem dir möglichen Tätigsein im Sinne der Natur und mit der unbedingten Wahrhaftigkeit in allem, was du sagst und von dir gibst, dann wirst du glücklich leben. Und es gibt niemanden, der dich daran hindern könnte.

13. Wie die Ärzte stets ihre Instrumente und Messer für plötzlich notwendige Behandlungen zur Hand haben, so sollst du deine Überzeugungen bereithalten, um die göttlichen und menschlichen Dinge zu begreifen und auch das Kleinste ganz und gar so zu tun wie jemand, der sich der Verkettung beider

miteinander bewußt ist. Denn du wirst weder etwas Menschliches gut ausführen, ohne den Bezug zum Göttlichen zu berücksichtigen, noch umgekehrt.

14. Handle nicht mehr planlos. Denn du hast weder Gelegenheit, deine Notizen zu lesen noch die Taten der alten Römer und Griechen und die Auszüge aus ihren Schriften, die du dir für dein Alter fortgelegt hast. Beeile dich also ohne schweres Gepäck, gib die leeren Hoffnungen auf und hilf dir selbst, wenn dir etwas an dir liegt, solange es möglich ist.

15. Sie wissen nicht, was Stehlen, Säen, Kaufen, Ruhen und Sehen, was zu tun ist, alles bedeuten kann, was übrigens nicht mit den Augen, sondern mit einem anderen Sehvermögen geschieht.

16. Körper, Seele, Geist: Zum Körper gehören die sinnlichen Wahrnehmungen, zur Seele die Anstöße und Antriebe, zum Geist die Überzeugungen. Eindrücke zu bekommen mit Hilfe der Vorstellung, ist auch den Tieren auf der Weide möglich. In Bewegung gesetzt zu werden durch Anstöße und Antriebe, ist auch den wilden Tieren, den Schwächlingen, Phalaris und Nero, vergönnt. Den Geist als Führer zu dem, was sittlich geboten erscheint, zu haben, liegt auch in der Reichweite der Leute, die nicht an die Götter glauben, ihr Vaterland verraten und alles Mögliche tun, wenn sie ihre Türen geschlossen haben. Wenn also das Übrige den Genannten gemeinsam ist, dann liegt die spezifische Eigenschaft des guten Menschen nur noch darin, alles, was ihm passiert und bestimmt ist, zu lieben und gern anzunehmen, außerdem die in seinem Herzen wohnende göttliche Kraft nicht zu verunreinigen oder durch eine Fülle von Vorstellungen aufzuregen, sondern in heiterer Ruhe zu belassen, indem sie der Gottheit folgt, wie es sich gehört, und weder etwas von sich gibt, was der Wahrheit nicht entspricht, noch etwas tut, was ungerecht ist. Wenn ihm aber kein Mensch glaubt, daß er einfach, anständig

und fröhlich lebt, dann ärgert er sich weder über einen von ihnen, noch läßt er sich von seinem Weg abbringen, der ihn zum Ziel des Lebens führt, zu dem man rein und voll innerer Ruhe, gelassen und in freiwilliger Übereinstimmung mit seinem Schicksal kommen muß.

VIERTES BUCH

1. Wenn sich die herrschende Vernunft in uns naturgemäß verhält, dann steht sie den Ereignissen so gegenüber, daß sie sich auf das jeweils Gegebene stets ohne weiteres einstellen kann. Denn sie bevorzugt keine bestimmte Materie, sondern strebt zwar – mit einer gewissen Einschränkung – nach den höheren Zielen, macht aber, was sich entgegenstellt, zu ihrem Betätigungsfeld, wie es das Feuer tut, wenn es die hineinfallenden Gegenstände verzehrt, von denen eine kleine Flamme erstickt worden wäre. Das hoch lodernde Feuer macht sich sehr schnell die hineingeworfenen Dinge zu eigen, verzehrt sie und steigt gerade dadurch noch höher empor.

2. Keine Tätigkeit soll planlos oder anders als nach den Regeln der Kunst ausgeübt werden.

3. Die Menschen suchen sich Orte, an die sie sich zurückziehen können, auf dem Lande, an der See und im Gebirge. Und auch du hast es dir zur Gewohnheit gemacht, dich danach mit ganzem Herzen zu sehnen. Doch das ist wirklich in jeder Hinsicht albern, da es dir doch möglich ist, dich in dich selbst zurückzuziehen, wann immer du es willst. Denn es gibt keinen ruhigeren und sorgenfreieren Ort, an den sich ein Mensch zurückziehen kann, als die eigene Seele, besonders wenn er etwas in sich hat, in das er eintauchen kann, um sich auf diese Weise sofort in vollkommener Ausgeglichenheit zu befinden. Unter „Ausgeglichenheit“ verstehe ich nichts anderes als „innere Ordnung“. Schaff dir also ununterbrochen diese Möglichkeit des Rückzugs und erhole dich. Es sollen aber kurze und elementare Grundsätze sein, die dir in dem Moment, wo

sie dir eingefallen sind, ausreichen, jeden Schmerz aufzuheben und dich vom Ärger über jene Dinge freizuhalten, denen du dich anschließend wieder zuwenden mußt. Worüber ärgerst du dich denn? Über die Schlechtigkeit der Menschen? Vergegenwärtige dir den Grundsatz, daß alle vernünftigen Wesen füreinander geschaffen sind und daß es ein Teil der Gerechtigkeit ist, sie zu ertragen, und daß sie Fehler machen, ohne es zu wollen. Und (denke daran), wie viele Menschen schon verfeindet waren, sich mißtraut und gehaßt haben, miteinander kämpften und dann am Boden lagen und zu Asche wurden. Mach endlich Schluß damit. Aber ärgerst du dich auch über das, was dir aus dem Weltganzen zugeteilt wurde? Besinne dich wieder auf die Alternative „entweder Vorsehung oder Atome" und denk daran, an wie vielen Zeichen erkennbar wurde, daß der Kosmos einem geordneten Gemeinwesen gleicht. Aber wird dich das Körperliche noch beeinflussen? Sei dir im klaren darüber, daß sich die vernünftige Seele nicht mit dem sich glatt oder rauh bewegenden Lebensatem vermischt, sobald sie sich erst einmal abgesondert und ihre eigene Kraft erkannt hat. Und denk schließlich daran, wieviel du über Schmerz und Lust gehört und dir zu Herzen genommen hast. Oder wird dich die Hoffnung auf ein bißchen Ruhm noch vom rechten Weg abbringen? Sieh doch, wie schnell alles vergessen wird, und denk an die Kluft der unendlichen Zeit in Vergangenheit und Zukunft und an die Wertlosigkeit des Nachruhms, an den Wankelmut und die mangelnde Urteilsfähigkeit derer, die dich zu rühmen und zu preisen scheinen, und an die Begrenztheit des Raumes, wo dies alles geschieht. Denn die ganze Erde ist nur ein Punkt, und wie klein ist dieses Stück Erde, das überhaupt bewohnt ist? Und wie viele und was für Leute sind hier, um dich zu preisen? Denk also in Zukunft nur an den Rückzug auf dieses kleine Fleckchen, das dir gehört, und laß dich vor allem nicht ablenken und verzettele dich nicht, sondern sei unabhängig und sieh die Dinge wie ein Mann, wie ein Mensch, wie ein Bürger, wie ein sterbliches Wesen. Zu den wichtigsten Grundsätzen aber, an die du dich halten wirst, sollen diese beiden gehören: Erstens: Die Dinge berühren die Seele nicht, sondern stehen außerhalb, ohne sich zu bewegen; Ärger und Aufregung erwachsen allein aus der Art der passiven Aufnahme der Dinge in uns. Zweitens: Alles, was du siehst, verändert sich in Kürze und wird bald nicht mehr sein. Und denk dauernd daran, bei wie vielen Dingen du selbst schon Veränderungen erlebt hast. Die Welt ist Wandlung. Das Leben ist subjektive Einstellung und Einbildung.

4. Wenn uns das Denkvermögen gemeinsam ist, dann ist uns auch die Vernunft, durch die wir vernünftig sind, gemeinsam. Wenn dies zutrifft, dann ist auch die Vernunft, die bestimmt, was zu tun ist oder nicht, uns allen gemeinsam. Trifft dies zu, so ist auch das Gesetz uns allen gemeinsam. Wenn dies richtig ist, dann sind wir alle Bürger. In diesem Falle haben wir teil an einer Art von Staatswesen. Wenn dies zutrifft, dann ist der Kosmos gewissermaßen ein Staat. Denn zu welchem gemeinsamen Staatswesen, so könnte jemand fragen, sollte das gesamte Menschengeschlecht sonst gehören? Von dort aber, d. h. aus diesem gemeinsamen Staat, haben wir unser Denkvermögen, unser vernünftiges Wesen und unser Bedürfnis nach dem Gesetz. Oder woher sonst? Denn wie ich das Erdige in mir aus einer bestimmten Sorte von Erde zugeteilt erhielt, das Feuchte aus einem anderen Grundstoff, das Hauchartige aus einer entsprechenden Quelle (denn nichts kommt aus dem Nichts, wie es auch nicht in das Nichts verschwindet), so kommt auch das Denkvermögen irgendwoher.

5. Der Tod ist ebenso wie die Geburt ein Geheimnis der Natur: diese ist eine Verbindung aus denselben Grundstoffen, jener eine Auflösung in dieselben Grundstoffe, aber das ist überhaupt nichts, weswegen man sich schämen müßte. Denn

es steht nicht im Widerspruch zur Bestimmung eines mit Denkvermögen begabten Lebewesens und widerspricht auch nicht der Sinnhaftigkeit seiner physischen Existenz.

6. Natürlich sind Menschen derartigen Vorgängen zwangsläufig ausgesetzt. Wer das bestreitet, der will, daß die Feige keinen Saft hat. Überhaupt mußt du dich daran erinnern, daß ihr beide, du und er, in kürzester Zeit sterben werdet und daß kurz darauf nicht einmal euer Name übrigbleibt.

7. Verzichte auf deine Sicht der Dinge, dann ist die Aussage: „Mir wurde Schaden zugefügt“, gegenstandslos. Verzichte auf die Aussage: „Mir wurde Schaden zugefügt“, dann ist der Schaden beseitigt.

8. Was einen Menschen nicht schlechter macht, als er schon ist, das macht auch sein Leben nicht schlechter und ruft weder einen äußeren noch einen inneren Schaden hervor.

9. Es ist auf jeden Fall das Wesen des Nützlichen, als solches auch zu wirken.

10. Alles, was geschieht, geschieht zu Recht. Das wirst du bestätigt finden, wenn du genau aufpaßt. Ich sage nicht nur, daß es folgerichtig, sondern auch daß es rechtmäßig ist und so geschieht, als ob es auf Veranlassung eines höheren Wesens geschähe, das alles zuteilt, wie es sich gehört. Paß also auf wie bisher und tu alles, was du tust, in der Absicht, gut zu sein, wie man sich den Guten im eigentlichen Sinne des Wortes vorstellt. Daran halte dich bei jeder Tätigkeit.

11. Faß die Dinge nicht so auf, wie derjenige sie beurteilt, der dich beschimpft, oder wie du sie seiner Meinung nach beurteilen sollst, sondern sieh sie nur so, wie sie sind.

12. Zu zwei Dingen mußt du immer bereit sein: erstens nur das zu tun, was dir die Kunst der Menschenführung und der Gesetzgebung zum Wohl der Menschen an die Hand gibt, und zweitens deine Meinung zu ändern, wenn jemand da ist, der dich berichtigen und von einer falschen Beurteilung abbringen

kann. Die Meinungsänderung muß jedoch immer von der Überzeugung getragen sein, daß sie der Gerechtigkeit und der Gemeinnützigkeit dient, und ihre Beweggründe dürfen sich nur darauf beziehen, nicht weil es angenehm oder dem eigenen Ansehen dienlich zu sein schien.

13. Besitzt du Vernunft? Ja. Warum benutzt du sie also nicht? Wenn sie nämlich ihre eigentliche Aufgabe erfüllt, was willst du dann noch mehr?

14. Du kamst auf die Welt als ein Teil. Du wirst wieder in dem verschwinden, dem du dein Dasein verdankst, oder besser: du wirst verwandelt in seine zeugende Vernunft aufgenommen werden.

15. Viele Weihrauchkornchen liegen auf demselben Altar. Das eine fiel früher, das andere später dorthin. Das macht doch keinen Unterschied.

16. In zehn Tagen wirst du denjenigen ein Gott zu sein scheinen, denen du jetzt als ein wildes Tier oder ein Affe erscheinst, wenn du dich wieder auf die Leitsätze der Philosophie und auf die Verehrung der Vernunft besinnst.

17. Handle nicht so, als ob du tausende von Jahren leben würdest. Dein unabwendbares Schicksal steht schon fest. Solange du lebst, solange es dir möglich ist, werde gut.

18. Wieviel Ruhe gewinnt, wer nicht darauf sieht, was sein Nachbar sagte, tat oder dachte, sondern nur darauf achtet, was er selbst tut, damit eben dies gerecht und fromm ist oder in jeder Hinsicht gut. Man darf sich nicht nach einem schlechten Charakter umsehen, sondern muß geradeaus auf der Linie laufen und nicht nach rechts und links blicken.

19. Wer sich um seinen Nachruhm Sorgen macht, denkt nicht daran, daß jeder von denen, die sich an ihn erinnern, sehr bald auch selbst sterben wird, dann wiederum sein Nachfolger, bis auch jene Erinnerung verlischt, die eine kurze Strecke zwischen Aufflammen und Verlöschen zurücklegte. Stell dir

aber einmal vor, daß diejenigen, die sich erinnern, und die Erinnerung unsterblich wären. Wie könnte dich das berühren? Und ich sage nicht, daß es dem Toten nichts bedeuten würde. Aber was hat der Lebende vom Ruhm? Abgesehen von bestimmten materiellen Vorteilen? Laß jetzt zur unrechten Zeit ab von dem aufgeblasenen Geschenk (des Nachruhms), das doch nur auf dem Gerede irgendeines anderen beruht.

20. Alles, was auch nur irgendwie schön ist, ist aus sich selbst heraus schön und ausschließlich auf sich selbst bezogen. Das Lob ist kein Teil des Schönen. Nichts wird jedenfalls dadurch schlechter oder besser, daß es gelobt wird. Das gilt auch für die Dinge, die im allgemeinen Sinne des Wortes „schön“ genannt werden, wie z. B. materielle Gegenstände und Kunstwerke. Was sollte dem wirklich Schönen eigentlich fehlen? Ebensowenig wie dem Gesetz, der Wahrheit, dem guten Willen oder der Zurückhaltung. Was ist von diesen Dingen schön, weil es gelobt wird, oder was ginge zugrunde, weil es getadelt wird? Verliert denn ein Smaragd an Wert, wenn er nicht gelobt wird? Wie ist es mit Gold, Elfenbein, Purpur, einer Leier, einem Dolch, einem Blümchen oder Bäumchen?

21. Wenn die Seelen weiterbestehen – wie finden sie seit Ewigkeiten Platz in der Luft? Wie können die Körper der Menschen, die seit ewigen Zeiten begraben werden, Platz in der Erde finden? Wie nämlich hier ihre Umwandlung und Auflösung nach einer bestimmten Zeit anderen Leichen Platz schafft, so bleiben auch die in die Luft übergehenden Seelen nur einige Zeit dort. Dann verwandeln sie sich, gehen in Feuer auf, werden wieder in die zeugende Vernunft des Kosmos aufgenommen und schaffen auf diese Weise Platz für die neu hinzukommenden Seelen. So könnte man antworten, falls man an die Fortexistenz der Seelen glaubt. Man muß aber nicht nur an die Menge der so begrabenen Körper denken, sondern auch an die jeden Tag von uns und den anderen Lebewesen

verzehrten Tiere. Denn wieviele werden verzehrt und auf diese Weise gleichsam begraben in den Körpern derer, die sich von ihnen ernähren. Und trotzdem finden sie alle Platz, weil sie in Blut umgesetzt werden und sich in luftartige oder feurige Substanz verwandeln.

Worauf beruht in diesem Falle die Erforschung der Wahrheit? Auf der Unterscheidung des Stofflichen und des Verursachenden.

22. Sich nicht hinreißen lassen, sondern bei jedem Anstoß (zum Handeln) das Gerechte zur Wirkung bringen und sich bei jeder Vorstellung die Urteilsfähigkeit bewahren.

23. Alles paßt mir, was dir gut paßt, mein Kosmos. Nichts ist mir zu früh oder zu spät, was für dich zum richtigen Zeitpunkt geschieht. Für mich ist alles eine gute Ernte, was deine Jahreszeiten bringen, gütige Natur. Von dir kommt alles, in dir ist alles, zu dir geht alles. Der Dichter sagt: Geliebte Stadt des Kekrops. Wirst du aber nicht sagen: Geliebte Stadt Gottes?

24. Beschäftige dich nur mit wenigem, wenn du heiter sein willst, sagt der Philosoph. Ist es nicht besser, daß man sich nur mit dem Notwendigen beschäftigt und mit allem, was die Vernunft eines seiner Natur nach auf die Gemeinschaft ausgerichteten Wesens bestimmt? Denn das erzeugt die Heiterkeit des Herzens, die nicht nur vom richtigen Handeln, sondern auch von einer Beschäftigung mit wenigem abhängt. Wenn wir nämlich das meiste von dem, was wir sagen und tun, unterlassen, weil es sowieso nicht notwendig ist, wird mehr Zeit und innere Ruhe sein. Deshalb muß man sich in jeder Lage die Frage ins Bewußtsein rufen: Ist dies wirklich notwendig? Man muß aber nicht nur die nicht notwendigen Handlungen unterlassen, sondern auch entsprechende Vorstellungen und Gedanken unterdrücken. Denn auf diese Weise folgen darauf auch keine ablenkenden Taten.

25. Probiere aus, wie dir das Leben eines guten Menschen

gelingt, der sich über alles freut, was ihm aus der Gesamtheit des Kosmos zugewiesen wird, und der mit seinem eigenen richtigen Handeln und seiner freundlichen Haltung zufrieden sein kann.

26. Hast du jenes gesehen? Sieh dir auch dieses an. Beunruhige dich nicht. Werde einfach und natürlich. Jemand macht einen Fehler? Der Fehler trifft nur ihn. Dir ist etwas passiert? Schön. Alles, was passiert, wurde auch dir von Anfang an aus der Ganzheit des Kosmos zugeteilt und vorausbestimmt. Überhaupt: Das Leben ist kurz. Man nutze das Dasein mit Vernunft und Gerechtigkeit. Sei nüchtern und gelassen.

27. Entweder gibt es einen geordneten Kosmos oder ein zufällig zustande gekommenes, aber ungeordnetes Gemisch. Oder kann in dir eine Ordnung bestehen, im Ganzen aber eine Unordnung sein, und dies, obwohl doch alles, was getrennt und abgesondert existiert, in enger Beziehung zueinander steht?

28. Schlechter und schwarzer Charakter: ein weibischer Charakter, ein halsstarriger Charakter, ein tierischer, viehischer, kindischer, dummer, falscher, verschlagener, krämerischer, tyrannischer Charakter.

29. Wenn derjenige ein Fremdling im Kosmos ist, der die Dinge, die in diesem sind, nicht erkennt, dann ist der andere nicht weniger ein Fremdling, der die Vorgänge, die in diesem geschehen, nicht erkennt. Ein Flüchtling ist, wer sich der staatlichen Vernunft entzieht, ein Blinder, wer das Auge der Vernunft schließt, ein Bettler, wer auf einen anderen angewiesen ist und nicht alles, was für das Leben nützlich ist, aus sich selbst zur Verfügung hat. Ein Abgesonderter des Kosmos ist, wer sich entfernt und trennt von der Vernunft der gemeinsamen Natur, indem er sich nicht mit dem, was geschieht, zufrieden gibt. Denn die Natur, die auch dich hervorgebracht hat, bringt dies hervor. Ein von der menschlichen Gemeinschaft Abge-

trennter ist, wer seine eigene Seele von der einen Seele alles Vernünftigen abtrennt.

30. Der eine philosophiert und hat kein Hemd, der andere kein Buch. Ein anderer ist halbnackt. Er sagt: „Brot habe ich nicht und bleibe der Vernunft treu." Ich aber kann mich nicht von den Wissenschaften ernähren und bleibe ihnen treu.

31. Liebe das bißchen Sachwissen, das du erworben hast, ruhe dich bei ihm aus. Den Rest deines Lebens durchwandere so, als ob du alle deine Angelegenheiten mit voller Überzeugung den Göttern anvertraut hättest. Mach dich aber weder zum Tyrannen noch zum Sklaven irgendeines Menschen.

32. Denk einmal um der Klarheit willen an die Jahre unter Vespasian. Da wirst du folgendes sehen: Menschen, die heiraten, Kinder aufziehen, krank sind, sterben, Krieg führen, feiern, Handel treiben, den Acker bestellen, aber auch solche, die schmeicheln, sich aufspielen, argwöhnisch sind, Intrigen spinnen, einige auch, die dafür beten, sterben zu dürfen, die über die Verhältnisse jammern, lieben, Schätze anhäufen, höchste Stellungen und Königreiche haben wollen. Nicht wahr, eben jenes Leben dieser Menschen hat nirgendwo eine Spur hinterlassen. Geh nun weiter in Trajans Zeit. Wieder ist es ganz genauso. Tot ist auch jenes Leben. Schau dir ebenfalls die Etiketten anderer Epochen und ganzer Völker an und sieh, wieviele Menschen sich heftig anstrengten, nach kurzer Zeit fielen und sich wieder in ihre Grundbestandteile auflösten. Vor allem aber mußt du jene gründlich betrachten, die du selbst noch kennenlerntest, wie sie Sinnlosem nachjagten, es aber unterließen, das zu tun, was ihrem eigenen Wesen entsprach, zäh daran festzuhalten und damit zufrieden zu sein. Es ist aber notwendig, hier daran zu denken, daß auch die Sorgfalt, die man bei jeder Tätigkeit aufbringt, ihre besondere Würde und Angemes-

senheit hat. Denn so wirst du nicht mit Ärger aufhören, wenn du dich nicht länger, als es sich gehörte, mit weniger wertvollen Dingen beschäftigen kannst.

33. Die früher gebräuchlichen Begriffe sind jetzt veraltete Wörter. So sind also auch die Namen der früher hochberühmten Männer heute gewissermaßen veraltet: Camillus, Caeso, Volesus, Leonnatus, in Kürze aber auch Scipio und Cato, dann sogar Augustus, Hadrian und Antoninus. Denn alles ist vergänglich und wird bald zum Gegenstand der Sage. Bald aber ist es auch vollständig vergessen. Und das sage ich über die Menschen, die sich auf erstaunliche Weise vor anderen hervortaten. Denn die übrigen sind mit ihrem letzten Atemzug verschwunden, verschollen. Was ist auch überhaupt das „ewige Andenken"? Völlig nichtig. Was ist es also, worauf man Mühe verwenden sollte? Dieses eine: Ein von Gerechtigkeit bestimmtes Denken, Taten, die der Gemeinschaft nützen, Worte, die niemals lügen, und eine Einstellung, die alles, was geschieht, als notwendig willkommen heißt, als bekannt, als Wirkung einer entsprechenden Ursache und Quelle.

34. Gib dich freiwillig in Klothos Gewalt und laß sie deinen Lebensfaden mit den Dingen verspinnen, mit denen sie es will.

35. Alles ist nur von kurzer Dauer: Was sich erinnert und was in der Erinnerung festgehalten wird.

36. Betrachte ununterbrochen alles, was durch Verwandlung entsteht, und gewöhne dich daran zu bedenken, daß die Natur des Weltganzen nichts so sehr liebt, wie das Seiende zu verwandeln und neues von ähnlicher Gestalt zu erzeugen. Denn jedes Seiende ist gewissermaßen schon ein Same dessen, was aus ihm hervorgehen wird. Du aber stellst dir unter Samen nur das vor, was in die Erde oder den Mutterschoß fällt. Das ist allerdings sehr einfach gedacht.

37. Bald wirst du tot sein und bist immer noch nicht einfach und natürlich, ruhig, frei von der Angst, von außen geschädigt

zu werden, und versöhnlich gegenüber allen, und du konzentrierst dein Denken noch nicht ausschließlich auf die Verwirklichung der Gerechtigkeit.

38. Durchschaue die leitenden Prinzipien ihrer Seelen und was die Klugen meiden oder erreichen wollen.

39. In einer fremden Seele entsteht für dich nichts Böses, auch nicht in einer Wandlung und Veränderung der alles umfassenden Hülle. Wo denn? Wo bei dir die Auffassung über das Böse entsteht. Dort soll keine Auffassung entstehen, und alles ist in Ordnung. Auch wenn das, was diesem Bereich am nächsten ist, der armselige Körper, geschnitten oder gebrannt wird, eitert oder fault, soll dennoch der Teil, der sich darüber eine Auffassung bildet, schweigen, d. h. er soll entscheiden, daß das, was ebenso einem schlechten wie einem guten Menschen passieren kann, weder etwas Böses noch etwas Gutes ist. Was nämlich sowohl dem im Gegensatz zur Natur als auch dem in Übereinstimmung mit ihr Lebenden gleichermaßen passieren kann, das befindet sich weder im Einklang noch im Gegensatz zur Natur.

40. Sich den Kosmos ununterbrochen als ein Lebewesen denken, das nur ein Sein und eine Seele besitzt, und wie alles in das eine Bewußtsein des Kosmos aufgenommen wird und wie er alles durch einen einzigen Anstoß in Bewegung setzt und wie alles die mitbestimmende Ursache ist von allem, was geschieht, und wie das Verwobensein und die Verflochtenheit aussieht – (das bedenke bei dir).

41. Eine armselige Seele bist du, die einen Leichnam mit sich herumschleppt, wie Epiktet sagte.

42. Was sich in Verwandlung befindet, erfährt nichts Böses, wie auch nichts Gutes erfährt, was aus Verwandlung hervorgeht.

43. Die Zeit ist ein Strom aus allem, was geschieht, und ein gewaltiges Fließen. Denn alles ist in dem Augenblick, wo es

gesehen wurde, schon vorbeigetrieben, und es treibt etwas anderes heran, und darauf wird wieder etwas Neues herantreiben.

44. Alles, was geschieht, ist so vertraut und bekannt, wie die Rose im Sommer und das Obst im Herbst. Dasselbe gilt auch für Krankheit, Tod, Verleumdung, Intrige und was sonst noch die Toren erfreut oder schmerzt.

45. Die Konsequenzen ergeben sich immer mit innerer Notwendigkeit aus ihren Voraussetzungen. Denn dies funktioniert nicht wie ein Zusammenzählen, das ohne innere Verknüpfung und nur nach einer verbindlichen Regel abläuft, sondern es handelt sich um einen vernünftigen Zusammenhang. Und wie das Seiende harmonisch zusammengefügt ist, so läßt auch das Werdende keine bloße Abfolge, sondern einen wunderbaren inneren Zusammenhang erkennen.

46. Immer an die Worte des Heraklit denken: Es ist der Tod der Erde, Wasser zu werden, und der Tod des Wassers, Luft zu werden, und der Tod der Luft, Feuer zu werden und umgekehrt. Aber auch an den denken, der vergißt, wohin der Weg führt. Daran denken, daß sie mit dem, womit sie vor allem ununterbrochen zu tun haben, mit der Vernunft, die das Weltganze durchwaltet, nicht übereinstimmen, und daß ihnen das, womit sie täglich umgehen, fremd erscheint.

Heraklit sagt auch: Man darf nicht handeln und reden, als ob man schlafe. Denn wir scheinen ja auch dann zu handeln und zu reden. Und wir dürfen auch nicht wie die Kinder unserer Eltern handeln, d. h. schlicht gesagt, wie wir es übernommen haben.

47. Wie du es nicht mehr für wichtig hieltest, wenn dir einer von den Göttern gesagt hätte, du würdest morgen, bestimmt aber übermorgen sterben, ob es eher übermorgen als morgen passieren würde, wenigstens wenn du nicht ein ausgesprochen erbärmlicher Wicht wärest (wie groß ist denn der Unter-

schied?), so bedenke auch, daß es nicht von großer Bedeutung ist, ob es erst in vielen Jahren oder morgen der Fall ist.

48. Ununterbrochen daran denken, wieviele Ärzte schon gestorben sind, die oft über ihre Kranken die Augenbrauen hochgezogen haben, wieviele Sterndeuter, die den Tod anderer Menschen als ein großes Ereignis vorausgesagt haben, wieviele Philosophen, die über Tod und Unsterblichkeit unzählige Reden gehalten haben, wieviele Helden, die zahlreiche Gegner erschlugen, wieviele Tyrannen, die ihre Gewalt über Leben und Tod, als ob sie selbst unsterblich wären, mit schrecklicher Überheblichkeit ausgeübt haben. Wieviele Städte aber sind, um es einmal so auszudrücken, ganz und gar gestorben: Helike, Pompeji, Herculanum und zahllose andere. Führe dir aber auch einen nach dem anderen deiner eigenen Bekannten vor Augen. Der eine hat den anderen beerdigt und war dann selbst an der Reihe, und so weiter. Das geschah alles in kurzer Zeit. Kurz und gut: Stets das Menschliche betrachten als eine Erscheinung, die nur einen Tag dauert und belanglos ist, gestern noch ein Tropfen Schleim, morgen Mumie oder Asche.

Diese winzige Zeitspanne also in Übereinstimmung mit der Natur durchlaufen und dann heiter ausspannen, wie eine Olive, die reif vom Baum fiele, die Erde priese, die sie hervorbrachte, und dem Baum dankte, der sie wachsen ließ.

49. Gleich sein der Klippe, an der sich pausenlos die Wellen brechen. Sie aber steht fest, und um sie herum beruhigt sich die Brandung.

„Ich Unglücklicher, daß mir dies passieren mußte.“ Nein doch. Statt dessen: „Ich Glücklicher, daß ich, obwohl mir dies passiert ist, keine Schmerzen habe, von dem gegenwärtigen Unglück nicht zerbrochen werde und zukünftiges Leid nicht fürchte.“ Denn solches könnte jedem zustoßen, deswegen aber keine Schmerzen zu empfinden, das wäre nicht jedem vergönnt gewesen. Warum sollte jenes Ereignis also mehr ein Unglück als dieses ein Glück sein? Verstehst du denn überhaupt unter einem Unglück eines Menschen ein Ereignis, das kein Mißgeschick der menschlichen Natur ist? Scheint dir das ein Mißgeschick der menschlichen Natur zu sein, was nicht gegen den Willen seiner Natur ist? Wieso denn? Den Willen kennst du. Hindert dich etwa dieses Ereignis daran, gerecht, großherzig, beherrscht, besonnen, zurückhaltend, wahrhaftig, taktvoll, unabhängig zu sein und die übrigen Tugenden zu haben, bei deren Vorhandensein die Natur des Menschen über das verfügt, was ihr eigentümlich ist? Denk in Zukunft bei allem, was dir Leid bereitet, daran, diesen Grundsatz zur Geltung zu bringen: „Dies ist nicht nur kein Unglück, sondern es mit Anstand zu ertragen, ist ein Glück."

50. Es ist ein anspruchsloses, aber durchaus wirksames Mittel, den Tod zu verachten: Das Nachdenken über die Menschen, die zäh an ihrem Leben hingen. Was hatten sie denn mehr als jene, die früh starben? Jedenfalls liegen doch wohl irgendwo die Cadicianus, Fabius, Julianus, Lepidus oder andere von denen, die viele hinaustrugen, dann aber selbst hinausgetragen wurden. Überhaupt ist der Unterschied nur gering, und dazu noch – mit wieviel Ärger, welchen Menschen und in was für einem elenden Leib wird er ausgeschöpft. Halte das also nicht für wesentlich. Blick doch zurück in die Unendlichkeit der verflossenen Zeit und nach vorn in die Grenzenlosigkeit der Zukunft. Wie unterscheidet sich darin das Leben eines nur drei Tage alt gewordenen Kindes vom Leben eines „dreifachen" Nestors?

51. Nimm stets den kurzen Weg. Kurz aber ist der Weg, der mit der Natur übereinstimmt; das hat zur Folge, daß du alles auf die gesündeste Weise sagst und tust. Denn ein solcher Vorsatz bewahrt dich vor Großsprecherei, Übertreibung, ungenauem Formulieren und Spitzfindigkeit.

FÜNFTES BUCH

1. Wenn du am Morgen widerwillig aufwachst, dann halte dir vor Augen: Ich wache auf, um die Arbeit eines Menschen zu tun. Da soll ich noch schlechte Laune haben, wenn ich im Begriff bin, das zu tun, wozu ich da bin und weshalb ich auf die Welt gebracht wurde? Oder bin ich dazu bestimmt, daß ich im Bett liegen bleibe und mich wärme? – „Aber das ist doch angenehmer." – Bist du zum Genießen da? Und überhaupt: Bist du zum Empfinden oder zum Tätigsein geschaffen? Siehst du nicht die Pflanzen, die Vögel, die Ameisen, die Spinnen, die Bienen die ihnen gemäße Tätigkeit verrichten und zu ihrem Teil einen Kosmos gestalten? Dann willst du nicht dein Menschenwerk verrichten? Da beeilst du dich nicht, das zu tun, was deiner Natur entspricht? – „Aber man muß sich doch auch ausruhen." – Ja. Das meine ich auch. Doch hat die Natur auch dafür Grenzen gesetzt, wie für Essen und Trinken, und dennoch – überschreitest du nicht die Grenzen, gehst du nicht über das Ausreichende hinaus? Nur nicht in deinen Taten – da bleibst du lieber im Bereich des Möglichen. Denn du liebst dich selbst nicht. Sonst würdest du auch deine Natur und ihren Willen lieben. Andere lieben ihre Künste und sind ganz versessen darauf, entsprechende Leistungen zu vollbringen, waschen sich nicht mehr und essen nicht mehr. Du aber achtest deine Natur weniger als der Metallhandwerker die Metallbearbeitung, der Tänzer die Tanzkunst, der Geldgierige das Geld, der Ruhmsüchtige den lächerlichen Ruhm? Und wenn diese Leute von ihrer Leidenschaft gepackt sind, verzichten sie lieber auf Essen und Schlafen als auf die Vollendung dessen, wofür sie

sich begeistern. Dir aber scheinen die Taten für die Gemeinschaft weniger wertvoll zu sein und weniger Einsatz zu verdienen?

2. Wie leicht ist es, jede Vorstellung fortzustoßen und abzuwischen, wenn sie stört oder unangebracht ist, und sofort in völliger Seelenruhe zu sein.

3. Halte dich jedes Wortes und jeder Tat für würdig, die naturgemäß sind. Auch der damit verbundene Tadel oder das Gerede irgendwelcher Leute sollen dich nicht vom rechten Weg abbringen, sondern wenn du etwas Richtiges getan oder gesagt hast, dann stehe dazu. Denn jene Kritiker haben ihre eigene Entscheidungsinstanz und handeln aus ihrem eigenen Antrieb. Kümmere dich nicht darum, sondern geh ohne Umweg auf dein Ziel zu, indem du deiner individuellen und der allgemeinen Natur folgst. Aber beide haben nur einen Weg.

4. Ich gehe meinen Weg auf der Bahn des Naturgemäßen, bis ich mich ausruhen kann, nachdem ich mein Leben dorthin ausgehaucht habe, woraus ich Tag für Tag Luft hole, und auf den Boden gestürzt bin, aus dem mein Vater den Samen erhielt, meine Mutter das Blut und meine Amme die Milch; aus diesem Boden nähre ich mich Tag für Tag und Jahr für Jahr; er trägt mich, während ich ihn trete und vielfach mißbrauche.

5. Einen scharfen Verstand können sie an dir nicht bewundern. Gut. Aber vieles andere, wobei du nicht sagen kannst: „Ich bin unbegabt." Zeig das, was ganz in deiner Gewalt ist: Ehrlichkeit, Würde, Ausdauer, Verachtung sinnlicher Lust, Zufriedenheit mit dem Schicksal, Bedürfnislosigkeit, Freundlichkeit, innere Unabhängigkeit, Schlichtheit, Fehlen von Geschwätzigkeit, innere Größe. Merkst du nicht, wieviel du schon zu bieten hast, bei dem es dir nicht möglich ist, fehlende Begabung und Unfähigkeit vorzugeben, und dennoch bleibst

du freiwillig unten? Oder wirst du etwa gezwungen zu murren, kleinlich zu sein, zu schmeicheln, deinem erbärmlichen Körper die Schuld zu geben, selbstgefällig zu sein, zu prahlen und deiner Seele soviel Unruhe zu bereiten, weil du etwa unbegabt bist? Nein, bei den Göttern. Du hättest dich vielmehr davon schon längst befreien und allenfalls, wenn überhaupt, als ziemlich langsam und begriffsstutzig gelten können. Aber auch das muß man üben, ohne es an Aufmerksamkeit mangeln zu lassen und sich bei der Trägheit wohlzufühlen.

6. Der eine ist schnell bei der Hand, wenn er jemandem etwas Gutes getan hat, ihm den Gefallen auch vorzurechnen. Der andere ist nicht so schnell damit, doch denkt er sonst im stillen an ihn wie an einen Schuldner und weiß, was er getan hat. Der dritte weiß gewissermaßen nicht einmal, was er getan hat, sondern gleicht einem Weinstock, der Trauben getragen hat und nichts anderes mehr verlangt, nachdem er einmal seine Frucht getragen hat, wie ein Pferd, das gelaufen ist, ein Hund, der eine Spur verfolgt hat, eine Biene, die Honig erzeugt hat. Ein Mensch aber, der Gutes getan hat, läßt sich nicht preisen, sondern schreitet zur nächsten Tat, wie ein Weinstock, der sich vorbereitet, zur rechten Zeit wieder die Traube zu tragen. „Man muß zu denen gehören, die dies tun, ohne es gewissermaßen selbst zu begreifen?" Ja. „Aber man muß dies doch begreifen. Denn, wie es heißt, ist es eine Eigenschaft des gemeinschaftsbezogenen Menschen, gemeinschaftsbezogenes Handeln als solches wahrzunehmen und beim Zeus den Wunsch zu haben, daß einer der Mitmenschen es merkt." Es ist zwar richtig, was du sagst, was aber ich jetzt meine, verstehst du nicht. Darum wirst du einer von denen sein, die ich vorhin erwähnte. Denn auch jene werden durch ein logisch überzeugendes Argument in die Irre geführt. Wenn du aber verstehen willst, was eigentlich gemeint ist, dann habe keine Angst, daß du deswegen eine gemeinschaftsfördernde Tat unterläßt.

7. Ein Gebet der Athener: „Laß es regnen, laß es regnen, lieber Zeus, auf das Land der Athener und die Wiesen." Man soll entweder gar nicht beten oder so: einfach und freimütig.

8. Was der Satz „Asklepios verordnete diesem Menschen das Reiten oder kalte Bäder oder Barfußlaufen" bedeutet, das bedeutet auch folgender Satz: „Die Natur des Ganzen verordnete diesem Menschen Krankheit, Verstümmelung, Verlust oder etwas ähnliches." Denn auch dort hat das Wort „verordnete" etwa folgende Bedeutung: „Er verordnete ihm dies, weil es seiner Gesundheit förderlich ist." Und hier ist alles, was zu jedem einzelnen „paßt", ihm irgendwie verordnet, weil es seinem Schicksal entspricht. Wenn wir nämlich sagen, daß uns die Dinge „passen", drücken wir uns genauso aus wie die Bauhandwerker, die feststellen, daß die Quadersteine in den Mauern oder den Pyramiden „passen", wenn sie sie in einem bestimmten Verfahren zusammenfügen. Denn überhaupt ist alles eine einzige Harmonie, und wie sich der Kosmos als allumfassender Körper aus allen Einzelkörpern zusammensetzt, so setzt sich das Schicksal als die allumfassende Ursache aus allen Einzelursachen zu einem Ganzen zusammen. Was ich meine, begreifen auch die ganz einfachen Leute. Denn sie sagen: „Das brachte es ihm ein." Also wurde ihm dieses „gebracht" und verordnet. Wir wollen die Dinge demnach so aufnehmen wie die Maßnahmen, die Asklepios verordnet. Vieles auch davon ist unangenehm, aber wir begrüßen es in der Hoffnung auf Wiederherstellung der Gesundheit. Die Vollendung und Verwirklichung der Dinge, die die allgemeine Natur beschlossen hat, soll dir als ein Ziel erscheinen, das deiner Gesundheit vergleichbar ist. Und in diesem Sinne begrüße alles, was geschieht, auch wenn es sich als ziemlich unangenehm erweist, weil es dorthin führt: zur Gesundheit des Kosmos und zum Glück und zum guten Wirken des Zeus. Denn alles, was geschieht, würde niemandem etwas bringen, wenn

es nicht dem Ganzen etwas brächte. Denn auch die geringste Natur bringt nichts, was dem von ihr verwalteten Wesen nicht entspricht. Du muß also aus zwei Gründen lieben, was dir passiert: Erstens, weil es dir passierte und dir verordnet wurde und zu dir in einer gewissen Beziehung stand als etwas, das von oben aus den ältesten Ursachen zusammengefügt wurde. Zweitens, weil für die Macht, die das Weltganze durchwaltet, auch das, was jeden einzelnen ganz individuell betrifft, Ursache ihres Glückes, ihrer Vollkommenheit und beim Zeus auch ihrer Fortexistenz ist. Denn das Ganze wird verstümmelt, wenn man aus seinem Zusammenhang und Zusammenhalt auch nur ein einziges seiner Glieder beziehungsweise seiner Ursachen herausbricht. Du brichst aber etwas heraus, soweit es dir möglich ist, wenn du unzufrieden bist, und in gewisser Weise zerstörst du es auch.

9. Keinen Ekel empfinden, nicht den Mut verlieren, nicht aufgeben, wenn dir die Absicht, alles unter Berücksichtigung der richtigen Grundsätze zu tun, nicht immer gelingt; sondern wenn du dich aus dem Konzept hast bringen lassen, dann besinne dich wieder auf deine Grundsätze und sei zufrieden, wenn die Mehrzahl deiner Handlungen wenigstens ein bißchen menschlich ist, und liebe das, wohin du zurückkehrst, und kehre nicht so zur Philosophie zurück, als ob du zu einem Schulmeister gingest, sondern tu es so, wie die Augenkranken zum Schwämmchen und zum Eiweiß greifen oder ein anderer zum Pflaster oder zum Umschlag. So wirst du nämlich nicht laut verkünden, daß du der Vernunft gehorchst, sondern du wirst dich bei ihr erholen. Denk aber daran, daß die Philosophie nur das will, was deine Natur will; du aber wolltest etwas anderes, das nicht der Natur entspricht. Was ist denn angenehmer als dies? Ist denn nicht schon deswegen die gewöhnliche Lust eine Täuschung? Überleg vielmehr, ob nicht Großmut, innere Unabhängigkeit, Einfachheit, Güte und Frömmigkeit

mehr Lust bereiten. Was ist denn angenehmer als die Einsicht selbst, wenn du die Zuverlässigkeit und den allseitigen Erfolg ihres geistigen Fassungsvermögens betrachtest.

10. Die Dinge sind gewissermaßen so verhüllt, daß sie nicht wenigen Philosophen – und zwar nicht den unbedeutendsten – völlig unbegreifbar erschienen, wenn man von den Stoikern selbst einmal absieht, denen sie nur schwer begreifbar erscheinen. Auch unsere Zustimmung (zu den Ergebnissen der sinnlichen Wahrnehmung) ist insgesamt der Veränderung ausgesetzt. Wo gibt es denn jemanden, der keiner Veränderung unterworfen ist? Denk doch nur einmal an die materiellen Gegenstände, wie kurzlebig und wertlos sie sind und daß sie auch im Besitz eines Unzüchtigen, einer Hure oder eines Räubers sein können. Dann denk an den Charakter deiner Mitmenschen. Man kann sogar den Liebenswürdigsten von ihnen kaum ertragen, um nicht zu sagen, daß man auch dich nur mit Mühe erträgt. Was in solcher Dunkelheit, in solchem Schmutz und bei so großer Veränderung des Daseins, der Zeit, der Bewegung und des Bewegten eigentlich für wertvoll zu halten ist oder überhaupt der Mühe wert wäre, kann ich nicht ausmachen. Im Gegenteil – man muß sich selbst gut zureden und auf die Auflösung warten und wegen der Verzögerung nicht hadern, sondern sich allein bei folgenden Gedanken ausruhen: Erstens, daß mir nichts passieren wird, was im Gegensatz zur Natur des Weltganzen steht. Zweitens, daß es mir möglich ist, nichts gegen meinen Gott und meinen Schutzgeist zu tun. Denn niemand wird mich zwingen können, mich gegen diesen zu stellen.

11. Wozu gebrauche ich denn jetzt eigentlich meine Seele? Bei jeder Gelegenheit muß man sich dies fragen und prüfen: Was geschieht bei mir in dem Teil der Seele, den man den führenden Teil nennt, und welche Seele besitze ich im Augenblick? Etwa die eines Knaben, eines jungen Mannes, eines

schwächlichen Weibes, eines Tyrannen, eines Haustieres, einer Bestie?

12. Was die Masse für gut und wertvoll hält, könntest du folgenden Beobachtungen entnehmen: Wenn nämlich jemand über tatsächlich existierende echte Werte nachdächte, wie z. B. über Einsicht, Selbstbeherrschung, Gerechtigkeit und Tapferkeit, dann könnte er, nachdem er zuvor darüber nachgedacht hätte, die Wendung „vor lauter guten Dingen" nicht mehr hören. Sie wird dann nämlich nicht mehr passen. Wenn man aber zuvor an die Dinge gedacht hat, die der Masse als Werte vorschweben, dann wird man sich das Wort des Komödiendichters anhören und ohne weiteres als zutreffend hinnehmen. So kann sich auch die Masse den Unterschied vorstellen. Denn sonst wäre es nicht möglich, daß dieses Wort einerseits Anstoß erregte und abgelehnt würde, und daß wir es andererseits, wenn es auf den Reichtum und auf die dem Luxus oder dem Ansehen dienenden Glücksgüter angewandt würde, als treffende und witzige Formulierung akzeptierten. Geh nun noch einen Schritt weiter und frage, ob solche Dinge wirklich zu schätzen und als Güter anzusehen sind, auf die man, wenn man sie sich vorgestellt hat, folgendes Wort anwenden könnte: Vor lauter Überfluß weiß ihr Besitzer nicht mehr, „wo er hinscheißen soll".

13. Ich bestehe aus einer verursachenden Form und aus Materie. Weder Form noch Materie werden in das Nichts vergehen, wie sie ja auch nicht aus dem Nichts entstanden sind. Also wird jeder Teil von mir im Sinne einer Verwandlung in einen Teil des Kosmos übergehen, und dieser wird sich wieder in einen anderen Teil des Kosmos verwandeln und so weiter bis ins Unendliche. Durch eine derartige Verwandlung bin auch ich entstanden, und ebenso meine Eltern und alle davor in unendlicher Vergangenheit. Nichts hindert mich nämlich daran, so zu sprechen, auch wenn das Walten des Kosmos in bestimmten Zeitabschnitten abläuft.

14. Die Vernunft und die Kunst des Denkens sind Fähigkeiten, die ihren Zweck in sich selbst und in den ihnen entsprechenden Leistungen haben. Sie gehen also von der ihnen eigenen Ursache aus und nehmen ihren Weg in Richtung auf das ihnen vorgegebene Ziel. Daher werden solche Handlungen „richtige Handlungen" genannt, die die Richtigkeit des Weges sichtbar werden lassen.

15. Keines von den Dingen, die einem Menschen, sofern er ein Mensch ist, nicht zustehen, darf ein Mensch beachten. Der Mensch hat keinen Anspruch auf diese Dinge. Sie gehören nicht zum Programm der menschlichen Natur, und in ihnen liegt auch nicht die Vollendung der menschlichen Natur. Darin besteht also auch nicht das Ziel des Menschen und das, was das Ziel erreichen hilft, das Gute. Wenn ferner eines von diesen Dingen dem Menschen zustände, dann stände es ihm nicht zu, sie zu verachten und zu bekämpfen, und derjenige wäre auch nicht lobenswert, der bewiese, daß er sie nicht benötigte, und wer sich in einem dieser Dinge einschränkte, wäre kein guter Mensch, wenn dies wirklich Güter wären. Nun ist es aber so: Je mehr sich einer diesen oder anderen Dingen entzieht oder es aushält, etwas von ihnen entzogen zu bekommen, desto besser ist er.

16. Wie du dir gewöhnlich deine Vorstellungen bildest, so wird dein Denken sein. Die Seele wird von den Vorstellungen gefärbt. Färbe sie also durch die ununterbrochene Aneinanderreihung beispielsweise folgender Vorstellungen: Wo es möglich ist zu leben, da kann man auch gut leben. Am Kaiserhof kann man leben. Also kann man am Kaiserhof auch gut leben. Ferner: Zu welchem Zweck ein jedes Wesen ausgerüstet ist und wofür es ausgerüstet ist, dahin strebt es. Wohin es aber strebt, dort liegt sein Ziel. Wo aber sein Ziel ist, da liegt der Nutzen und das Gute eines jeden Wesens. Das Gute also des vernunftbegabten Lebewesens ist die Gemeinschaft. Denn daß

wir für die Gemeinschaft geschaffen sind, ist seit langem offenkundig. Oder ist es nicht klar, daß die niederen Wesen wegen der höheren und die höheren füreinander auf der Welt sind? Höher aber als die nicht beseelten sind die beseelten Wesen, und höher als die beseelten sind die vernunftbegabten.

17. Das Unmögliche zu verfolgen, ist Wahnsinn. Unmöglich aber ist es, daß die schlechten Menschen nicht entsprechend handeln.

18. Nichts passiert einem, was man nicht von Natur aus zu ertragen imstande ist. Einem anderen passiert dasselbe (wie dir), und entweder weil er nicht weiß, daß es passiert ist, oder weil er seine innere Stärke zeigen will, bleibt er ruhig und unberührt. Es ist aber schlimm, wenn Unwissenheit und das Bedürfnis zu gefallen stärker sind als die Einsicht.

19. Die Dinge selbst berühren keineswegs die Seele, sie haben keinen Zugang zur Seele und können sie auch nicht beeinflussen oder bewegen. Allein sie selbst beeinflußt und bewegt sich und nur nach Maßgabe der Urteile, die sie für sich in Anspruch nimmt, macht sie sich die Dinge bewußt, die von außen an sie herantreten.

20. Unter einer bestimmten Voraussetzung ist uns ein Mensch das vertrauteste Wesen, soweit man ihm Gutes tun und ihn aushalten muß. Sobald mich aber einige Menschen an der Erfüllung meiner eigenen Aufgaben hindern, wird mir der Mensch zu einem der gleichgültigen Dinge wie die Sonne, der Wind oder ein Tier. Von diesen könnte zwar eine Tätigkeit behindert werden, es entsteht aber für meinen Willen und meine Einstellung keine Behinderung, weil ich sie gedanklich beseitige und umdrehe. Denn die geistige Kraft verändert und verwandelt die Behinderung ganz und gar in die Sache, um die es geht, und jetzt dient dem Werk, was dieses hätte aufhalten können, und es erleichtert den Weg, was diesen hätte versperren können.

21. Ehre das stärkste aller Dinge im Kosmos. Es ist das, was alle Dinge gebraucht und alles in seiner Ordnung hält. Ebenso halte aber auch das stärkste in dir in Ehren. Es ist das, was jenem verwandt ist. Denn auch bei dir ist es das, was alles andere gebraucht, und dein Leben wird von ihm geordnet.

22. Was der Stadt nicht schädlich ist, schädigt auch nicht den einzelnen Bürger. Immer wenn du dir vorstellst, geschädigt worden zu sein, leg diesen Maßstab an: Wenn die Stadt dadurch keinen Schaden erleidet, habe auch ich keinen Schaden. Wenn aber die Stadt geschädigt wird, darf man demjenigen nicht zürnen, der die Stadt schädigt, sondern man muß ihm zeigen, was er falsch gemacht hat.

23. Denk möglichst oft daran, wie schnell das Seiende und das Werdende vorbeiziehen und verschwinden. Denn das Sein ist wie ein Fluß mit ununterbrochener Strömung, die Tätigkeiten befinden sich in dauernder Veränderung, die Ursachen haben unzählige Erscheinungsformen, und beinahe nichts steht fest. Denk auch an die Nähe der unermeßlichen Unendlichkeit der Vergangenheit und der Zukunft, in der alles verschwindet. Wie sollte also derjenige nicht töricht sein, der sich unter diesen Umständen aufbläst, hin und her ziehen läßt oder jammert und klagt, als ob ihm eine bestimmte Zeit lang oder gar auf Dauer ein Leid geschähe.

24. Sei dir des Seins insgesamt bewußt, von dem du ein winziges Teilchen bist, und der ganzen Ewigkeit, von der dir ein kurzer und winzig kleiner Abschnitt zugeteilt ist, und des unausweichlichen Schicksalsplanes: Welcher Bruchteil davon bist du?

25. Ein anderer tut mir etwas Böses an? Er wird es sehen. Er hat seine eigene innere Verfassung, seine eigene Aktivität. Ich habe jetzt, was ich nach dem Willen der allgemeinen Natur habe, und ich tue, was ich nach dem Willen meiner individuellen Natur zu tun habe.

26. Der leitende und herrschende Teil deiner Seele soll nicht berührt werden von der glatten oder rauhen Bewegung in deinem Fleisch und sich nicht damit verbinden, sondern sich selbst abgrenzen und jene in den Gliedern wirkenden Verlokkungen einkreisen. Wenn sie aber durch die gegenseitige innere Verbindung in die denkende Seele aufsteigen, wie es in einem einheitlichen Körper möglich sein kann, dann versuche zwar nicht, gegen die sinnliche Wahrnehmung, da sie natürlich ist, anzugehen, aber der leitende Teil der Seele soll von sich aus nicht die Auffassung hinzufügen, daß es sich dabei um etwas Gutes oder etwas Böses handele.

27. Mit den Göttern zusammenleben. Mit den Göttern aber lebt nur derjenige zusammen, der ihnen ununterbrochen zeigt, daß seine Seele mit allem, was ihr zugeteilt ist, zufrieden ist, und daß sie tut, was der göttliche Geist will, den Zeus als ein Stück von sich selbst jedem einzelnen als Beschützer und Führer gegeben hat. Er ist der Geist und die Vernunft jedes einzelnen.

28. Du zürnst doch wohl nicht dem Menschen, der nach Schweiß riecht? Oder dem, der aus dem Mund stinkt? Er hat nun einmal einen solchen Mund und solche Achseln. Von derartigen Körperteilen geht zwangsläufig eine solche Ausdünstung aus. „Aber der Mensch hat Vernunft", sagt jemand, „und er kann mit seinem Verstand begreifen, was er falsch macht." Sehr gut. Doch auch du hast Vernunft. Bewege mit deiner vernünftigen Verfassung seine vernünftige Verfassung, zeig es ihm, ermahne ihn. Wenn er dir nämlich zuhört, wirst du ihm helfen, und es besteht kein Grund zum Zorn.

Weder Tragöde noch Dirne.

29. Wie du zu leben beabsichtigst, wenn du fortgegangen bist, so kannst du auch schon hier leben. Wenn sie dich aber nicht lassen, dann geh auch aus dem Leben, doch so, daß es nicht den Anschein hat, dir widerführe etwas Schlimmes. Da

ist Rauch, und ich gehe weg. Warum ist das deiner Meinung nach etwas Besonderes? Solange mich aber nichts derartiges verjagt, bleibe ich als freier Mann, und niemand hindert mich zu tun, was ich will. Ich will es aber in Übereinstimmung mit der Natur des vernünftigen und gemeinschaftsbezogenen Lebewesens.

30. Der Geist des Ganzen will die Gemeinschaft. Also schuf er die geringeren Wesen wegen der höheren und brachte die höheren zueinander. Du siehst, wie er unterordnete, zusammenfügte, jedem einzelnen das ihm Zukommende zuteilte und seine höchsten Geschöpfe zusammenführte, auf daß sie sich miteinander vertragen sollten.

31. Wie bist du bis jetzt mit den Göttern, deinen Eltern, deinen Geschwistern, deiner Frau, deinen Kindern, deinen Lehrern, deinen Erziehern, deinen Freunden, deinen Verwandten und deinen Sklaven umgegangen? Ob auch auf dich bis heute im Blick auf alle das Wort des Dichters zutrifft, daß du „niemandem etwas Böses getan oder gesagt" hast? Erinnere dich aber auch daran, was du durchgemacht hast und was du zu ertragen imstande warst und daß die Geschichte deines Lebens schon erfüllt und dein Dienst beendet ist, wieviel Schönes du gesehen und über wieviele Freuden und Schmerzen du hinweggesehen hast, wieviele Gelegenheiten, dich auszuzeichnen, du nicht wahrnahmst und wievielen lieblosen Menschen du begegnet bist.

Warum bringen ungebildete und unwissende Seelen eine gebildete und verständige Seele aus der Fassung? Welche Seele ist aber gebildet und verständig? Diejenige, die den Ursprung, das Ziel und die Vernunft kennt, die das ganze Sein durchzieht und das All durch alle Ewigkeit hindurch für jeweils bestimmte Zeitabschnitte lenkt.

33. Nur noch nicht ganz Asche oder Skelett und bald nur noch Name oder nicht einmal Name. Der Name aber ist

Geräusch und Widerhall. Was im Leben hoch geschätzt wird, ist leer, faul und bedeutungslos, gleicht jungen Hunden, die sich gegenseitig beißen, und zankenden Kindern, die lachen und gleich darauf weinen. Aber Treue, Achtung, Recht und Wahrheit erhoben sich „zum Olymp von der Erde mit ihren weiten und breiten Wegen“. Was hält uns also hier noch fest, wenn die wahrnehmbaren Dinge dem schnellen Wandel unterworfen sind und keinen Bestand haben, unsere Wahrnehmungsorgane stumpf und leicht zu täuschen sind, das erbärmliche Seelchen selbst nur ein Dampf aus dem Blut ist und der Ruhm bei solchen Geschöpfen sich als völlig wertlos erweist? Wie soll es weitergehen? Du wartest mit heiterer Resignation auf das Verlöschen oder den Übergang. Bis die Zeit dafür kommt – was kann da helfen? Was sonst, als die Götter zu ehren und zu preisen, den Menschen Gutes zu tun und sie zu ertragen und sich von ihnen fernzuhalten. Was aber mit deinem jämmerlichen Fleisch und dem bißchen Atemluft zu tun hat, das – so sei dir bewußt – ist weder dein Eigentum, noch kannst du es beeinflussen.

34. Du kannst immer glücklich sein, wenigstens wenn du fähig bist, auch den richtigen Weg zu gehen und die richtige Auffassung von den Dingen zu haben und entsprechend zu handeln. Über diese beiden Fähigkeiten verfügt die Seele der Gottheit wie jedes vernunftbegabten Lebewesens: Von einem anderen sich nicht hindern zu lassen und in der richtigen Einstellung und Tätigkeit am Guten festzuhalten und hierin ihre Erfüllung zu finden.

35. Wenn dies weder meine Schlechtigkeit ist noch eine Tätigkeit aufgrund meiner Schlechtigkeit und die Gemeinschaft nicht geschädigt wird – was streite ich mich darum? Worin besteht der Schaden für die Gemeinschaft?

36. Sich nicht gänzlich von der Vorstellung überwältigen lassen, sondern nach Kräften und sachgerecht den Menschen

helfen, und wenn sie im Zusammenhang mit den gleichgültigen Dingen Nachteile erleiden, soll man sich allerdings nicht einbilden, daß dies ein Schaden ist. Denn das ist eine schlechte Angewohnheit. Verhalte dich in diesem Falle lieber so wie der alte Mann, der beim Abschied den Kreisel seines Pflegekindes zurückforderte, obwohl ihm klar war, daß es nur ein Kreisel war. Denn sonst wirst du ein Schreihals auf der Rednerbühne. Mensch, hast du vergessen, was dies war? „Ja. Aber den Leuten ist das wichtig." Deshalb also wirst auch du zum Tor? Ich war einmal ein Mensch, der vom Schicksal begünstigt wurde, wo immer man mich antraf. „Vom Schicksal begünstigt" heißt, daß du dir selbst ein gutes Schicksal zugewiesen hast. Ein gutes Schicksal bedeutet gute Entscheidungen der Seele, gute Anstöße, gute Taten.

SECHSTES BUCH

1. Das Sein des Ganzen ist leicht zu beeinflussen und zu verändern. Die Vernunft aber, die über diesem Sein waltet, hat keinen Grund in sich, etwas Schlechtes zu bewirken. Sie verfügt nämlich nicht über Schlechtigkeit und tut auch keinem Ding etwas Schlechtes an, und nichts wird von ihr geschädigt. Alles geschieht und vollendet sich in ihrem Sinne.

2. Kümmere dich nicht darum, ob du frierend oder schwitzend deine Pflicht tust, todmüde oder gut ausgeschlafen, beschimpft oder gelobt, sterbend oder bei einer anderen Tätigkeit. Denn einer der Vorgänge, die zum Leben gehören, ist auch das Sterben. Es genügt also, daß man auch dabei das unabänderlich Gegebene richtig in den Griff bekommt.

3. Schau nach innen, bei keiner Angelegenheit soll dir deren Wert und Besonderheit entgehen.

4. Alle materiellen Gegenstände werden sich sehr schnell ändern oder verdampfen, wenn das Sein eine Einheit ist, oder in ihre Elemente zerfallen.

5. Die Vernunft, die die Welt regiert, weiß, mit welchem Plan sie was an welchem Stoff bewirkt.

6. Nicht dasselbe zu tun wie der Angreifer, ist die beste Art und Weise, sich zu wehren.

7. Nur an einem erfreue dich und schöpfe daraus neue Kraft: Von einer gemeinschaftsfördernden Tat zur nächsten zu kommen in Gedanken an Gott.

8. Der führende Teil der Seele ist der Teil, der sich selbst weckt, sich seine eigene Richtung gibt und sich selbst zu dem

macht, was er jeweils will, und der es bewirkt, daß ihm alles, was geschieht, so erscheint, wie er es will.

9. Der Natur des Ganzen entsprechend erreicht alles sein Ziel, nicht irgendeiner anderen Natur entsprechend, die alles von außen umfaßt oder in allem enthalten oder von allem getrennt ist.

10. Entweder ist es ein Gemisch, eine Verknüpfung und Wiederauflösung oder Einheit, Ordnung und Planung. Wenn nun das erste zutrifft – warum will ich da noch in einem zufälligen Gebilde und einem solchen Durcheinander verweilen? Wieso soll ich mich da um etwas anderes kümmern als darum, „daß ich einmal zu Erde werde", d. h. daß ich einigermaßen durchkomme? Warum soll ich mich noch aufregen? Denn auf mich wartet ja die Wiederauflösung, was immer ich tue. Wenn aber das zweite richtig ist, dann empfinde ich Ehrfurcht, genieße innere Ruhe und vertraue auf die alles lenkende Vernunft.

11. Wenn du von den Umständen gezwungen wirst, gewissermaßen aus dem Gleichgewicht zu geraten, dann zieh dich schnell in dich selbst zurück und laß dich nicht mehr als unbedingt nötig aus dem Rhythmus bringen. Denn du wirst besser über innere Ausgeglichenheit verfügen, wenn du immer wieder zu ihr zurückkommst.

12. Wenn du gleichzeitig eine Stiefmutter und eine Mutter hättest, dann würdest du jener zwar mit Achtung begegnen, aber trotzdem würde dein Weg immer wieder zu deiner Mutter zurückführen. Das ist für dich jetzt einerseits der Kaiserhof, andererseits die Philosophie. Deshalb kehre möglichst oft zu dieser zurück und schöpfe neue Kraft aus ihr, wodurch dir die Dinge dort erträglich erscheinen und du dort erträglich bist.

13. Wie man sich bei Leckerbissen und anderen Speisen dieser Art vorstellen kann, daß es sich hier um den Kadaver eines Fisches handelt, um die Leiche eines Vogels oder Schweines,

und weiter, daß der Falerner nur der Saft einer Traube und das Purpurgewand nur die Wolle eines Schafes ist, die mit dem Blut einer Schnecke getränkt wurde und daß bei der geschlechtlichen Vereinigung nur ein Reiben des Gliedes und eine Absonderung von Schleim verbunden mit gewissen Zukkungen stattfindet – wie man diese Vorstellungen gewinnt, die den Kern der Sache treffen und ihren eigentlichen Gehalt bewußt machen, so daß man sehen kann, um was es sich in Wirklichkeit handelt, so muß man es das ganze Leben lang tun, und wo einem die Dinge allzu seriös vorkommen, muß man sie entblößen, ihre Wertlosigkeit erkennen und ihr hohes Ansehen zerstören, auf dem ihre Wertschätzung beruht. Denn der Hochmut ist ein gewaltiger Betrüger, und besonders wenn du glaubst, daß du mit ernsthaften Dingen zu tun hast, gerade dann wirst du betrogen. Sieh dir also das an, was Krates sogar über einen Mann wie Xenokrates sagt.

14. Das meiste von dem, was die Masse bewundert, läßt sich auf die allgemeinsten Gegenstände zurückführen, die von einer inneren Kraft oder Natur zusammengehalten werden: auf Steine, Holz, Feigenbäume, Weinstöcke, Oliven. Was von etwas höher stehenden Menschen bewundert wird, läßt sich auf die Sachen zurückführen, die von einer Seele zusammengehalten werden, wie z. B. Schaf- oder Ziegenherden. Was von den noch höher gebildeten Menschen bewundert wird, geht auf die Dinge zurück, die von einer vernünftigen Seele zusammengehalten werden, allerdings nicht von der Seele des Weltganzen, sondern insofern sie künstlerisch begabt oder in anderer Hinsicht geübt ist, oder es geht – einfach ausgedrückt – auf den Besitz einer Menge von Sklaven zurück. Wer aber eine vernünftige, das Ganze umfassende und auf die Gemeinschaft bezogene Seele in Ehren hält, kümmert sich nicht mehr um die anderen Dinge, sondern sorgt vor allem dafür, daß seine Seele ihre vernünftige und gemeinschaftsbezogene Haltung und

Aktivität bewahrt, und arbeitet deswegen mit dem zusammen, was seinem Wesen verwandt ist.

15. Ständig beeilt sich das eine zu entstehen, das andere beeilt sich, seine Vollendung zu erreichen. Aber auch von dem, was gerade entsteht, ist immer schon etwas verloschen. Strömungen und Veränderungen erneuern den Kosmos ununterbrochen, wie der nie versiegende Strom der Zeit die grenzenlose Ewigkeit ständig erneuert. Was könnte man von den Dingen, die in diesem Fluß vorübertreiben, hoch schätzen, da man doch darauf nicht sicher stehen kann? Als ob jemand beginnen wollte, einen der vorüberfliegenden Sperlinge zu lieben, der im selben Augenblick den Augen schon wieder entschwunden ist. So ist nun auch das Leben eines jeden mit dem aus Blut aufsteigenden Dampf und mit dem Einatmen von Luft zu vergleichen. Denn wie sich das einmalige Ein- und Ausatmen von Luft abspielt, das wir in jedem Augenblick vollziehen, so wird auch deine Fähigkeit zu atmen insgesamt, die du gestern und vorgestern bei deiner Geburt erworben hast, dorthin, wo du sie ursprünglich hergeholt hast, zurückgegeben.

16. Weder das Austauschen der Luft, wie es sich bei den Pflanzen abspielt, noch das Einatmen, wie die Haustiere und die wilden Tiere es tun, das Aufnehmen von Eindrücken durch die Vorstellungskraft, das Bewegtwerden durch die Triebe, die Herdenbildung, noch die Ernährung ist wirklich wertvoll. Denn das entspricht dem Ausscheiden der Verdauungsreste unserer Nahrung. Was ist nun aber wirklich wertvoll? Beklatscht zu werden? Nein. Also auch nicht von Zungen beklatscht zu werden. Denn das Ansehen bei der Masse ist ein Klatschen mit Zungen. Du hast also auch das bißchen Ruhm zurückgewiesen. Was bleibt dann noch als wirklich wertvoll? Ich glaube, den eigenen Fähigkeiten entsprechend wirksam zu sein und sich aller anderen Tätigkeiten zu enthalten, ein Prin-

zip, an dem sich letztlich alle Tätigkeiten und Künste orientieren. Denn jede Kunst zielt darauf, daß ihr Produkt die Funktion erfüllt, für die es produziert worden ist. Der Gärtner, der Winzer, der für den Weinstock sorgt, der Pferdeausbilder und der Hundepfleger, alle suchen dies zu erreichen. Und worauf zielen Erziehung und Unterricht? Darin also besteht der Wert (einer Kunst, daß sie das verwirklicht, wozu sie fähig ist). Und wenn dies so in Ordnung ist, wirst du dich für keines der anderen Dinge interessieren, (sondern nur das für wertvoll halten, was deinen spezifischen Fähigkeiten entspricht). Willst du nicht aufhören, noch vieles andere für wertvoll zu halten? Andernfalls wirst du weder frei und unabhängig noch leidenschaftslos sein. Denn in diesem Falle ist es unausweichlich, daß du Neid, Eifersucht und Mißtrauen gegenüber denen empfindest, die dir jene Dinge wegnehmen können, und daß du denjenigen Fallen stellst, die das besitzen, was du für wertvoll hältst. Überhaupt muß derjenige, dem eines von jenen Dingen fehlt, in ständiger Unruhe sein und darüber hinaus sogar den Göttern dauernd Vorwürfe machen. Aber Achtung und Respekt vor der eigenen Vernunft werden dich dazu befähigen, mit dir selbst zufrieden zu sein, mit deinen Mitmenschen gut auszukommen und mit den Göttern zu harmonieren, d. h. zu loben, was jene dir zuteilen und dir auferlegt haben.

17. Auf und ab und im Kreis bewegen sich die Elemente. Aber die Bewegung des sittlichen Handelns ist nicht davon abhängig, sondern sie ist etwas Höheres, und indem sie auf einem schwer zu begreifenden Weg voranschreitet, nimmt sie eine glückliche Entwicklung.

18. Wie seltsam ist das, was sie tun. Sie wollen die Menschen, die zur selben Zeit und mit ihnen zusammenleben, nicht loben; aber selbst von den Nachkommen gelobt zu werden, die sie weder sahen noch irgendwann sehen werden, halten sie für erstrebenswert. Das ist fast so, als ob du dich darüber ärger-

test, daß nicht schon deine Vorfahren Lobreden über dich hielten.

19. Wenn für dich eine Aufgabe schwer zu bewältigen ist, dann glaube nicht, daß sie für einen Menschen schlechthin unlösbar sei, sondern wenn etwas einem Menschen möglich ist und seinen Fähigkeiten entspricht, dann geh davon aus, daß dies auch von dir zu leisten ist.

20. Auf dem Sportplatz hat uns einer mit den Nägeln gekratzt und beim Losreißen mit dem Kopf einen Stoß versetzt. Doch das nehmen wir nicht zur Kenntnis, darüber ärgern wir uns nicht und vermuten später auch nicht, daß der Täter etwas gegen uns im Schilde führt. Wir nehmen uns wohl vor ihm in acht, allerdings nicht als ob er ein Feind wäre und auch nicht mit Mißtrauen, sondern in freundlicher Distanzierung. So sollte es auch in den übrigen Lebenssituationen sein. Vieles sollten wir bei unseren Mitmenschen nicht zur Kenntnis nehmen, als ob sie sich mit uns auf dem Sportplatz betätigen würden. Es ist durchaus möglich, wie ich sagte, auf Distanz zu halten, nichts Böses zu erwarten und sich nicht gleich zu verfeinden.

21. Wenn mich jemand widerlegen und mir beweisen kann, daß meine Annahmen nicht stimmen und daß ich nicht recht handele, werde ich mich mit Freuden ändern. Denn ich suche die Wahrheit, durch die noch nie jemand geschädigt wurde; einen Schaden hat jedoch derjenige, der bei seinem Selbstbetrug und bei seiner Unwissenheit bleibt.

22. Ich tue meine Pflicht; alles andere bringt mich nicht davon ab. Denn es ist entweder seelenlos oder ohne Vernunft oder geht in die Irre und kennt seinen Weg nicht.

23. Die vernunftlosen Lebewesen und überhaupt die Dinge und Gegenstände gebrauche großzügig und ungezwungen, wie eben ein Vernünftiger mit Vernunftlosem umgeht. Mit den Menschen geh freundlich um, da sie doch Vernunft besit-

zen. Bei allem aber ruf die Götter an und ärgere dich nicht mit dem Problem herum, wie lange du dies noch tun wirst. Es reichen nämlich schon drei sinnvoll verbrachte Stunden.

24. Alexander und sein Maultierpfleger fanden nach ihrem Tod dieselbe Situation vor. Denn entweder sind sie in derselben zeugenden Vernunft des Kosmos aufgegangen oder sie wurden gleichermaßen in die kleinsten unteilbaren Teilchen aufgelöst.

25. Denk darüber nach, wie viele körperliche und seelische Vorgänge sich zugleich in demselben kurzen Moment bei jedem von uns ereignen. Und so wirst du dich nicht wundern, wenn viel mehr noch oder besser: alles gleichzeitig abläuft, was in dem Einem und dem Ganzen geschieht, das wir Kosmos nennen.

26. Wenn dich jemand fragt, wie man den Namen Antoninus schreibt, wirst du dann etwa nicht angespannt jeden einzelnen Buchstaben nennen? Was ist aber, wenn sich die Leute darüber ärgern? Bist du dann etwa auch ärgerlich? Wirst du dann etwa nicht mit Geduld vorgehen und jeden einzelnen Buchstaben aufzählen? So denk auch hier daran, daß jede Pflicht aus irgendwelchen „Zahlen" besteht. Auf diese muß man achten und, ohne sich stören zu lassen und auf Unzufriedene mit Unzufriedenheit zu reagieren, Schritt für Schritt seine Aufgabe erfüllen.

27. Wie hart und grausam ist es, die Menschen nicht danach trachten zu lassen, was ihnen vertraut und nützlich erscheint. Aber du gestehst ihnen dann eigentlich nicht zu, dies zu tun, wenn du dich darüber ärgerst, daß sie Fehler begehen. Denn sie werden auf jeden Fall zu dem hingetrieben, was ihnen vertraut und nützlich ist. „Doch so ist es nicht." Dann belehre sie und kläre sie auf ohne Ärger zu zeigen.

28. Der Tod ist die Beendigung der sinnlichen Eindrücke,

der Bewegung durch die Triebe, der geistigen Wanderschaft und des Dienstes am Fleisch.

29. Es ist eine Schande, daß in dem Leben, in dem der Körper nicht versagt, die Seele vorzeitig versagt.

30. Achte darauf, daß du dich nicht zum Cäsar machen und entsprechend färben läßt. Denn das kann geschehen. Sorge also dafür, daß du ein einfacher, guter, ehrlicher, ernsthafter, schlichter Mensch bist, ein Freund der Gerechtigkeit, gottesfürchtig, gütig, liebevoll und stark für die Leistungen, die du zu erbringen hast. Kämpfe darum, daß du so bleibst, wie dich die Philosophie haben wollte. Achte die Götter, rette die Menschen. Das Leben ist kurz. Die einzige Frucht des irdischen Lebens ist eine fromme Gesinnung verbunden mit Taten zum Wohle der Mitmenschen. Erweise dich in allem als ein Schüler des Antoninus: Seine Ausdauer bei der Durchsetzung vernünftiger Maßnahmen, seine vollkommene Ausgeglichenheit, seine Frömmigkeit, sein heiterer Ausdruck, seine Freundlichkeit, seine Freiheit von Eitelkeit und sein Ehrgeiz beim Erfassen von Tatsachen. Und wie er überhaupt nichts aus den Händen gab, bevor er es nicht völlig durchblickt und klar verstanden hatte. Und wie er diejenigen ertrug, die ihm zu Unrecht Vorwürfe machten, ohne selbst wieder Vorwürfe zu machen. Und wie er nichts übereilte und keine Verleumdungen hören wollte. Und wie gründlich er die Charaktere und Taten prüfte, wie frei er war von Tadelsucht, von Ängstlichkeit, von Argwohn, von Spitzfindigkeiten. Und wie zufrieden er war mit wenigem, was z. B. seine Wohnung, sein Bett, seine Kleidung, seine Nahrung und seine Dienerschaft betraf. Und wie fleißig und geduldig er war. Und wie er aufgrund seiner einfachen Ernährung dazu in der Lage war, bis zum Abend an derselben Stelle zu bleiben und nicht das Bedürfnis hatte, außerhalb der gewohnten Stunde seine Notdurft zu verrichten. Und daß er in seinen freundschaftlichen Beziehungen fest und gleichmäßig

war. Und daß er diejenigen ertragen konnte, die seinen Überzeugungen offen widersprachen, und daß er sich freute, wenn ihm jemand etwas besseres zeigte. Und wie fromm er war, doch ohne abergläubisch zu sein. (Halte dir dies vor Augen), damit du in deiner letzten Stunde ein ebenso gutes Gewissen hast wie er.

31. Werde nüchtern und rufe dich zur Ordnung, und wenn du aufgewacht bist und erkennst, daß dich Traumbilder quälten, dann betrachte, neu erwacht, die Wirklichkeit so, wie du jene (Traumbilder) betrachtet hast.

32. Ich bestehe aus einem Körper und einer Seele. Für den Körper sind alle Dinge weder gut noch böse, d. h. wertfrei. Denn er kann nicht unterscheiden. Für die Seele aber ist alles weder gut noch böse, was nicht zu ihrem Tätigkeitsfeld gehört. Wofür sie aber gewissermaßen zuständig ist, darüber kann sie bestimmen und verfügen. Allerdings bezieht sich dies nur auf ihre gegenwärtigen Tätigkeiten. Denn ihre zukünftigen und früheren Tätigkeiten sind ebenfalls weder gut noch böse.

33. Keine Anstrengung ist für die Hand oder den Fuß unnatürlich, solange der Fuß die Aufgabe des Fußes und die Hand die Aufgabe der Hand erfüllen. So ist also auch für einen Menschen als Menschen die Anstrengung nicht unnatürlich, solange er dabei die Aufgaben des Menschen erfüllt. Wenn sie aber nicht unnatürlich ist, dann ist sie auch kein Übel für ihn.

34. Wie groß sind die Freuden, die Räuber, Perverse, Vatermörder oder Tyrannen erleben.

35. Siehst du nicht, wie sich die einfachen Handwerker bis zu einem gewissen Grade den Vorstellungen der Nichtfachleute anpassen, aber nichtsdestoweniger an den Regeln ihrer Kunst festhalten und nicht bereit sind, davon abzuweichen? Ist es nicht schlimm, wenn der Architekt und der Arzt die Regeln ihrer jeweiligen Kunst mehr achten als der Mensch seine spezifischen Fähigkeiten, die er mit den Göttern gemeinsam hat?

36. Asien und Europa sind Winkel des Kosmos. Das ganze

Meer ist ein Tropfen im Kosmos. Der Berg Athos ist eine kleine Erdscholle im Kosmos. Die gesamte Gegenwart ist ein Punkt in der Ewigkeit. Alles ist winzig, leicht veränderbar, verschwindend klein. Alles kommt von dort, nachdem es von jenem allgemeinen leitenden Prinzip in Gang gesetzt wurde oder als Begleiterscheinung auftrat. Dennoch sind der Rachen des Löwen, das Gift und alles Schädliche, wie z. B. ein Stachel oder Schmutz, Folgeerscheinungen des Erhabenen und Schönen. Komm also nicht auf den Gedanken, daß diese Erscheinungen nichts mit dem zu tun hätten, was du verehrst, sondern denk an den Ursprung aller Dinge.

37. Wer die jetzige Welt gesehen hat, hat alles gesehen, was seit Urzeiten geschah und was in der unendlichen Zukunft sein wird. Denn alles ist miteinander verwandt und gleichartig.

38. Denk oft nach über die Verbindung aller Dinge im Kosmos und ihre Beziehung zueinander. Denn alles ist gewissermaßen untereinander verflochten, und dementsprechend empfindet alles Sympathie füreinander. Denn aufgrund der ordnenden Bewegung, der allgemeinen Übereinstimmung und der Einheit des Seins erwächst das eine aus dem anderen.

39. Paß dich den Situationen an, denen du durch das Los zugewiesen wurdest, und liebe die Menschen, die dir vom Schicksal zugeteilt sind, aber aufrichtig.

40. Jedes Werkzeug, jedes Instrument, jedes Gerät ist in Ordnung, wenn es die Aufgabe erfüllt, für die es hergestellt wurde. Allerdings hat in diesem Fall der Hersteller nichts mehr mit der Anwendung zu tun. Aber in den Dingen, die einen natürlichen Zusammenhang bilden, ist und bleibt die erzeugende Kraft enthalten und wirksam. Deshalb muß man diese auch höher achten und denken, daß bei dir alles nach deinen Vorstellungen abläuft, wenn du dich selbst in Übereinstimmung mit dieser Kraft befindest und ein entsprechendes Leben

führst. Ebenso läuft auch im Weltganzen alles vorstellungsgemäß ab.

41. Bei allem, was du dir im Bereich der Dinge, die ohne deinen Willen geschehen, als gut oder schlecht für dich vorstellst, mußt du, wenn etwas Schlechtes dieser Art eintrifft oder wenn du etwas Gutes dieser Art verlierst, den Göttern Vorwürfe machen und die Menschen hassen, die schuld sind an dem Verlust oder an dem Unglück oder in Verdacht geraten, daß sie es sein werden. Aber wir tun auch viel Unrecht, weil wir diese Dinge für wichtig halten. Doch wenn wir nur das, was in unserer Macht liegt, für gut und schlecht halten, gibt es keinen Grund mehr, einem Gott Vorwürfe zu machen oder Feind eines Menschen zu sein.

42. Alle wirken wir gemeinsam auf ein Ziel hin: einige mit vollem Bewußtsein, andere unwissend, wie auch Heraklit, glaube ich, die Schlafenden als aktive Mitarbeiter am Geschehen im Kosmos bezeichnet. Der eine wirkt auf diese, der andere auf jene Weise mit, zum Überfluß aber auch derjenige, der sich ständig beschwert und versucht, dem Lauf der Welt entgegenzutreten und ihn aufzuhalten. Denn auch einen solchen Menschen braucht der Kosmos. Du mußt dir nun auch noch klar werden, zu welchen Menschen du dich zählst. Jener nämlich, der das Weltganze lenkt, wird dich jedenfalls richtig verwenden und als ein wichtiges Teilchen in die Reihe seiner Mitarbeiter und Helfer aufnehmen. Aber werde nicht ein solches Teilchen, wie der wertlose, lächerliche Vers im Drama, von dem Chrysipp spricht.

43. Erhebt etwa die Sonne den Anspruch, die Aufgabe des Regens zu erfüllen? Oder will etwa Asklepios die Pflichten der fruchtbringenden Göttin übernehmen? Was ist mit jedem einzelnen Stern? Sind sie nicht verschieden und wirken doch zusammen für dasselbe Ziel?

44. Wenn die Götter wirklich über mich und über das, was

mir zustoßen sollte, Beschlüsse gefaßt haben, dann haben sie gute Beschlüsse gefaßt. Denn einen Gott, der schlechte Beschlüsse faßt, kann man sich nur schwer vorstellen. Aus welchem Grund aber sollten die Götter mir Böses antun wollen? Was hätten sie oder das Weltganze, für das sie doch vor allem sorgen, denn dadurch für einen Vorteil? Wenn sie aber für mich persönlich keine Beschlüsse gefaßt haben, dann haben sie doch auf jeden Fall für das Weltganze Beschlüsse gefaßt. Ich bin verpflichtet, auch das, was im Zusammenhang damit passiert, willkommen zu heißen und zu akzeptieren. Sollten sie aber über gar nichts Beschlüsse gefaßt haben (das zu glauben, ist eine Gotteslästerung), so wollen wir nicht mehr opfern, beten, schwören oder die anderen Dinge tun, die wir tun, weil wir glauben, daß die Götter gegenwärtig sind und mit uns zusammenleben. Wenn die Götter also über keines der uns betreffenden Dinge Beschlüsse fassen, dann kann ich für mich selbst beschließen, und es liegt bei mir, über das für mich Nützliche nachzudenken. Nützlich aber ist für jeden, was seinen Fähigkeiten und seiner Natur entspricht. Ich habe eine vernünftige und auf die staatliche Gemeinschaft bezogene Natur.

Die staatliche Gemeinschaft und das Vaterland ist für mich als Antoninus Rom, für mich als Menschen der Kosmos. Was diesen Gemeinschaften nützlich ist, das allein ist für mich gut.

45. Was jedem einzelnen passiert, ist dem Ganzen nützlich. Das würde genügen. Aber auch das wirst du, wenn du sorgfältig nachgedacht hast, als im allgemeinen zutreffend ansehen können: Was einem einzelnen Menschen nützlich ist, das nützt auch anderen Menschen. In einem allgemeinen Sinne soll hier das Wort „nützlich" für die „mittleren" Dinge (d. h. für die Dinge, die weder gut noch schlecht sind), gelten.

46. Wie dir alles, was sich im Amphitheater und an ähnlichen Orten abspielt, zuwider ist, da man immer dasselbe sieht, und die Eintönigkeit das Zuschauen unerträglich werden läßt,

so mußt du auch sonst im Leben empfinden. Denn alles ist in seinem Auf und Ab dasselbe und aus demselben. Bis wann denn?

47. Denk dauernd an die bereits verstorbenen Menschen aller Art mit den unterschiedlichsten Tätigkeiten und aus den verschiedensten Völkern, bis du bei Philistion, Phoibos und Origanion ankommst. Wende dich jetzt anderen Gruppen zu. Dorthin müssen wir unsere Aufmerksamkeit richten, wo soviele gewaltige Redner, soviele erhabene Philosophen, Heraklit, Pythagoras und Sokrates, soviele Heroen aus früherer Zeit und soviele Feldherrn und Tyrannen aus späterer Zeit sind. Dazu noch Eudoxos, Hipparchos, Archimedes und andere scharfsinnige Naturen, edelmütige, leistungsbereite, in jeder Hinsicht tüchtige, selbstbewußte Spötter über das hinfällige Eintagsleben der Menschen, wie z.B. Menippos und andere Leute dieser Art. Bei all diesen denk daran, daß sie längst begraben sind. Wieso ist das schlimm für sie? Wieso denn für die anderen, die man überhaupt nicht mehr mit Namen nennen kann? Hier ist nur eines besonders wertvoll: Mit Wahrhaftigkeit und Gerechtigkeit freundlich gegenüber Lügnern und Ungerechten sein Leben zu verbringen.

48. Wenn du dich freuen willst, dann denk an die Vorzüge deiner Mitmenschen. Das ist z. B. bei dem einen die Tatkraft, bei dem anderen die Zurückhaltung, bei dem nächsten die Freigebigkeit, bei einem anderen noch etwas anderes. Denn nichts macht soviel Freude, wie die Erscheinungsformen der Tugenden, die in den Charakteren unserer Mitmenschen sichtbar werden und – soweit möglich – in großer Zahl zusammentreffen. Deshalb muß man sie auch immer zur Hand haben.

49. Du ärgest dich doch wohl nicht, daß du so und soviel Pfund wiegst und nicht dreihundert? So darfst du dich also auch nicht darüber ärgern, daß du nur so und soviele Jahre zu leben hast und nicht mehr. Denn wie du mit dem dir bestimm-

ten Umfang deines (leiblichen) Seins zufrieden bist, so sei es auch mit dem Umfang an Zeit.

50. Versuche, die Menschen zu überzeugen, handle aber auch gegen ihren Willen, wenn der Geist der Gerechtigkeit es so verfügt. Wenn sich dir allerdings jemand unter Androhung von Gewalt in den Weg stellt, dann laß es dir gefallen, nimm keinen Anstoß daran, benutze die Behinderung zur Verwirklichung einer anderen Tugend und denk daran, daß du dich nur unter Vorbehalt in Bewegung setztest und nicht nach Unmöglichem streben wolltest. Wonach denn? Nach einer Bewegung dieser Art. Das aber hast du erreicht. Wozu wir angetrieben wurden, das geschieht auch.

51. Der Ehrgeizige sieht in der Tätigkeit anderer Leute seinen eigenen Vorteil. Wer das Vergnügen liebt, hält die eigene Befriedigung für einen Gewinn. Dem Vernunftbestimmten ist das eigene Tätigsein ein erstrebenswertes Ziel.

52. Es ist möglich, daß man über diese Angelegenheit nichts aufnimmt und sich damit seelisch nicht belastet. Denn die Dinge selbst haben nicht die Macht, unsere Urteile zu beeinflussen.

53. Gewöhne dich daran, über alles, was von einem anderen gesagt wird, genau nachzudenken, und versetze dich – soweit möglich – in die Seele des Sprechenden.

54. Was dem Schwarm nicht nützt, nützt auch der Biene nicht.

55. Wenn die Seeleute über mich als Steuermann oder die Kranken über mich als Arzt schimpfen würden, hätte ich dann etwas anderes im Sinn als die Frage, wie ich die Rettung der Besatzung oder die Gesundheit der Kranken bewerkstelligen könnte?

56. Wieviele von denen, mit denen ich in den Kosmos eingetreten bin, sind schon fortgegangen.

57. Wenn man an Gelbsucht erkrankt ist, schmeckt einem

der Honig bitter; wer von tollwütigen Hunden gebissen wurde, erlebt das Wasser als eine furchtbare Qual, und für Kinder ist der Ball etwas Schönes. Warum bin ich zornig? Oft scheint dir die falsche Sicht der Dinge weniger Wirkung zu haben als der bittere Geschmack bei der Gelbsucht und das Gift im Falle der Tollwut.

58. Niemand hindert dich daran, nach der Bestimmung der Natur zu leben. Gegen die Bestimmung der allumgreifenden Natur wird dir nichts passieren.

59. Was sind das für Menschen, denen man gefallen will. Wegen welcher Vorteile und mit welchen Tätigkeiten. Wie schnell wird die Ewigkeit alles einhüllen und wieviel hat sie schon eingehüllt.

SIEBTES BUCH

1. Was ist Schlechtigkeit? Es ist das, was du schon oft gesehen hast. Und führe dir bei allem, was passiert, vor Augen, daß es das ist, was du schon oft gesehen hast. Überhaupt wirst du immer wieder dasselbe finden, wovon die Geschichten aus der alten, der mittleren und der neueren Zeit voll sind und womit auch jetzt die Städte und Häuser angefüllt sind. Es gibt nichts Neues. Alles ist vertraut und kurzlebig.

2. Deine Grundsätze sind lebendig. Denn wie können sie anders vernichtet werden als dadurch, daß die ihnen entsprechenden Vorstellungen ausgelöscht werden? Es liegt bei dir, sie ununterbrochen wieder anzufachen. Ich kann mir über das Unabänderliche eine Meinung bilden. Wenn ich es also kann, warum lasse ich mich dann aus der Ruhe bringen? Was außerhalb meines Denkens liegt, ist für mein Denken völlig belanglos. Begreife das, und du siehst die Dinge richtig.

Es ist dir möglich, wieder aufzuleben. Sieh dir die Dinge wieder so an, wie du sie schon gesehen hast. Denn das bedeutet, wieder aufzuleben.

3. Sinnlose Bemühung um einen Festzug, Dramen auf der Bühne, Schafherden, Rinderherden, Lanzenkämpfe, ein jungen Hunden vorgeworfener Knochen, ein in den Fischteich gefallener Brocken, Arbeit und Mühe von Ameisen, Gerenne aufgescheuchter Mäuse, Marionetten: Unter solchen Umständen muß man zwar gute Miene zum bösen Spiel zeigen und darf nicht den wilden Mann hervorkehren, doch sollte man zur Kenntnis nehmen, daß jeder nur soviel wert ist, wie die Sache, mit der er sich beschäftigt.

4. Man muß alles, was gesagt wird, in seinem Wortsinn und alles, was geschieht, in Rücksicht auf jeden einzelnen Beweggrund zu verstehen versuchen und hier sofort ermitteln, worauf die Aktion zielt, und dort sich vergewissern, was (das Gesagte) bedeutet.

5. Ist meine Denkfähigkeit damit überfordert oder nicht? Wenn sie ausreicht, gebrauche ich sie als Werkzeug, das mir von der Natur des Weltganzen gegeben wurde, zur Erfüllung meiner Aufgabe. Sollte sie nicht reichen, so nehme ich die Aufgabe nicht in Angriff und überlasse sie einem anderen, der sie erfüllen kann, wenn es keine andere vertretbare Lösung gibt, oder ich tue meine Arbeit so gut ich kann, nachdem ich jemanden als Helfer herangezogen habe, der in der Lage ist, das für die Gemeinschaft derzeit Angemessene und Nützliche zu verrichten, indem er sich meiner leitenden Seelenkraft bedient. Denn alles, was ich aus eigener Kraft oder mit Hilfe eines anderen tue, darf nur ein Ziel haben: den allgemeinen Nutzen und das den Umständen Entsprechende.

6. Wieviele hochberühmte Leute sind schon lange vergessen. Wieviele, die diese gerühmt haben, sind seit langer Zeit nicht mehr da.

7. Schäm dich nicht, wenn man dir hilft. Denn du hast deine Pflicht ebenso zu erfüllen wie der Soldat beim Sturm auf die Festungsmauer. Was ist, wenn du hinkst und die Zinnen der Mauer nicht allein erklimmen kannst, es zusammen mit einem anderen aber möglich ist?

8. Die Zukunft soll dich nicht beunruhigen. Denn du wirst mit derselben Vernunft an sie herankommen, wenn es erforderlich ist, die du auch jetzt schon für die Gegenwart gebrauchst.

9. Alles ist miteinander verflochten, und die Verbindung ist etwas Heiliges, und das eine ist dem anderen kaum fremd. Denn es ist zusammengefügt und bildet gemeinsam denselben

Kosmos. Es gibt nämlich nur einen Kosmos, der aus allem, was existiert, besteht, nur einen Gott, der in allem ist, nur eine allen denkenden Wesen gemeinsame Vernunft, nur eine Wahrheit unter der Voraussetzung, daß es auch nur eine Vollkommenheit der Wesen gibt, die alle diese Herkunft haben und an derselben Vernunft teilhaben.

10. Alles Materielle verschwindet sehr bald im Sein des Ganzen, jede Ursache geht sehr bald wieder in die Vernunft des Ganzen ein, und die Erinnerung an alles wird sehr bald durch die Ewigkeit aufgehoben.

11. Für das vernünftige Wesen ist dieselbe Tätigkeit natur- und vernunftbedingt.

12. Aufrecht, nicht aufgerichtet.

13. Was bei den Geschöpfen, die eine geschlossene Einheit darstellen, die Glieder des Körpers sind, diese Funktion haben in voneinander getrennten Wesen die Organe der Vernunft, die zu einer einheitlichen, gemeinsamen Tätigkeit bestimmt sind. Doch du wirst das besser verstehen, wenn du wiederholt zu dir sagst: „Ich bin ein ‚Melos' (Glied) im System aller vernünftigen Wesen." Wenn du aber mit Hilfe des Buchstabens „R" sagst, du seist ein ‚Meros' (Teil) (des Vernünftigen), dann liebst du die Menschen noch nicht von Herzen, dann macht es dir noch nicht bedingungslos (d. h. ohne Hoffnung auf eine Belohnung) Freude, Gutes zu tun. Wenn du dies noch tust, einfach weil es sich so gehört, dann handelst du noch nicht wie jemand, der sich dadurch selbst etwas Gutes tut.

14. Was es auch sei, es mag die Dinge von außen treffen, die aufgrund dessen leiden können. Die davon betroffenen Dinge werden sich, wenn sie wollen, beklagen, ich aber habe noch keinen Schaden erlitten, wenn ich nicht in mein Bewußtsein aufnehme, daß das Ereignis ein Übel ist. Es ist mir aber möglich, dies nicht in mein Bewußtsein aufzunehmen.

15. Was auch immer jemand tut oder sagt, ich muß gut sein,

wie wenn das Gold, der Smaragd oder der Purpur ständig sagen würden: „Was auch immer jemand tut oder sagt, ich muß ein Smaragd sein und meine spezifische Farbe behalten."

16. Das leitende Prinzip der Seele belästigt sich nicht selbst, so reizt es sich nicht selbst dazu an, etwas zu begehren. Wenn aber jemand anders fähig ist, das leitende Prinzip der Seele zu verunsichern oder zu betrüben, dann soll er es tun. Denn selbst wird es sich aufgrund seiner eigenen Annahme nicht auf derartige Wege begeben. Der Leib soll, wenn er kann, alles daransetzen, daß er nichts erleidet, und er soll es ruhig sagen, wenn ihm etwas wehtut. Die Seele aber, die in der Lage ist, sich zu fürchten, zu trauern und überhaupt in dieser Hinsicht etwas aufzunehmen, soll nicht erwarten, daß sie etwas erleidet. Denn sie hat nicht die Fähigkeit zu einem entsprechenden Urteil.

Das leitende Prinzip ist, soweit es selbst betroffen ist, bedürfnislos, wenn es sich nicht selbst ein Bedürfnis erzeugt. In demselben Sinne ist es auch nicht zu stören und zu behindern, falls es sich nicht selbst stört oder behindert.

17. Glück ist ein guter göttlicher Geist oder ein gutes leitendes Prinzip. Was tust du also hier, meine Vorstellung? Geh fort, um Gottes willen, wie du gekommen bist. Denn ich brauche dich nicht. Aber du bist hergekommen nach alter Gewohnheit. Ich bin dir nicht böse. Nur verschwinde jetzt.

18. Jemand fürchtet Veränderung? Was kann denn überhaupt ohne Veränderung geschehen? Was ist der Natur des Weltganzen willkommener oder vertrauter? Kannst du selbst überhaupt baden, wenn das Holz sich nicht verändert? Kannst du dich ernähren, wenn die Nahrung sich nicht verändert? Kann überhaupt eine nützliche Sache ohne Veränderung ihren Zweck erfüllen? Siehst du denn nicht, daß deine eigene Veränderung dem vergleichbar ist und gleichermaßen notwendig für die Natur des Weltganzen?

19. Durch das Sein des Weltganzen gehen alle Körper hin-

durch wie durch einen reißenden Strom, dem Ganzen verwandt und mit ihm gemeinsam wirkend, wie die Teile unseres Körpers miteinander verbunden sind.

Wieviele Männer wie Chrysipp, wie Sokrates, wie Epiktet hat die Ewigkeit schon in sich aufgesogen? Derselbe Gedanke soll dir auch bei jedem anderen Menschen und bei jeder beliebigen Sache kommen.

20. Mich beschäftigt nur das eine, daß ich selbst nichts tue, was die spezifische Verfassung des Menschen nicht erlaubt oder wie sie es nicht erlaubt oder was sie jetzt nicht erlaubt.

21. Nahe ist die Zeit, wo du alles vergessen hast, nahe ist die Zeit, wo alle dich vergessen haben.

22. Es ist eine besondere Eigenschaft des Menschen, auch die Irrenden zu lieben. Das geschieht, wenn dir dabei in den Sinn kommt, daß sie deine Verwandten sind und aus Unwissenheit und gegen ihren Willen Fehler machen und daß ihr beide in Kürze tot sein werdet und vor allem daß der Irrende dir keinen Schaden zugefügt hat. Denn er hat das leitende Prinzip deiner Seele nicht schlechter werden lassen, als es vorher schon war.

23. Die Natur des Weltganzen hat aus dem gesamten Sein wie aus Wachs gerade ein Pferd gebildet, dann aber löste sie es auf und gebrauchte seine Materie für einen Baum, darauf für einen Menschen und dann für etwas anderes. Jedes dieser Geschöpfe existierte nur für eine ganz kurze Zeit. Es ist aber für einen Kasten ebensowenig furchtbar, auseinandergenommen wie zusammengefügt zu werden.

24. Der finstere Gesichtsausdruck ist zu sehr gegen die Natur. Wenn in ihm zu oft die Freundlichkeit erstirbt, verlischt sie am Ende völlig, so daß sie überhaupt nicht mehr angefacht werden kann. Deshalb versuch zu verstehen, daß dies gegen die Vernunft ist. Wenn nämlich auch das

Bewußtsein dafür schwindet, daß man etwas falsch macht, was gibt es dann noch für einen Grund zu leben?

25. Alles, was du siehst, wird die Natur, die das Weltganze durchwaltet, bald verändern und sie wird anderes aus ihrem Sein erzeugen und wiederum anderes aus dem Sein jener anderen Dinge, damit der Kosmos immer wieder neu ist.

26. Wenn dir jemand etwas antut, dann überleg sofort, was er sich Gutes oder Schlechtes dabei dachte, als er dir etwas antat. Denn wenn du das gesehen hast, wirst du Mitleid mit ihm haben und dich weder wundern noch ärgern. Denn entweder hältst auch du dasselbe wie er oder etwas Ähnliches für gut. Also mußt du ihm verzeihen. Wenn du aber keine derartige Auffassung mehr von gut und böse hast, dann wirst du noch eher freundlich sein zu dem, der ein Versehen beging.

27. Nicht an das Abwesende denken, als ob es schon anwesend wäre, sondern unter den vorhandenen die wertvollsten Dinge aussuchen und sich bei ihnen vor Augen führen, wie sie herbeigewünscht würden, wenn sie nicht vorhanden wären. Hüte dich zugleich jedoch davor, daß du dich daran gewöhnst, die Dinge zu überschätzen, weil du dich so über sie freust, daß du, wenn sie wirklich einmal nicht vorhanden sind, deinen inneren Frieden verlierst.

28. Konzentriere dich auf dich selbst. Der vernunftbegabte leitende Seelenteil hat die natürliche Fähigkeit, mit sich selbst zufrieden zu sein, wenn er gerecht handelt und eben dadurch innere Ruhe und Heiterkeit genießt.

29. Wisch die (falsche) Vorstellung fort. Beseitige die Unruhe. Teile die dir verfügbare Zeit genau ein. Erkenne, was dir oder einem anderen passiert. Unterscheide und unterteile das Gegebene in das Verursachende und das Stoffliche. Denk an die letzte Stunde. Was jener falsch gemacht hat, laß dort, wo der Fehler entstand.

30. Das Denken mit den Worten vergleichen. Den Geist eintauchen lassen in das, was geschieht und wirkt.

31. Schmücke dich mit Einfachheit, Zurückhaltung und Gleichgültigkeit gegenüber allem, was zwischen Tugend und Schlechtigkeit ist. Liebe das menschliche Geschlecht. Folge Gott. Jener sagt zwar: „Alles ist nur unserer Meinung nach (so, wie es ist). In Wirklichkeit aber gibt es nur die Elemente." Es genügt, sich daran zu erinnern, daß alles nur unserer Meinung nach so ist, wie es ist. Das ist schon recht wenig.

32. Über den Tod: Entweder Auflösung, wenn die Körper aus Atomen bestehen, oder Auslöschung oder Übergang, wenn sie eine Einheit bilden.

33. Über den Schmerz: Das Unerträgliche führt zum Tod, das Andauernde ist erträglich. Auch die Seele erhält sich ihre Ruhe durch Verzichten, und das leitende Prinzip ist dadurch nicht schlechter geworden. Die Teile aber, die vom Schmerz geschädigt werden, sollen, wenn sie können, darüber Auskunft geben.

34. Über den Ruhm: Sieh dir ihre Seelen an, wie sie sind, was sie meiden, was sie erstreben. Und wie die Sandberge sich übereinander schieben und die früheren überdecken, so ist auch im menschlichen Leben das Frühere vom Darauffolgenden rasch verdeckt.

35. „Glaubst du, daß einer Seele, die über Weitblick und Überblick über die gesamte Zeit und das gesamte Sein verfügt, das menschliche Leben als etwas Besonderes erscheint?" – „Unmöglich," antwortet er. – „Also wird ein solcher Mensch auch den Tod nicht für furchtbar halten?" – „Keinesfalls."

36. „Königlich ist es, Gutes zu tun, aber einen schlechten Ruf zu haben."

37. Man muß sich dafür schämen, daß das Gesicht gehorsam ist, einen bestimmten Ausdruck bekommt und wieder sein ursprüngliches Aussehen annimmt, wenn die Seele es

befiehlt, daß sie selbst aber durch eigene Veranlassung keinen bestimmten Ausdruck erhält und ihr ursprüngliches Aussehen nicht wieder annimmt.

38. Man darf den Dingen nicht zürnen. Denn sie haben kein Interesse an etwas.

39. Bereite den unsterblichen Göttern und uns Freude.

40. Das Leben ernten wie eine reife Ähre, und daß der eine ist und der andere nicht ist.

41. Wenn ich und meine beiden Kinder von den Göttern vernachlässigt wurden, dann hat auch das seinen Grund.

42. Denn das Gute und die Gerechtigkeit sind mit mir.

43. Nicht mitjammern, sich nicht aufregen.

44. „Ich aber könnte diesem wohl mit Recht antworten: Du hast unrecht, Mensch, wenn du glaubst, daß ein Mann, wenn er nur ein wenig nützlich ist, die Gefahr auf Leben und Tod in Rechnung stellt und statt dessen allein darauf sieht, wenn er handelt, ob er gerecht oder ungerecht handelt und ob sein Handeln dem Handeln eines guten oder schlechten Mannes entspricht."

45. „So nämlich, liebe Athener, verhält es sich in Wahrheit. Wo sich jemand hingestellt hat, weil er der Überzeugung war, daß es so am besten sei, oder von einem Vorgesetzten hingestellt wurde, dort muß er, wie mir scheint, bleiben, ohne an den Tod oder an etwas anderes außer der Schande zu denken."

46. „Aber mein Bester, sieh, ob nicht das Edle und das Gute etwas anderes ist als zu retten und gerettet zu werden. Denn den Gedanken an ein möglichst langes Leben muß sich ein wirklicher Mann aus dem Kopf schlagen. Er darf auch nicht am Leben hängen, sondern muß dieses Problem der Gottheit überlassen und den Frauen glauben, daß niemand seinem Schicksal entkomme. Außerdem muß er überlegen, wie er die Zeit, die er noch zu leben hat, möglichst gut verbringt."

47. Die Bahnen der Sterne beobachten, als ob man sich mit

ihnen bewegte, und die Verwandlungen der Elemente ineinander ununterbrochen bedenken. Denn die Vorstellungen über diese Vorgänge reinigen das irdische Leben von seinem Schmutz.

48. Platons Wort ist schön. Wenn man sich über die Menschen Gedanken macht, muß man auch die irdischen Dinge betrachten, als ob man von irgendeinem höheren Punkt aus nach unten schaute: Tierherden, Heere, Ackerbau, Hochzeiten, Scheidungen, Geburten, Todesfälle, den Lärm von Gerichtsverhandlungen, verlassene Landschaften, vielfältige Barbarenvölker, Feste, Totenklagen, Märkte, das Durcheinander und das aus Gegensätzen zu einer Ordnung Zusammengefügte.

49. Dadurch daß man das Vergangene und die so zahlreichen Veränderungen des jeweils Gegenwärtigen betrachtet, ist es möglich, auch das Zukünftige vorauszusehen. Denn es wird ganz ähnlich sein, und es ist ausgeschlossen, aus dem Rhythmus des gerade Geschehenden auszusteigen. Daher ist es auch egal, ob man das menschliche Leben über vierzig oder über zehntausend Jahre hin erforscht. Denn was kannst du noch mehr sehen?

50. Und was aus der Erde kam, ging auch wieder in die Erde zurück, was aber himmlischem Samen entsproß, kehrte auch wieder an seinen Ort im Himmel zurück. Oder dieses: Auflösung der Atomverbindungen und eine entsprechende Zerstreuung empfindungsloser Elemente.

51. Mit Speisen, Getränken und Zaubermitteln den Lauf des Todes ablenkend.

Man muß den von den Göttern ausgelösten Sturm bis zur Erschöpfung, aber ohne zu klagen, aushalten.

52. Im Ringkampf kann er seinen Gegner besser niederwerfen, aber er verfügt nicht über mehr Solidarität, Zurückhaltung, Anpassungsfähigkeit gegenüber dem, was geschieht,

und Freundlichkeit angesichts der Verfehlungen seiner Mitmenschen.

53. Wo ein Werk im Sinne der Vernunft, die Göttern und Menschen gemeinsam ist, vollendet werden kann, dort geschieht nichts Furchtbares. Denn wo es möglich ist, durch ein Tätigsein, das sich auf dem richtigen Weg befindet und seinen Möglichkeiten entsprechend voranschreitet, Nutzen zu bewirken, dort braucht man keinen Schaden zu befürchten.

54. Überall und ununterbrochen liegt es bei dir, dich den gegenwärtigen Umständen in Frömmigkeit zu fügen, mit den Menschen deiner Umgebung gerecht umzugehen und dich mit der jeweils vorhandenen Vorstellung aufmerksam auseinanderzusetzen, damit sich nichts einschleicht, was du noch nicht begriffen hast.

55. Kümmere dich nicht um das seelische Leitprinzip fremder Menschen, sondern sieh genau dorthin, wohin die Natur dich führt, d. h. die Natur des Weltganzen durch das, was dir passiert, und deine individuelle Natur durch das, was von dir zu tun ist. Jeder aber muß das tun, was seinen natürlichen Anlagen entspricht. Die übrigen Wesen sind wegen der vernünftigen Wesen vorhanden, wie in jedem anderen Falle das Geringere für das Höhere da ist, und die vernünftigen Wesen füreinander geschaffen sind.

Die wichtigste Eigenschaft der spezifisch menschlichen Natur ist die Solidarität mit den Mitmenschen; die zweite ist die Unnachgiebigkeit gegenüber körperlichen Anfechtungen. Denn es ist eine Eigentümlichkeit der vernunftbestimmten Aktivität, sich abzugrenzen und der Wahrnehmungs- oder der Empfindungstätigkeit niemals nachzugeben. Denn beide sind den Tieren eigentümlich. Die vernunftbestimmte Aktivität will immer überlegen sein und sich von jenen anderen Tätigkeiten nicht dominieren lassen. Gewiß mit Recht. Denn sie ist dazu geschaffen, jene ganz in ihren Dienst zu stellen.

Die dritte Eigenschaft der vernunftbestimmten Natur des Menschen besteht darin, sich nicht zu etwas hinreißen zu lassen. Wenn sich das leitende Seelenprinzip daran hält, dann soll es ohne Umweg auf sein Ziel losgehen, und es behält seine Eigentümlichkeit.

56. Wie einer, der schon gestorben ist und nur bis heute gelebt hat, muß man in Zukunft aus dem Überschuß an Zeit im Einklang mit der Natur leben.

57. Nur das lieben, was einem selbst passiert und vom Schicksal gegeben wird. Denn was wäre angemessener?

58. Bei jedem Ereignis sich jene vor Augen halten, denen dasselbe passiert ist, und die sich daraufhin ärgerten, mit Befremden reagierten oder schimpften. Wo sind denn jene jetzt? Nirgendwo. Wie weiter? Willst du dich genauso benehmen? Willst du nicht die Vorgänge bei anderen Leuten denen überlassen, die sie in Gang setzen, oder denjenigen, die von ihnen betroffen sind, dich selbst aber ganz darauf konzentrieren, wie du mit diesen Dingen umzugehen hast? Dann wirst du schön und gut mit ihnen umgehen, und sie werden dir als Material dienen. Paß nur auf und entschließ dich, vor dir selbst schön und gut zu sein bei allem, was du tust. Und denke an beides: die Tat ist von sittlicher Bedeutung, und der Stoff, an dem die Tat vollzogen wird, ist gleichgültig.

59. Grabe in deinem Inneren. In dir ist die Quelle des Guten, und sie kann immer wieder sprudeln, wenn du gräbst.

60. Auch der Körper muß fest sein und darf nicht auseinanderfallen, weder in der Bewegung noch in Ruhe. Denn wie es beim Gesicht der Fall ist, daß die Vernunft immer für einen festen und guten Ausdruck sorgt, so muß man es auch im Falle des Körpers wünschen. Dies alles darf aber auf keinen Fall gekünstelt wirken.

61. Die Lebenskunst ist der Kunst eines Ringers ähnlicher als der Kunst eines Tänzers, insofern sie auf die Schläge und

nicht vorhersehbaren Ereignisse vorbereitet ist und fest dasteht, ohne zu wanken.

62. Ununterbrochen wissen wollen, was das für Leute sind, von denen du bestätigt werden willst, und welches seelische Leitprinzip sie haben. Denn dann wirst du diejenigen, die Fehler machen, nicht tadeln noch eine Bestätigung nötig haben, wenn du auf die Quellen ihrer Meinungen und Wünsche schaust.

63. Jede Seele, sagt er, wird gegen ihren Willen der Wahrheit beraubt, aber ebenso auch der Gerechtigkeit, Selbstbeherrschung, Freundlichkeit und weiterer Tugenden dieser Art. Es ist aber unbedingt nötig, daß du dir dessen ständig bewußt bist. Denn dann wirst du allen gegenüber nachsichtiger sein.

64. Bei jeder Belastung stehe dir vor Augen, daß sie keine Schande ist und die leitende Vernunft nicht schlechter werden läßt. Denn keine Belastung kann diese hinsichtlich ihrer Rationalität und ihrer Fähigkeit zur Solidarität beeinträchtigen. Bei den meisten Belastungen soll dir allerdings auch Epikurs Überzeugung helfen, daß sie weder unerträglich noch ewig sind, wenn du an ihre Begrenztheit denkst und dir keine weiteren Gedanken machst. Aber erinnere dich auch daran, daß uns vieles, was sich von einer akuten Belastung nicht unterscheidet, das Leben schwer macht, ohne daß wir es bewußt wahrnehmen, wie z. B. Müdigkeit, Fieber, Appetitlosigkeit. Wenn du dich über eine Erscheinung dieser Art ärgerst, dann sage dir, daß du nicht belastbar bist.

65. Achte darauf, daß du gegenüber den Unmenschen nicht dasselbe empfindest wie die Unmenschen gegenüber den Menschen.

66. Woher wissen wir, ob nicht Telauges in einer besseren seelischen Verfassung war als Sokrates? Denn es reicht doch nicht aus, daß Sokrates ruhmvoller starb und geschickter mit den Sophisten diskutierte, standhafter in der Eiseskälte die

Nacht verbrachte und sich, als er den Befehl erhalten hatte, den Mann aus Salamis zu holen, offensichtlich tapferer widersetzte und sich auf der Straße zu mokieren pflegte, worüber man sich vor allem Gedanken machen müßte, wenn es wahr wäre. Man muß vielmehr darauf achten, was für eine Seele Sokrates hatte und ob er sich damit begnügen konnte, einfach nur gerecht zu sein gegenüber den Menschen und fromm zu sein gegenüber den Göttern und sich dabei nicht zu ärgern über die Schlechtigkeit, der Unwissenheit eines Menschen nicht nachzugeben und alles, was ihm aus dem Weltganzen zugeteilt wurde, nicht als etwas Fremdes anzunehmen oder als unerträglich zu empfinden und für die Bedürfnisse des Fleisches keine Sympathie zu hegen.

67. Die Natur hat dich nicht so mit dem Ganzen vermischt, daß sie dir die Möglichkeit nähme, dich abzugrenzen und das, was dir zusteht, in Besitz zu nehmen. Denn es ist durchaus möglich, ein göttlicher Mensch zu werden und von niemandem erkannt zu werden. Daran denke immer und auch noch daran, daß das glückliche Leben ganz wenige Voraussetzungen hat. Und es ist nicht zu befürchten, daß du deswegen, weil du die Hoffnung aufgeben mußtest, ein Dialektiker oder Physiker zu werden, nicht darauf zu verzichten brauchst, ein innerlich unabhängiger, rücksichtsvoller, solidarisch handelnder und gottesfürchtiger Mensch zu werden.

68. Ohne Zwang in größtem inneren Frieden dein Leben verbringen, auch wenn dich alle niederschreien, wie sie es wollen, und die wilden Tiere die Glieder dieses ringsum gewachsenen Körpergemisches zerreißen. Denn was hindert die Seele daran, sich trotz allem heitere Gelassenheit, richtige Einschätzung der Umstände und den entschlossenen Gebrauch der ihr unterworfenen Dinge zu bewahren? Daraus folgt, daß die urteilende Vernunft zu dem, was dir zustößt, bemerkt: „Das stellst du in Wirklichkeit dar, obwohl du dem Anschein nach

etwas anderes zu sein scheinst", und der Gebrauch zu dem, was dir zustößt, feststellt: „Ich habe dich gesucht. Denn das jeweils Vorhandene ist mein Material für die Verwirklichung der vernünftigen und gemeinschaftsbezogenen Tugend und überhaupt der Kunst eines Menschen oder Gottes." Denn alles, was einem Gott oder einem Menschen passiert, machen sie sich zu eigen, und es ist weder neu noch schwer zu handhaben, sondern bekannt und leicht zu verarbeiten.

69. Darin zeigt sich die Vollkommenheit des Charakters, daß man jeden Tag wie seinen letzten verbringt und weder sich aufregt noch in Untätigkeit erstarrt noch sich verstellt.

70. Die Götter, die unsterblich sind, regen sich nicht darüber auf, daß sie auf ewige Zeit immer so minderwertige Menschen in so großer Zahl ertragen müssen. Darüber hinaus sorgen sie sogar in jeder Hinsicht für diese. Du aber verlierst Mut und Kraft, obwohl du in gar nicht langer Zeit dein Leben beenden wirst, und das ist so, obwohl du doch selbst einer von den Minderwertigen bist?

71. Es ist lächerlich, vor der eigenen Schlechtigkeit nicht die Flucht zu ergreifen, was durchaus möglich wäre, vor der Schlechtigkeit der anderen aber fliehen zu wollen, was doch ausgeschlossen ist.

72. Was die vernünftige und gesellschaftsbezogene Kraft der Seele als unvernünftig und unsolidarisch identifiziert, schätzt sie aus gutem Grund als etwas ein, das im Vergleich zu ihr minderwertig ist.

73. Wenn du eine gute Tat begangen hast und ein anderer in den Genuß deiner guten Tat gekommen ist, warum suchst du wie die Toren daneben noch ein Drittes, daß du nämlich auch noch als Wohltäter auffallen oder eine Gegengabe bekommen willst?

74. Niemand wird es leid, Unterstützung zu erhalten. Unterstützung ist eine naturgemäße Tätigkeit. Werde es also

nicht leid, Unterstützung zu erhalten, indem du andere unterstützt.

75. Die Natur des Weltganzen hat die Erschaffung des Kosmos in Gang gesetzt. Jetzt aber geschieht alles, was geschieht, entweder als eine Begleiterscheinung (des Schöpfungsvorgangs), oder selbst die wichtigsten Dinge, auf die das leitende Prinzip des Kosmos sein eigenes Interesse richtet, sind sinnlos. Der Gedanke daran wird dich in vieler Hinsicht ruhiger und heiterer werden lassen.

ACHTES BUCH

1. Auch das führt zur Befreiung von Eitelkeit, daß du es nicht mehr verwirklichen kannst, dein ganzes Leben oder wenigstens seit deiner Jugendzeit als Philosoph gelebt zu haben, sondern vielen anderen wie auch dir selbst bewiesen hast, daß dir die Philosophie fremd ist. Du bist also vom rechten Weg abgekommen, so daß es nicht mehr leicht für dich ist, den guten Ruf eines Philosophen zu erwerben. Im Widerspruch dazu steht aber auch die Grundidee deines Lebens. Wenn du also richtig gesehen hast, wie die Dinge liegen, dann kümmere dich nicht darum, wie man dich einschätzen wird. Sei lieber zufrieden, wenn du auch nur den Rest deines Lebens, wie groß er auch sein mag, so verbringen wirst, wie deine Natur es will. Überlege also, was sie will, und nichts anderes soll dich davon abbringen. Denn du hast doch erfahren, wo du überall in die Irre gegangen bist und daß du nirgendwo das wahrhaft gute Leben fandest, nicht im logischen Denken, nicht im Reichtum, nicht im Ansehen, nicht im Genuß, nirgendwo. Wo ist es denn? In der Ausführung dessen, was die Natur des Menschen verlangt. Wie wird er das ausführen? Wenn er Grundsätze hat, von denen die Wünsche und Handlungen ausgehen. Was sind das für Grundsätze? Es sind Grundsätze über das Gute und das Schlechte, daß nichts für einen Menschen gut sein kann, was ihn nicht gerecht, besonnen, tapfer, unabhängig werden läßt, und nichts schlecht sein kann, was nicht das Gegenteil des Genannten hervorbringt.

2. Bei jeder Tätigkeit frage dich: Was bedeutet sie für mich? Ist zu befürchten, daß ich sie bereuen muß? Nur noch kurze

Zeit, und ich bin tot, und alles ist verschwunden. Was suche ich noch mehr, wenn mein gegenwärtiges Wirken eines denkenden, solidarisch handelnden und eines der Gottheit gleichgestellten Wesens würdig ist?

3. Was sind aber Alexander, Gaius und Pompeius im Vergleich mit Diogenes, Heraklit und Sokrates? Denn diese Männer haben die Dinge, wie sie wirklich sind, ihre Ursachen und Voraussetzungen gesehen, und das leitende Prinzip ihrer Seele war völlig unabhängig. In wievielen Dingen zeigte sich bei jenen aber Unwissenheit und Abhängigkeit?

4. (Du kannst nichts daran ändern), daß die Menschen trotzdem dasselbe tun werden, auch wenn du platzt.

5. Zuerst laß dich nicht verwirren. Denn alles wird im Sinne der Natur des Weltganzen geschehen, und in kurzer Zeit wirst du ein Nichts und nirgends sein wie Hadrian und Augustus. Dann richte deinen Blick ganz fest auf die Hauptsache und faß sie ins Auge und denk daran, daß du ein guter Mensch sein und tun mußt, was die Natur des Menschen fordert; das tue, ohne dich umzusehen, und rede so, wie es dir am gerechtesten erscheint, nur immer freundlich, mit Taktgefühl und offen.

6. Die Natur des Weltganzen hat folgende Aufgabe: Was hier ist, dorthin zu stellen, zu verändern, von hier hochzuheben und dorthin zu tragen. Alles ist nur Veränderung, so daß man keine Angst vor etwas Neuem zu haben braucht. Alles ist vertraut, aber auch die Zuteilungen (des Schicksals) sind gleich.

7. Jede Natur ist mit sich selbst zufrieden, wenn es ihr gut geht. Einer vernünftigen Natur geht es gut, wenn sie weder einer falschen noch unklaren Vorstellung ihre Zustimmung gibt, ihr Wollen allein auf gemeinschaftsfördernde Werke richtet, wenn sie nur die Dinge begehrt und meidet, die in unserer Macht liegen, und alles, was von der allen gemeinsamen Natur

zugeteilt wird, gern entgegennimmt. Denn sie ist ein Teil der gemeinsamen Natur, wie die Natur des Blattes ein Teil der Natur der Pflanze ist – abgesehen davon, daß dort die Natur des Blattes ein Teil einer Natur ist, die kein Wahrnehmungsvermögen und keine Vernunft hat und (in ihrer Entwicklung) behindert werden kann, während die Menschennatur Teil einer Natur ist, die (in ihrer Wirksamkeit) nicht zu behindern ist und über Vernunft und Gerechtigkeit verfügt, wenigstens wenn sie jedem einzelnen den gleichen und den ihm zustehenden Anteil an Zeit, Sein, Ursache, Tätigkeit und Geschehen gibt.

Achte aber nicht darauf, ob du bei jedem Ding alle Eigenschaften in gleichem Umfang vorfinden wirst, sondern ob alle Dinge in der Summe ihrer Eigenschaften übereinstimmen.

8. Es ist mir nicht möglich zu lesen. Aber es ist möglich, Übermut zu bändigen. Aber es ist möglich, Freuden und Schmerzen zu beherrschen. Aber es ist möglich, dem Geltungsbedürfnis überlegen zu sein. Aber es ist möglich, über herzlose und undankbare Menschen nicht wütend zu sein, sondern sich ihnen sogar zuzuwenden.

9. Niemand soll dich mehr das Hofleben tadeln hören, auch du dich selbst nicht.

10. Die Reue ist ein Vorwurf gegen sich selbst, daß man etwas Nützliches außer acht gelassen hat. Das Gute aber muß etwas Nützliches sein, und der sittlich hochstehende Mensch muß sich darum bemühen. Kein sittlich hochstehender Mensch dürfte es jedoch bereuen, daß ihm eine Lust entgangen ist. Also ist Lust weder nützlich noch gut.

11. Was ist dieses Ding an sich und seiner individuellen Natur nach? Was ist seine Substanz und sein Stoff? Was ist seine Ursache? Was bewirkt es im Kosmos? Wie lange besteht es?

12. Wenn du ungern aus dem Schlaf aufgeweckt wirst, erin-

nere dich daran, daß es deinem Wesen und der menschlichen Natur entspricht, Taten der mitmenschlichen Solidarität zu vollbringen, und daß du den Schlaf auch mit den vernunftlosen Tieren gemeinsam hast. Was aber jedem einzelnen naturgemäß ist, das ist ihm mehr vertraut, ihm mehr verbunden und so denn auch angenehmer.

13. Ununterbrochen und bei jeder Vorstellung, wenn es möglich ist, naturphilosophische, ethische und logische Fragen stellen.

14. Mit wem du auch zusammentriffst, frag dich sofort: „Welche Grundüberzeugungen hat dieser Mensch über Gut und Böse?" Denn wenn er über Lust und Schmerz und ihre Ursachen und über öffentliche Anerkennung und fehlende Anerkennung, Tod und Leben bestimmte Grundüberzeugungen hat, dann wird es mir nicht verwunderlich oder seltsam erscheinen, wenn er etwas ganz Bestimmtes tut, und ich werde daran denken, daß er so handeln muß.

15. Sei dir dieser Tatsache bewußt: Wie es unangebracht ist, sich darüber zu wundern, daß der Feigenbaum Feigen trägt, so darf es dich auch nicht befremden, daß der Kosmos bestimmte Dinge hervorbringt, die hervorzubringen seine Aufgabe ist. Auch ein Arzt und ein Steuermann dürfen sich nicht in Erstaunen setzen lassen, wenn jemand Fieber hat oder wenn Gegenwind aufgekommen ist.

16. Denk daran, daß es gleichermaßen Zeichen innerer Unabhängigkeit ist, seine Meinung zu ändern wie dem zu folgen, der uns auf den richtigen Weg zurückbringt. Denn es ist dein eigenes Handeln, wenn du es deinem Willen und Urteil und so denn auch deiner Vernunft entsprechend vollziehst.

17. Wenn es in deiner Macht liegt, warum tust du es? Wenn es aber in der Macht eines anderen liegt, wem machst du Vorwürfe? Den Atomen oder den Göttern? Beides ist Wahnsinn.

Niemandem darf man Vorwürfe machen. Denn wenn du es

kannst, bring ihn auf den rechten Weg zurück. Wenn du es aber nicht kannst, dann berichtige die Sache selbst. Wenn du aber auch dies nicht kannst, was bringen dir dann noch die Vorwürfe? Denn was keinen Sinn hat, das darf man nicht tun.

18. Was gestorben ist, fällt nicht aus der Welt. Wenn es hier bleibt, verwandelt es sich auch hier und löst sich in seine Bestandteile auf, die die Elemente des Kosmos und deine eigenen sind. Auch sie verwandeln sich und klagen deshalb nicht.

19. Jedes Ding ist zu einem bestimmten Zweck entstanden, z. B. ein Pferd oder ein Weinstock. Warum wunderst du dich darüber? Auch die Sonne wird sagen: „Ich bin zur Erfüllung eines bestimmten Zweckes geschaffen worden wie auch die übrigen Götter." Wozu bist du also da? Zum Lustgewinn? Sieh doch, ob deine Vernunft das aushält.

20. Die Natur eines jeden Dinges ist nicht weniger auf sein Ende als auf seinen Anfang und seinen Weg ausgerichtet, wie der Mensch, der einen Ball in die Höhe wirft. Was hat ein Ball davon, wenn er in die Höhe geworfen wird, oder was passiert ihm Schlimmes, wenn er wieder herunterkommt und auf die Erde fällt? Was hat die Wasserblase davon, wenn sie entsteht, oder was passiert ihr Schlimmes, wenn sie sich wieder auflöst? Entsprechendes gilt auch für ein Licht.

21. Dreh (den Körper) um und sieh her, wie er ist und wie er wird, wenn er alt, krank und ein Opfer seiner Unzucht geworden ist. Kurzlebig ist der Lobende und der Gelobte, der Erwähnende und der Erwähnte. Darüber hinaus findet dies aber auch nur in einem Winkel dieser Weltgegend statt, und nicht einmal hier sind sich alle einig, ja nicht einmal eine einzelne Person mit sich selbst, und die ganze Erde ist nur ein Punkt.

22. Richte deine Aufmerksamkeit auf den Gegenstand, der der Tätigkeit, der Grundüberzeugung oder der Wortbedeutung zugrunde liegt.

Daran bist du selbst schuld: Aber du willst lieber morgen ein guter Mensch werden als heute ein solcher sein.

23. Tue ich etwas? Ich tue etwas, indem ich mein Tun darauf beziehe, den Menschen Gutes zu tun. Passiert mir etwas? Ich nehme es an, indem ich es auf die Götter und auf die Quelle aller Dinge beziehe, aus der alles, was geschieht, hervorgeht und miteinander verwoben wird.

24. Wie dir das Baden, das Öl, der Schweiß, der Schmutz, das fettige Wasser und alles sonst ekelhaft erscheint, so auch jeder Teil des Lebens und jeder Gegenstand.

25. Lucilla (trug) den Verus (zu Grabe), dann (starb) Lucilla, Secunda den Maximus, dann Secunda. Epitynchanos den Diotimos, dann Epitynchanos. Antoninus die Faustina, dann Antoninus. Und so weiter. Celer den Hadrian, dann (ging es) Celer (ebenso). All die scharfsinnigen Leute, die Wahrsager oder die aufgeblasenen Gestalten, wo sind sie? So kluge Köpfe wie Charax, der Platoniker Demetrius, Eudaimon und andere Leute dieses Schlages. Alles nur Eintagsfliegen, schon lange tot. Einige sind nicht einmal für kurze Zeit im Gedächtnis geblieben, andere in die Welt der Mythen übergegangen, wieder andere schon wieder aus der Mythenwelt verschwunden. Daran also denken, daß zwangsläufig die Mischung, aus der du bestehst, zerfallen oder dein Lebenshauch erlöschen oder entschwinden und sich anderswohin begeben wird.

26. Die Freude eines Menschen beruht darauf, das zu tun, was ihm eigentümlich ist. Dem Menschen eigentümlich sind die Zuneigung zu dem, was ihm verwandt ist, die Geringschätzung der sinnlichen Regungen, die kritische Analyse der überzeugend erscheinenden Vorstellungen, die Reflexion über die Natur des Weltganzen und der Vorgänge, die sich in Übereinstimmung mit diesem vollziehen.

27. Drei Einstellungen: die erste gegenüber dem uns umge-

benden Gefäß, die zweite gegenüber der göttlichen Ursache, von der alles für alles ausgeht, die dritte gegenüber den Mitmenschen.

28. Der Schmerz ist entweder für den Körper ein Übel – dann soll er es zeigen – oder für die Seele. Doch sie hat die Möglichkeit, sich die ihr eigentümliche Heiterkeit und Ruhe zu bewahren und nicht anzunehmen, daß er ein Übel ist. Jedes Urteil, jeder Wunsch, jedes Verlangen und jede Ablehnung entsteht in uns, und nichts kommt von außen herein.

29. Lösch deine Vorstellungen aus, indem du fortwährend zu dir sagst: "Es liegt jetzt an mir, daß in dieser Seele keine Schlechtigkeit, keine Begierde und überhaupt keine Beunruhigung ist. Während ich vielmehr alles so sehe, wie es ist, gebrauche ich jedes einzelne so, wie es ihm entspricht." Sei dir dieser naturgegebenen Macht und Möglichkeit bewußt.

30. Im Senat und zu jedem anderen maßvoll und sehr klar sprechen, eine gesunde Ausdrucksweise verwenden.

31. Der Hof des Augustus, seine Frau, seine Tochter, seine Nachkommen und Vorfahren, seine Schwester, Agrippa, seine Verwandten, seine Angehörigen und Freunde, Arius, Mäcenas, Ärzte, Priester. Tod eines ganzen Kaiserhofes. Dann denk an die anderen Höfe und deren Tod, dann an den Tod ganzer Familien – doch nicht an den, der jeden einzelnen trifft – wie z. B. beim Untergang von Pompeji. Aber denk auch über jene Grabinschrift nach: „Der Letzte seines Geschlechtes", und wie sehr sich deren Vorfahren angestrengt haben, um einen Nachfolger zu hinterlassen; und dann muß einer der letzte sein. Hier hast du wieder den Tod einer ganzen Familie vor Augen.

32. Man muß sein Leben aus lauter einzelnen Handlungen zusammensetzen und zufrieden sein, wenn jede – soweit möglich – ihr Ziel erreicht. Daß aber jede Handlung ihr Ziel erreicht, daran kann dich niemand hindern. „Aber es wird sich etwas von außen in den Weg stellen." Nichts kann mich daran

hindern, gerecht, besonnen und vernünftig zu handeln. Wird aber nicht vielleicht eine andere Betätigung behindert werden? Aber dadurch, daß ich mich mit diesem Hindernis abfinde und mich mit gutem Willen dem Machbaren zuwende, wird sofort eine andere Handlung die Stelle der behinderten Tätigkeit einnehmen und sich in den Zusammenhang einfügen, von dem die Rede ist.

33. Unauffällig nehmen, bereitwillig abgeben.

34. Wenn du einmal eine abgehauene Hand, einen Fuß oder einen abgeschnittenen Kopf getrennt von dem übrigen Körper hast liegen sehen – so etwas tut sich derjenige selbst an, der, soweit es an ihm liegt, nicht will, was ihm passiert, und der sich absondert oder etwas tut, was für die Gemeinschaft schädlich ist. Da hast du dich irgendwie von der natürlichen Einheit losgerissen. Denn du warst doch als ein Teil (dieser Einheit) geschaffen worden. Jetzt hast du dich selbst abgeschnitten. Aber da gibt es jene schöne Möglichkeit, daß es dir erlaubt ist, dich wieder (mit dem Ganzen) zu vereinigen. Diese Möglichkeit hat Gott keinem anderen Teil (des Kosmos) gegeben, nachdem er abgetrennt oder abgeschlagen wurde, wieder (mit den übrigen Teilen) zusammenzuwachsen. Aber denk doch einmal an die Güte, mit der Gott den Menschen geehrt hat. Denn er hat es ihm möglich gemacht, daß er erst gar nicht aus dem Ganzen herausgerissen wird und daß er, wenn er herausgerissen wurde, wieder zurückkehren, wieder anwachsen und seinen Platz als Teil (des Ganzen) wieder einnehmen kann.

35. Wie die Natur des Weltganzen jedes einzelne Vernunftwesen mit den übrigen Fähigkeiten ausgestattet hat, so haben wir auch diese von ihr bekommen: Denn wie sie alles, was ihr in den Weg tritt und sich ihr entgegenstellt, umdreht und in das allgemeine Schicksal einordnet und zu einem Teil ihrer selbst werden läßt, so kann auch das vernunftbegabte Lebewesen jedes Hindernis zum Gegenstand seiner Tätigkeit werden las-

sen und es zu einem Zweck gebrauchen, den es selbst auch schon hätte verwirklichen wollen.

36. Die Vorstellung von deinem gesamten Leben darf dich nicht beunruhigen. Stell dir nicht gleichzeitig vor, welche Last auf dir liegt und wieviel höchstwahrscheinlich noch hinzukommen wird, sondern frag dich in jedem Einzelfall: „Was ist an der Sache unerträglich und nicht auszuhalten?" Du wirst dich nämlich schämen, etwas zuzugeben. Dann erinnere dich, daß dich weder das Zukünftige noch das Vergangene belasten wird, sondern immer nur das Gegenwärtige. Dieses aber verliert an Bedeutung, wenn du es isoliert betrachtest und deine Seele zurechtweist, falls sie nicht in der Lage ist, dieser Kleinigkeit standzuhalten.

37. Sitzt etwa Pantheia oder Pergamos jetzt noch am Sarg des Verus? Wie? Chabrias oder Diotimos an Hadrians Sarg? Lächerlich. Wie? Wenn sie da säßen, würden die Toten es merken? Wie? Wenn sie es merkten, würden sie sich freuen? Wie? Wenn sie sich freuten, wären diese dann unsterblich? War es nicht so vom Schicksal bestimmt, daß auch diese zuerst alte Frauen und alte Männer werden und dann sterben? Was also sollten jene später tun, nachdem diese gestorben sind? Das alles ist Gestank und schmutziges Blut in einem Sack.

38. Wenn du scharf sehen kannst, dann sieh hin, sagte jemand, und fälle die weisesten Urteile.

39. Eine Tugend, die sich gegen die Gerechtigkeit stellt, sehe ich in der Naturanlage des vernünftigen Wesens nicht. Ich sehe aber in der Selbstbeherrschung eine Tugend, die sich gegen die Lust stellt.

40. Wenn du deine Auffassung über das, was dich zu betrüben scheint, aufgibst, dann stehst du selbst auf dem festesten Boden. „Wer selbst?" Die Vernunft. „Aber ich bin nicht die Vernunft." So sei es. Die Vernunft soll doch wohl sich selbst nicht betrüben. Wenn sich bei dir aber etwas anderes nicht

wohlfühlt, dann soll es sich über sich selbst eine eigene Auffassung bilden.

41. Die Behinderung der sinnlichen Wahrnehmung ist für ein lebendes Wesen ein Übel. Die Behinderung des Wollens ist für ein lebendes Wesen ebenfalls ein Übel. Es gibt aber noch etwas anderes, das für die Natur der Pflanzen ebenfalls hinderlich und schlecht ist. So ist denn auch für ein denkendes Wesen die Behinderung des Geistes ein Übel. All dies mußt du auf dich selbst anwenden. Berühren dich Schmerz und Lust? Die sinnliche Wahrnehmung wird es sehen. Als du irgend etwas wolltest, gab es da ein Hindernis? Wenn du bedingungslos etwas willst, dann ist das für dich als vernunftbegabtes Wesen von Übel. Wenn du aber den Geist hinzunimmst, dann bist du noch nicht geschädigt und behindert.

Niemand anders freilich pflegt die eigene Entfaltung des Geistes zu behindern. Denn an ihn kommt kein Feuer, kein Schwert, kein Tyrann, keine Beschimpfung und nichts dieser Art heran. Wenn er eine „rundgedrehte Kugel" ist, bleibt er unantastbar.

42. Ich verdiene es nicht, mir selbst Schmerz zuzufügen. Denn ich habe auch noch nie einem anderen freiwillig Schmerz zugefügt.

43. Der eine hat an diesem, der andere an jenem seine Freude. Ich aber freue mich, wenn das leitende Prinzip in meiner Seele gesund bleibt und sich weder von einem Menschen noch von einem Ereignis, das Menschen widerfahren kann, abwendet, sondern alles mit freundlichen Augen sieht und annimmt und jedes einzelne so gebraucht, wie es ihm entspricht.

44. Diese gegenwärtige Zeit mach dir selbst zum Geschenk. Diejenigen, die mehr dem späteren Ruhm nachjagen, bedenken nicht, daß jene Leute genauso sein werden, wie diese hier sind, die ihnen jetzt lästig sind. Aber auch jene sind sterblich.

Was rührt es dich überhaupt, wenn jene in solchen Tönen auf dich reagieren oder eine solche Auffassung von dir haben?

45. Heb mich hoch und wirf mich hin, wo du willst. Dort nämlich werde ich meinen göttlichen Geist auch weiterhin in Heiterkeit, d. h. Zufriedenheit, erhalten, wenn sein Zustand und sein Tätigsein in Übereinstimmung mit seiner eigenen Natur bleiben.

Ist dies wirklich so wertvoll, daß sich meine Seele seinetwegen in einem schlechten Zustand befindet und daß sie an Qualität verliert, weil sie sich erniedrigt, sich fesseln läßt und in Schrecken gerät. Und was wirst du finden, das dieses Verhalten lohnt?

46. Keinem Menschen kann etwas zustoßen, was nicht ein spezifisch menschliches Ereignis ist, und auch keinem Rind, was nicht ein zu einem Rind passender Vorgang ist, und auch keinem Weinstock, was nicht zu einem Weinstock paßt, und auch keinem Stein, was nicht der Eigenschaft eines Steines entspricht. Wenn nun einem jeden das passiert, was üblich und naturbedingt ist, warum grollst du dann? Denn die allgemeine Natur brachte dir nichts, was für dich unerträglich ist.

47. Wenn du dich wegen einer Sache aus dem Bereich, der deinem Einfluß entzogen ist, ärgerst, dann quält dich nicht jene Sache, sondern dein Urteil über sie. Es liegt aber bei dir, dieses Urteil nunmehr auszulöschen. Wenn dich aber etwas im Bereich deiner seelischen Verfassung ärgert, wer kann dich dann daran hindern, deine Überzeugung zu korrigieren? Ebenso: Wenn du dich darüber ärgerst, daß du ausgerechnet dieses oder jenes nicht tust, was dir gesund erscheint, warum tust du es denn nicht, statt dich zu ärgern? „Aber etwas Stärkeres steht mir im Wege." Darüber brauchst du dich also nicht zu ärgern. Denn der Grund dafür, daß du es nicht tust, liegt nicht bei dir. „Aber es hat keinen Sinn zu leben, wenn man dies nicht tut." Scheide also frohen Mutes aus dem Leben, wie auch der-

jenige stirbt, der die Tat ausführt, zugleich versöhnt mit dem, was sich dir in den Weg stellt.

48. Erinnere dich daran, daß das leitende Prinzip der Seele unbezwingbar ist, wenn es in sich selbst zurückgezogen mit sich selbst zufrieden ist, weil es nichts tut, was es nicht will, auch wenn es ohne besonderen Grund Widerstand leistet. Was ist dann aber, wenn es auch mit einem vernünftigen Grund umsichtig über etwas urteilt? Darum ist die von Leidenschaften freie Vernunft eine Burg. Denn der Mensch besitzt nichts, was noch stärker ist. Wenn der Mensch dort seine Zuflucht sucht, dürfte er in Zukunft unbesiegbar sein. Wer dies aber nicht sieht, ist ein Tor. Wer es aber sieht, ohne dort Zuflucht zu suchen, verpaßt jede Chance.

49. Sag zu dir nichts weiter als das, was dir die ursprünglichen, ungetrübten Vorstellungen anzeigen. Es wurde dir angezeigt, daß dieser oder jener schlecht über dich redet. Das ist dir angezeigt worden. Daß du dadurch geschädigt worden bist, ist dir aber nicht angezeigt worden.

Ich sehe, daß das Kind krank ist. Ich sehe es. Daß es aber in Lebensgefahr ist, sehe ich nicht. So bleib also bei den ersten Vorstellungen und deute von dir nichts hinein, dann geschieht dir nichts. Interpretiere es vielmehr wie jemand, der alles, was im Kosmos geschieht, genau kennt.

50. Eine bittere Gurke. Wirf sie weg. Dornen auf dem Weg. Weiche ihnen aus. Genügt das? Füge nicht hinzu: „Wieso gibt es auch so etwas in der Welt?“ Denn du wirst von einem Kenner der Natur ausgelacht werden, wie du auch von einem Zimmermann und von einem Schuhmacher ausgelacht würdest, wenn du daran Anstoß nehmen würdest, daß du in der Werkstatt Späne und Abfälle von den hergestellten Gegenständen siehst. Allerdings wissen jene Leute, wo sie ihren Abfall hinwerfen können. Aber die Natur des Weltganzen hat nichts außerhalb ihrer Grenzen, doch das Wunderbare an ihrer Kunst

besteht darin, daß sie innerhalb ihrer selbstgesetzten Grenzen alles, was in ihr zu verderben, zu altern und unbrauchbar zu sein scheint, in sich selbst zurückverwandelt und wieder anderes Neues daraus herstellt, damit sie weder Materie von außen heranziehen muß, noch einen Platz braucht, wohin sie das Verrottete werfen würde. Ihr genügt also ihr eigener Raum, ihr Stoff und ihre eigene Kunst.

51. Weder in den Taten oberflächlich und nachlässig sein, noch im Umgang mit anderen Verwirrung stiften, noch in den Vorstellungen ziellos umherschweifen, noch mit der Seele sich ganz und gar hinreißen lassen oder herausspringen, noch im Leben keine Muße haben.

Sie töten uns, zerfleischen uns, verjagen uns unter Verwünschungen. Was bedeutet dies im Verhältnis dazu, daß die Seele rein, klug und gerecht bleibt? Wie wenn sich jemand an eine klare und süße Quelle stellt und sie beschimpft, die Quelle aber nicht aufhört, trinkbares Wasser hervorzusprudeln; auch wenn er Schmutz und Kot hineinwirft, wird sie diesen Unrat sehr schnell auflösen, fortspülen und keinesfalls trübe werden. Wie wirst du eine nicht versiegende Quelle und keinen Brunnen (mit stehendem Wasser) bekommen? Entwickle dich selbst jeden Tag zu einer Unabhängigkeit hin, die verbunden ist mit Freundlichkeit, Einfachheit und Taktgefühl.

52. Wer nicht weiß, was der Kosmos ist, weiß nicht, wo er ist. Wer nicht weiß, wozu er geschaffen worden ist, weiß nicht, wer er ist und auch nicht, was der Kosmos ist. Wer aber eins davon nicht erfaßt, könnte auch nicht sagen, wozu er da ist. Wie also kommt dir derjenige vor, der auf den Beifall oder das Mißfallen von Theaterbesuchern achtet, die weder erkennen, wo sie sind, noch wer sie sind?

53. Du willst von einem Menschen geliebt werden, der sich selbst dreimal in der Stunde verflucht? Du willst einem

Menschen gefallen, der sich selbst nicht gefällt? Gefällt sich derjenige, der fast alles bereut, was er tut?

54. Nicht mehr nur in der uns umgebenden Luft mitatmen, sondern nunmehr auch mit der alles umfassenden Vernunft mitdenken. Denn die Kraft der Vernunft ist nicht weniger überall verbreitet und steht dem nicht weniger zur Verfügung, der sie sich anzueignen vermag, als die Atemluft demjenigen zur Verfügung steht, der atmen kann.

55. Die allgemeine Schlechtigkeit kann den Kosmos zwar nicht schädigen, die besondere Schlechtigkeit schädigt aber den Mitmenschen ebensowenig; sie ist nur für jemanden schädlich, dem es möglich ist, sich auch von ihr zu befreien, sobald er es so will.

56. Für meinen freien Willen ist der freie Wille eines Mitmenschen ebenso gleichgültig wie sein Atem und sein Fleisch. Denn auch wenn wir noch so sehr füreinander geschaffen worden sind, so haben doch die leitenden Prinzipien unserer Seelen ihre jeweils eigene Entscheidungsfähigkeit. Denn sonst wäre die Schlechtigkeit des Mitmenschen ein Übel für mich, was aber Gott nicht wollte, damit es nicht in der Macht eines anderen läge, daß ich unglücklich wäre.

57. Die Sonne scheint von oben herabgegossen zu sein und ist überall verbreitet, aber sie ist nicht vergossen. Denn dies Herabgießen ist eine Ausdehnung. Daher werden ihre Strahlen nach dem Wort „sich ausdehnen“ als „die sich Ausdehnenden“ bezeichnet. Was aber ein sich ausdehnender Sonnenstrahl ist, kannst du sehen, wenn du einmal zuschaust, wie das Sonnenlicht durch eine enge Öffnung in einen dunklen Raum fällt. Es dringt nämlich in gerader Richtung ein und stößt sozusagen gegen die feste Fläche, die sich ihm entgegenstellt, und trennt die Luft auf der anderen Seite ab. Dort aber blieb das Licht stehen, glitt nicht ab und fiel nicht nach unten. So muß auch das Ausgießen und Verbreiten des Geistes erfolgen, das nie-

mals als ein Vergießen, sondern als eine Ausdehnung zu verstehen ist; und er darf auch gegen die entgegentretenden Hindernisse nicht gewaltsam oder heftig anstoßen und auch nicht nach unten fallen, sondern muß stehen bleiben und das, was ihn aufnimmt, erleuchten. Denn was ihn nicht weiterleitet, wird sich selbst des Lichtstrahles berauben.

58. Wer den Tod fürchtet, fürchtet entweder die Empfindungslosigkeit oder eine andere Empfindung. Aber wenn es keine Empfindung mehr gibt, dann kann man auch nichts Schlimmes empfinden. Wenn man aber eine andersartige Empfindung bekommen wird, dann wird man auch ein andersartiges Lebewesen sein und nicht aufhören zu leben.

59. Die Menschen sind füreinander da. Entweder belehre sie oder ertrage sie.

60. Ein Pfeil fliegt auf seine Weise, der Geist geht auf seine Weise vor. Auch wenn der Geist vorsichtig ist und alles gründlich untersucht, geht er doch um nichts weniger geradeaus und auf seinen Gegenstand zu.

61. Eindringen in das leitende Prinzip eines jeden Menschen, aber auch jedem anderen die Möglichkeit geben, in das eigene leitende Prinzip einzudringen.

NEUNTES BUCH

1. Wer Unrecht tut, handelt ohne Ehrfurcht vor den Göttern. Denn da die Natur des Weltganzen die vernunftbegabten Lebewesen füreinander geschaffen hat, so daß sie sich gegenseitig nützlich sind, wie es sich gehört, sich aber keinesfalls gegenseitig schädigen, handelt jeder, der den Willen der Natur nicht vollzieht, ohne Zweifel gegen die Gottheit, die höchste Verehrung verdient.

Auch wer lügt, frevelt gegen dieselbe Gottheit. Denn die Natur des Weltganzen ist die Natur des Seienden, das Seiende aber ist mit allem Vorhandenen eng verwandt. Darüber hinaus wird sie aber auch Wahrheit genannt und ist die erste Ursache alles Wahren. Wer also mit Absicht lügt, frevelt, indem er durch Betrug Unrecht tut. Wer aber unfreiwillig lügt, frevelt, insofern er sich in einen Gegensatz zur Natur des Weltganzen bringt und nicht im Sinne des Kosmos handelt, weil er gegen die Natur des Kosmos ankämpft. Denn jeder kämpft gegen die Natur an, der aus eigenem Antrieb in eine Richtung geht, die nicht zur Wahrheit führt. Denn er hatte von der Natur im voraus Mittel erhalten, die er unbeachtet ließ, und deshalb ist er jetzt nicht in der Lage, das Falsche vom Wahren zu unterscheiden.

So frevelt denn auch jeder, der den Lüsten hinterherläuft, als ob sie etwas Gutes seien, und die Schmerzen meidet, als ob sie etwas Schlimmes seien. Denn es kann nicht ausbleiben, daß ein solcher Mensch die gemeinsame Natur häufig tadelt, weil sie den Schlechten und den Guten etwas zuteile, was im Gegensatz zu dem stehe, was recht und billig sei, weil die Schlechten oft in

Freuden lebten und die Mittel des Lustgewinns erwerben könnten, die Guten aber in Leid und Unglück gerieten. Außerdem wird derjenige, der die Schmerzen fürchtet, irgendwann auch etwas von dem fürchten, was im Kosmos geschehen wird. Aber schon das ist gottlos. Wer den Lüsten nachrennt, wird sich vor dem Unrechttun nicht bewahren können. Das aber ist offensichtlich gottlos. Die Dinge, die der allgemeinen Natur gleichgültig sind – denn sie würde nicht beides hervorbringen, wenn ihr nicht beides gleichgültig wäre –, müssen diejenigen, die der Natur folgen wollen, weil sie mit ihr übereinstimmen, auch als gleichgültig hinnehmen. Wem also Schmerz und Lust oder Tod und Leben oder Ruhm und Ruhmlosigkeit, womit die Natur des Weltganzen umgeht, ohne einen Unterschied zu machen, selbst nicht gleichgültig sind, der handelt ganz offenkundig gottlos.

Mit meiner Feststellung, daß die allgemeine Natur diese Dinge gebraucht, ohne einen Unterschied zu machen, meine ich, daß sie ohne Unterschied eintreten, und zwar in Verbindung mit allem, was zunächst geschieht und was darauf folgt aufgrund eines ursprünglichen Anstoßes der Vorsehung, mit dem sie von einem bestimmten Anfang aus diese Weltschöpfung in Angriff nahm, nachdem sie bestimmte Vorstellungen von der Zukunft entwickelt und die zeugenden Wirkkräfte entsprechender Voraussetzungen, Veränderungen und Folgeerscheinungen ausgelöst hatte.

2. Es wäre das Ziel eines besonders feinen und sittlich hochstehenden Menschen, ohne jemals mit einer Lüge, mit jeder Art von Verstellung, mit übertriebenem Luxus und Aufgeblasenheit zu tun gehabt zu haben, die Welt zu verlassen. Von diesen Dingen angewidert zu sterben, ist der zweitbeste Weg. Oder hast du es vorgezogen, bei der Schlechtigkeit zu bleiben, und veranlaßt dich auch die Erfahrung noch nicht, der Pest zu entfliehen? Die Zerstörung der Vernunft ist nämlich in viel

höherem Maße eine Pest als die sonst typische tödliche Mischung und Veränderung der uns umgebenden Atemluft. Denn dies ist eine Pest für die Lebewesen, insofern sie Lebewesen sind. Jenes aber ist eine Pest für die Menschen, insofern sie Menschen sind.

3. Verachte nicht den Tod, sondern habe deine Freude an ihm, da auch er etwas von dem ist, was die Natur will. Denn wie das Jungsein, das Älterwerden, das Wachsen und Blühen, das Zähnebekommen, das Wachsen des Bartes, das Grauwerden, das Zeugen, Schwangersein, Gebären und die übrigen natürlichen Vorgänge geschehen, die die Jahreszeiten deines Lebens mit sich bringen, so geschieht eben auch die Auflösung. Also entspricht es dem Wesen eines vernunftbestimmten Menschen, daß er weder ganz versessen auf den Tod ist, noch ungestüm nach ihm verlangt, noch hochmütig mit ihm umgeht, sondern ihn erwartet als einen natürlichen Vorgang. Und wie du jetzt darauf wartest, wann endlich das Kind aus dem Leib deiner Frau herauskommt, so mußt du auch auf die Stunde warten, in der deine Seele aus dieser Hülle hinausfallen wird. Wenn du aber eine gewöhnliche, herzergreifende Regel wünscht: Am ehesten wirst du dich mit dem Tod befreunden, wenn du die Dinge betrachtest, von denen du dich trennen mußt, und dir die Charaktere vor Augen führst, mit denen deine Seele nicht mehr in Berührung kommen wird. Denn du darfst dich keinesfalls an ihnen stoßen, sondern mußt dich um sie kümmern und sie mit Nachsicht ertragen, aber auch daran denken, daß du dich von Menschen trennen wirst, die nicht dieselben Überzeugungen haben wie du. Denn nur dies allein, wenn überhaupt etwas, würde dich zurückhalten und im Leben festhalten, wenn es möglich wäre, mit Menschen zusammenzuleben, die dieselben Überzeugungen hätten. Jetzt aber siehst du, wie sehr du dich im Mißklang des Zusammenlebens zer-

mürbst. Deshalb sage dir: „Komm schneller, Tod, damit ich mich nicht auch noch selbst vergesse."

4. Wer einen Fehler macht, macht ihn zu seinem eigenen Schaden. Wer Unrecht tut, tut sich selbst Unrecht an, indem er sich etwas Böses antut.

5. Oft tut derjenige Unrecht, der etwas nicht tut, nicht nur derjenige, der etwas tut.

6. Es genügen das jeweils vorhandene Auffassungsvermögen, das jeweils praktizierte solidarische Handeln und die jeweilige Verfassung der Seele mit ihrer positiven Einstellung gegenüber allem, was aufgrund einer äußeren Veranlassung geschieht.

7. Die Einbildung fortwischen, die Bedürfnisse einstellen, das Streben auslöschen, das leitende Prinzip der Seele in deiner Gewalt haben.

8. Die vernunftlosen Wesen haben eine einzige Seele gemeinsam; die vernünftigen Wesen haben ebenfalls eine einzige Seele gemeinsam, wie es auch nur eine Erde gibt, aus der alles Irdische besteht, und wir mit Hilfe eines einzigen Lichtes sehen und eine Luft atmen, soweit wir alle zum Sehen befähigte und beseelte Wesen sind.

9. Alles, was an einem Gemeinsamen teilhat, strebt zum Verwandten: Alles Erdige neigt sich der Erde zu, alles Flüssige fließt zusammen, das Luftartige ebenfalls, so daß diese Elemente nur durch trennende Mittel und Gewalt voneinander zu scheiden sind. Das Feuer strebt zwar nach oben aufgrund der elementaren Feuersphäre, (die den Kosmos umgibt), ist aber so sehr bereit, mit jedem Feuer hier gemeinsam aufzulodern, daß auch jeder Stoff, der ein bißchen trockener ist, leicht entzündbar ist, weil in ihm nicht soviel von dem Stoff enthalten ist, der das Entflammen verhindern kann. Und folglich strebt alles, was an der gemeinsamen Vernunftnatur teilhat, mit gleicher oder noch stärkerer Intensität zu dem ihm Verwandten.

Denn je stärker es neben den übrigen Dingen ist, desto bereitwilliger ist es, sich mit dem ihm Verwandten zu vereinigen und zu vermischen.

Schon bei den vernunftlosen Wesen fand man Schwärme, Herden, gemeinsame Aufzucht von Jungen und so etwas wie Liebesbeziehungen; denn es gab dort bereits Seelen, und der Geselligkeitstrieb fand sich beim höheren Lebewesen in so ausgeprägter Form, wie er bei Pflanzen, Steinen und Hölzern nicht vorhanden war. Aber bei den vernunftbegabten Lebewesen gibt es Staaten, Freundschaftsbeziehungen, Familien, Versammlungen und im Krieg Verträge und Waffenstillstand. Bei den noch höheren Lebewesen entstand gewissermaßen eine Einheit auch des räumlich Getrennten, wie es bei den Sternen der Fall ist. So kann der Aufstieg zum Höheren auch zwischen Getrenntem Sympathie erzeugen. Sieh dir nun an, was gerade geschieht. Denn allein die vernunftbegabten Wesen haben das Streben nach gegenseitiger Verbindung und ihre Zuneigung zueinander jetzt vergessen, und nur hier sieht man keine Vereinigung. Aber dennoch werden sie gefaßt, wenn sie fliehen. Denn die Natur ist stärker. Wenn du aufpaßt, wirst du sehen, was ich meine. Man dürfte eher etwas Erdiges finden, das mit dem Nicht-Erdigen Verbindung hat, als einen Menschen, der sich von jedem anderen Menschen völlig abgesondert hat.

10. Der Mensch trägt seine Frucht ebenso wie Gott und der Kosmos. Alles trägt seine Frucht zu seiner Zeit. Wenn aber der gewöhnliche Sprachgebrauch das Wort „Frucht" im eigentlichen Sinne nur beim Weinstock und ähnlichem zuläßt, so bedeutet dies nichts. Die Vernunft hat sowohl eine allgemeine als auch eine besondere Frucht, und es entsteht aus ihr noch anderes von der Art, wie die Vernunft selbst ist.

11. Wenn du kannst, dann belehre (sie) eines Besseren. Wenn aber nicht, dann erinnere dich, daß dir für diesen Fall die Nachsicht gegeben ist. Auch die Götter üben gegenüber sol-

chen Menschen Nachsicht. Bei manchem wirken sie auch mit: bei der Gesundheit, dem Reichtum, dem Ansehen. So gütig sind sie. Aber das ist auch dir möglich. Oder sag, wer hindert dich daran?

12. Arbeite nicht wie ein Pferd oder wie einer, der bemitleidet oder bewundert werden will, sondern habe nur den einen Wunsch, dich zu bewegen und stehenzubleiben, wie die politische Vernunft es verlangt.

13. Heute habe ich mich aus jedem Luxus befreit, nein, vielmehr habe ich jeden Luxus von mir geworfen. Denn er war nicht außerhalb, sondern in mir, in meinen Vorstellungen.

14. Dies alles ist durch Erfahrung vertraut, aber kurzlebig in zeitlicher Hinsicht und schmutzig aufgrund seines Stoffes. Alles ist jetzt wie bei denen, die wir begraben haben.

15. Die Dinge stehen ganz für sich draußen vor der Tür und wissen weder etwas über sich noch geben sie Auskunft. Wer kann also Auskunft über sie geben? Das leitende Prinzip der Seele.

16. Nicht im passiven Verhalten, sondern im Tätigsein liegt das Wohl und Wehe des vernünftigen und politisch aktiven Lebewesens, wie auch seine guten und schlechten Eigenschaften nicht im passiven Verhalten, sondern im Tätigsein wirksam werden.

17. Für den in die Höhe geworfenen Stein ist es nicht schlimm herunterzufallen und kein Gewinn, nach oben zu fliegen.

18. Dringe in die leitenden Prinzipien ihrer Seelen ein und du wirst sehen, welche Richter du fürchtest und wie sie auch über sich selbst richten.

19. Alles ist dem Wandel ausgesetzt. Auch du selbst befindest dich in dauernder Veränderung und gewissermaßen in einem Prozeß des Vergehens wie auch der gesamte Kosmos.

20. Den Fehler eines anderen muß man lassen, wo er ist.

21. Das Aufhören einer Tätigkeit, eines Wunsches, das Ende und der Tod sozusagen einer Vorstellung, das ist nichts Schlimmes. Wende dich jetzt deinem Lebenslauf zu: deiner Kindheit, der Zeit, als du ein Junge warst, deiner Jugend, dem höheren Alter. Denn auch jede Veränderung auf diesen Altersstufen ist ein Tod. Ist das etwa furchtbar? Geh nun über zu deinem Leben unter deinem Großvater, unter deiner Mutter und unter deinem Vater. Aber auch wenn du viele andere Verluste, Veränderungen und Formen des Aufhörens findest, so frag dich doch: „War das etwa schlimm?" So ist dann auch das Aufhören, das Ende und die Verwandlung deines ganzen Lebens nichts Schreckliches.

22. Lauf hin zu dem leitenden Prinzip deiner Seele, zu dem des Weltganzen und zu dem dieses Menschen hier. Zu deinem eigenen, damit du es zu einem gerechten Geist werden läßt; zu dem des Weltganzen, damit du dir bewußt machst, wovon du ein Teil bist; zu dem dieses Menschen hier, damit du begreifst, ob Torheit oder Weisheit (in ihm ist), und damit du zugleich bedenkst, daß es (mit dem leitenden Prinzip deiner Seele) verwandt ist.

23. Wie du selbst zur Verwirklichung einer politischen Ordnung beiträgst, so soll auch all dein Tun dazu beitragen, ein politisches Leben zu verwirklichen. Jede deiner Taten, die in keinem unmittelbaren oder mittelbaren Bezug zu dem Ziel der menschlichen Gemeinschaft steht, zerreißt das Leben, zerstört seine Einheit und ist aufrührerisch wie ein Mensch, der innerhalb seines Volkes, was seine Person betrifft, aus einem solchen Zusammenhang heraustritt.

24. Zänkereien und Scherze von Kindern und erbärmliche Seelen, die Leichname mit sich herumtragen, so daß dir die Szenerie der Nekyia ziemlich deutlich vor Augen tritt.

25. Befaß dich mit der Beschaffenheit seines verursachenden Prinzips, grenze es vom Stofflichen ab und sieh es dir an.

Dann bestimme auch die Zeit, die es seiner Natur nach höchstens zur Verfügung hat, um in seiner spezifischen Eigenschaft zu bestehen.

26. Du hast unendlich viel ertragen, weil du mit dem leitenden Prinzip deiner Seele nicht zufrieden bist, wenn es das tut, wozu es bestimmt ist. Aber das soll genügen.

27. Wenn ein anderer dich tadelt oder haßt oder die Leute etwas Vergleichbares von sich geben, dann wende dich ihren Seelen zu und sieh dir an, was es für Leute sind. Du wirst sehen, daß du dich nicht zerreißen mußt, damit diese irgendwann einmal eine bestimmte Meinung über dich haben. Allerdings mußt du freundlich zu ihnen sein. Denn von Natur aus sind es Freunde. Auch die Götter helfen ihnen auf vielfältige Weise durch Träume, durch Weissagungen – allerdings über die Dinge, um die jene Leute sich streiten.

28. Das ist der Kreislauf des Kosmos, auf und ab, von Ewigkeit zu Ewigkeit. Und entweder wendet sich die Vernunft des Weltganzen jedem einzelnen Ding zu – wenn das der Fall ist, dann nimm ihre Zuwendung an – oder sie wandte sich nur einmal (den Dingen) zu, alles weitere aber läuft als Folgeerscheinung ab. Und warum strengst du dich so an? Denn gewissermaßen gibt es nur Atome oder unteilbare Elemente. Aber alles in allem: Wenn es einen Gott gibt, ist alles in Ordnung. Wenn aber der Zufall regiert, dann darfst du dich doch nicht dem Zufall ausliefern.

Schon bald wird Erde uns alle umhüllen. Dann wird auch sie sich verändern, und das Resultat der Veränderung wird sich weiter ins Unendliche verändern und auch jenes wieder ins Unendliche. Denn wenn man das Übereinanderwogen der Verwandlungen und Veränderungen und die Schnelligkeit (in der dies geschieht), sich bewußt macht, wird man alles Sterbliche verachten.

29. Die Urkraft des Weltganzen ist ein wilder Strom. Er

reißt alles mit. Wie unbedeutend sind doch diese politisch tätigen und – wie sie jedenfalls glauben – philosophisch handelnden Menschen. Völlig verrotzte Gestalten. Mensch, was tust du da eigentlich? Tu, was jetzt die Natur von dir fordert: Setz dich in Bewegung, wenn es dir möglich ist, und achte nicht darauf, ob es jemand erfahren wird. Hoffe nicht auf Platons Staat, sondern gib dich damit zufrieden, wenn auch nur in den geringsten Kleinigkeiten etwas vorankommt, und betrachte dieses Resultat nicht als unwesentlich. Denn wer wird ihre Grundeinstellung ändern? Was aber bleibt ohne eine Änderung der Grundüberzeugungen anderes als die Fremdbestimmung von Stöhnenden, die zu gehorchen vorgeben? Gut, nenne mir jetzt ruhig Alexander, Philipp und Demetrius von Phaleron. Ich werde (ihnen) folgen, wenn sie gesehen haben, was die gemeinsame Natur wollte, und sich selbst auf den richtigen Weg führten. Sollten sie aber Theater gespielt haben, so hat mich niemand dazu verurteilt, sie nachzuahmen. Schlicht und bescheiden ist das Werk der Philosophie. Verführe mich nicht zu vornehmtuender Aufgeblasenheit.

30. Von oben hinabschauen auf unzählige Herden, auf zahllose religiöse Feste, auf allerlei Verkehr über See bei Sturm und heiterem Wetter und auf die Vielfalt des Entstehenden, des sich Vereinigenden und des Vergehenden. Dabei denk auch an das von anderen in früheren Zeiten gelebte Leben, an das Leben, das nach dir gelebt werden wird, und an das Leben, das jetzt bei fremden Völkern gelebt wird, und wieviele Menschen nicht einmal deinen Namen kennen, wieviele ihn in Kürze vergessen werden und wieviele dich, die dich jetzt vielleicht loben, sehr bald tadeln werden, und daß weder die Erinnerung noch das Ansehen noch sonst etwas der Rede wert ist.

31. Leidenschaftslosigkeit angesichts der Ereignisse, die aufgrund einer äußeren Ursache eintreten, Gerechtigkeit in den Handlungen, die entsprechend einer in dir liegenden Ursa-

che vollzogen werden. Das bedeutet: Dein Streben und Tun erreicht sein Ziel im solidarischen Handeln; denn dies entspricht deinem Wesen.

Viel Überflüssiges von dem, was dir lästig ist, kannst du loswerden, weil es nur aufgrund deiner Annahme vorhanden ist, und du wirst dir schon jetzt viel Platz schaffen, indem du den gesamten Kosmos mit deinem Geist umfaßt, die Ewigkeit begreifst und die schnelle Veränderung der einzelnen Teile jeder Sache bedenkst (und siehst), wie kurz die Zeit von der Entstehung bis zur Auflösung ist, aber unendlich der Zeitraum vor der Entstehung und ebenso grenzenlos die Zeit nach der Auflösung.

33. Alles, was du siehst, wird äußerst schnell vergehen, und diejenigen, die zusehen, wie es vergeht, werden auch selbst sehr schnell vergehen.

Und wer im höchsten Alter stirbt, wird in den gleichen Zustand versetzt wie derjenige, der früh stirbt.

34. Was sind die leitenden Prinzipien in den Seelen dieser Leute, wofür ereifern sie sich, und aus welchen Gründen lieben und verehren sie etwas? Gewöhne dich daran, ihre Seelchen nackt zu sehen. Was für eine Einbildung, wenn sie meinen, jemandem schaden zu können, indem sie ihn tadeln, oder zu nützen, indem sie ihn rühmen.

35. Verlust ist nichts anderes als Veränderung. Daran hat die Natur des Weltganzen ihre Freude, in deren Sinne alles geschieht. Seit Ewigkeit geschah es in gleicher Weise, und es wird ebenso für alle Ewigkeit in immer wieder anderer Form so sein. Warum behauptest du also, daß alles auf schlimme Weise geschah und immer in einem schlimmen Zustand bleiben wird und daß also unter derartigen Göttern nie eine Macht gefunden wurde, die dies in Ordnung bringen kann, sondern daß der Kosmos dazu verurteilt ist, in unaufhebbarer Minderwertigkeit verfangen zu bleiben?

36. Der faulige Rest der Materie, aus der alles besteht: Wasser, Staub, Knochen, Gestank. Andererseits sind auch die Marmorblöcke nur Verhärtungen der Erde, Gold und Silber nur ihr Bodensatz, die Kleidung nur Haare, der Purpur nur Blut, und für alles andere gilt entsprechendes. Selbst die Atemluft ist eigentlich etwas dieser Art und verwandelt sich aus dem einen in das andere.

37. Ich habe genug von dem elenden Leben, dem Widerwillen und dem affenartigen Gebaren. Warum regst du dich auf? Was ist denn neu daran? Was bringt dich aus der Fassung? Die Ursache? Sieh sie dir an. Außerhalb von Ursache und Materie gibt es nichts. Doch, bei den Göttern, werde nun endlich einfacher und besser.

Es ist gleichgültig, ob man dies über hundert oder drei Jahre hin untersucht.

38. Wenn er einen Fehler gemacht hat, liegt das Übel bei ihm. Vielleicht hat er aber auch gar keinen Fehler gemacht.

39. Entweder kommt alles aus einer einzigen geistigen Quelle und widerfährt gewissermaßen nur einem einzigen Körper, und der Teil darf sich über das, was für das Ganze geschieht, nicht beschweren. Oder es gibt nur Atome und nichts anderes als eine ungeordnete Mischung und Zerstreuung. Warum läßt du dich verwirren? Zu deinem seelischen Leitprinzip sagst du: „Du bist tot, vernichtet, zum Tier geworden, du verstellst dich, stehst mit anderen Tieren auf der Weide, läßt dich füttern."

40. Entweder haben die Götter Macht oder sie haben keine Macht. Wenn sie nun keine Macht haben – warum betest du zu ihnen? Wenn sie aber Macht haben – warum bittest du sie nicht lieber darum, daß sie dir gewähren, nichts von diesen Dingen fürchten zu müssen, nichts haben zu wollen und über nichts dich ärgern zu müssen, statt darum zu bitten, daß etwas davon nicht vorhanden oder vorhanden sei? Denn wenn sie über-

haupt fähig sind, den Menschen zu helfen, dann können sie ihnen auf jeden Fall auch darin helfen.

Aber vielleicht wirst du sagen: „Das haben die Götter mir überlassen." Wäre es dann nicht besser, alles, was in deiner Macht steht, in freier Selbstbestimmung zu gebrauchen, als dich in Abhängigkeit und Selbsterniedrigung für das zu verzehren, was nicht in deiner Macht steht? Wer aber hat dir gesagt, daß die Götter nicht auch bei dem helfen, was in unserer Macht steht? Fang also an, darum zu bitten, und du wirst schon sehen. Dieser Mensch betet: „Könnte ich doch mit ihr schlafen." Du: „Ach hätte ich doch nicht das Verlangen, mit ihr zu schlafen." Ein dritter: „Würde ich doch von ihm befreit." Du: „Ach hätte ich doch nicht den Wunsch, von ihm befreit zu werden." Ein anderer: „Laß mich nur nicht das Kind verlieren." Du: „Nimm mir die Angst, das Kind verlieren zu müssen." Formuliere deine Gebete ganz einfach so und achte darauf, was geschieht.

41. Epikur sagt: „Während meiner Krankheit führte ich keine Gespräche über die Leiden des Körpers und ich sprach auch nicht mit meinen Besuchern über derartige Themen. Stattdessen befaßte ich mich dauernd mit den wichtigsten Aussagen der Naturphilosophen und konzentrierte mich auf die Frage, wie die Seele, die von derartigen Bewegungen in unserem Fleisch mitbetroffen ist, ihre Ruhe findet, indem sie ihren spezifischen Wert bewahrt. Auch gab ich den Ärzten nicht die Möglichkeit, sich zu brüsten, als ob sie etwas leisteten, vielmehr nahm mein Leben einen guten und schönen Verlauf."

So wie er mußt auch du dich während einer Krankheit verhalten, wenn du krank bist, und auch in anderen Situationen. Denn nicht von der Philosophie abzulassen, unter welchen Umständen auch immer, und daß der Naturphilosoph mit einem Ungebildeten keine oberflächlichen Gespräche führt, ist eine allgemeine Grundregel jeder Philosophenschule.

Sich nur auf das konzentrieren, was man gerade tut, und auf das Werkzeug, mit dem man es tut.

42. Wenn du an der Unverschämtheit eines Menschen Anstoß nimmst, stell dir sofort die Frage: „Ist es denn möglich, daß es keine unverschämten Menschen auf der Welt gibt?" Es ist unmöglich. Verlange also nicht das Unmögliche. Denn auch er ist einer von den Unverschämten, die zwangsläufig in der Welt sind. Dasselbe mußt du dir auch bei einem Verbrecher, einem Treulosen und bei jedem anderen, der irgendwelche Verfehlungen begeht, vor Augen halten. Denn sobald du dir dessen bewußt bist, daß es Leute dieses Schlages auf jeden Fall geben muß, wirst du gegenüber jedem einzelnen von ihnen nachsichtiger sein. Es ist zweckmäßig, sich auch darauf sofort zu besinnen, welche Tugend die Natur dem Menschen gegen diese Fehlerhaftigkeit gegeben hat. Sie gab ihm nämlich sozusagen als Gegenmittel gegen den Uneinsichtigen die Nachgiebigkeit, gegen einen anderen ein anderes Mittel.

Grundsätzlich aber ist es dir möglich, den Verirrten eines Besseren zu belehren. Jeder aber, der einen Fehler begeht, verfehlt sein Ziel und verirrt sich. Aber wieso solltest auch du dadurch geschädigt sein? Du wirst nämlich entdecken, daß keiner von denen, über die du dich aufregst, etwas getan hat, wodurch sich deine Seele verschlechtern könnte. Dein Unglück und dein Schaden haben ausschließlich hier in deiner Seele ihren Ausgangspunkt. Was ist denn eigentlich schlimm oder befremdlich daran, wenn der Unerzogene wie ein Unerzogener handelt? Achte darauf, daß du nicht vielmehr dir selbst Vorwürfe machen mußt, weil du nicht damit gerechnet hast, daß dieser Mensch diese Verfehlung begehen würde. Denn du hast doch von deiner Vernunft her auch die Möglichkeit, in Erwägung zu ziehen, daß er wahrscheinlich diese Verfehlung begehen würde, und dennoch hast du nicht daran gedacht und wunderst dich nun, daß er einen Fehler begangen hat. Vor allem also mußt du dich an deine eigene Nase fassen, wenn du jemanden als unzuverlässig oder undankbar tadelst. Denn ganz offensichtlich liegt der Fehler bei dir, wenn du bei einem Menschen mit einer solchen Veranlagung darauf vertraut hast, daß er dein Vertrauen nicht enttäuschen würde, oder wenn du jemandem einen Gefallen getan und ihm etwas nicht ohne Hintergedanken, d. h. nicht ohne Hoffnung auf eine Belohnung, und nicht mit der Einstellung gegeben hast, daß du schon mit deiner Tat an sich den ganzen Lohn empfangen hast.

Was willst du denn noch mehr, nachdem du einem Menschen etwas Gutes getan hast? Es genügt dir nicht, daß du etwas getan hast, was deiner Natur entspricht, sondern du willst dafür etwa auch noch eine Belohnung? Das ist so, als ob das Auge dafür eine Gegenleistung verlangen würde, daß es sieht, oder die Füße dafür, daß sie gehen. Wie nämlich diese Körperteile zu dem Zweck geschaffen sind, daß sie ihre spezifische Aufgabe erfüllen, indem sie ihren besonderen Eigenschaften gemäß tätig sind, so hat auch der Mensch, der dazu geschaffen ist, Gutes zu tun, sobald er etwas Gutes tut oder sonst an etwas mitwirkt, das zu den Dingen gehört, die weder gut noch böse sind, eben das geleistet, wozu er befähigt ist, und er bewahrt auf diese Weise seine Besonderheit.

ZEHNTES BUCH

1. Wirst du irgendwann einmal, meine Seele, gut und einfach, eins mit dir selbst und unverhüllt sein, offener als der Körper, der dich umgibt? Wirst du irgendwann einmal den Zustand der Liebesfähigkeit und Liebesbereitschaft genießen? Wirst du irgendwann einmal satt und bedürfnislos sein und nichts ersehnen und verlangen, weder Beseeltes noch Unbeseeltes, zur Befriedigung irgendwelcher Lüste? Auch nicht die Zeit, die deinem Genießen längere Dauer verleihen könnte, auch nicht die Annehmlichkeit eines Ortes, eines Landes oder Klimas und auch nicht die Zuneigung eines Menschen? Wirst du stattdessen zufrieden sein mit deinem gegenwärtigen Zustand und dich freuen über alles Vorhandene und dich davon überzeugen, daß dir alles gut gelingt, von den Göttern gewährt wird und gut gelingen wird, was ihnen lieb ist und was sie zum Wohl des vollkommenen Wesens geben werden, des guten, gerechten und schönen, das alles hervorbringt, zusammenhält, umgreift und umschließt, was sich zur Erzeugung anderer Wesen ähnlicher Art wieder auflöst? Wirst du irgendwann einmal die Qualität haben, daß du mit Göttern und Menschen in einer staatlichen Gemeinschaft so zusammenleben kannst, daß man ihnen weder etwas vorwerfen noch von ihnen verachtet werden kann?

2. Beachte, was deine Natur von dir als einem nur von der Natur regulierten Wesen verlangt. Dann tu es und akzeptiere es, wenn nicht deine Natur als Natur eines Lebewesens dadurch in einen schlechteren Zustand versetzt wird. Anschließend mußt du darauf achten, was deine Natur als

Natur eines Lebewesens verlangt, und alles das mußt du auf dich nehmen, wenn nicht deine Natur als Natur eines vernunftbegabten Lebewesens dadurch in einen schlechteren Zustand versetzt wird. Das vernunftbegabte ist zugleich aber auch ein politisches Wesen. Halte dich nunmehr an diese Richtlinien und tu nichts Überflüssiges.

3. Alles, was geschieht, geschieht entweder so, wie du es deiner Natur entsprechend ertragen oder auch nicht ertragen kannst. Wenn dir also etwas so geschieht, wie du es ertragen kannst, dann sei nicht unzufrieden, sondern ertrag es, wie du es kannst. Wenn dir aber etwas so geschieht, wie du es nicht ertragen kannst, dann sei ebenfalls nicht unzufrieden. Denn es wird dich vorher vernichten. Erinnere dich allerdings auch daran, daß du dazu fähig bist, alles zu ertragen, wo deine Aufnahmefähigkeit in der Lage ist, es erträglich und annehmbar zu machen durch die Vorstellung, daß es dir nützt oder daß es deine Pflicht ist, es zu tun.

4. Wenn er sich täuscht, ihn wohlwollend belehren und ihm zeigen, was er übersieht. Wenn du es aber nicht kannst, dir selbst die Schuld geben oder auch nicht dir selbst.

5. Alles, was dir passiert, ist dir seit Ewigkeit vorbestimmt, und die Verkettung der Ursachen verknüpfte deine Existenz seit Ewigkeit mit dem Eintreffen dieses Ereignisses.

6. Ob Atome oder Natur, zuerst soll gelten, daß ich ein Teil des von der Natur durchwalteten Ganzen bin. Dann, daß ich eine innere Beziehung zu den verwandten Teilen habe. Denn wenn ich mich daran erinnere, werde ich, insofern ich ein Teil bin, nichts von dem, was mir aus dem Ganzen zugeteilt worden ist, ungern annehmen. Denn nichts ist dem Teil schädlich, was dem Ganzen nützt. Das Ganze hat nämlich nichts, was ihm selbst nicht nützlich ist; alle Naturen haben dies zwar gemeinsam, die Natur des Kosmos hat aber außerdem noch die Möglichkeit, sich nicht von irgendeiner äußeren Ursache

zwingen zu lassen, etwas für sich selbst Schädliches zu erzeugen. Wenn ich mich also daran erinnere, daß ich ein Teil eines derartigen Ganzen bin, werde ich an allem, was auf mich zukommt, Gefallen finden. Insofern ich aber irgendwie eine innere Beziehung zu den verwandten Teilen habe, werde ich nichts tun, was gemeinschaftswidrig ist, sondern vielmehr noch auf die verwandten Teile Rücksicht nehmen und mein ganzes Streben auf den gemeinsamen Nutzen richten und von seinem Gegenteil ablenken.

Wenn dies aber so verwirklicht wird, muß das Leben einen guten Verlauf nehmen, wie du dir auch das glückliche Leben eines Bürgers vorstellen könntest, der eine für seine Mitbürger nützliche Tat vollbringt und alles, was die Stadt ihm auferlegt, freudig begrüßt.

7. Für alle Teile des Ganzen, die naturgemäß vom Kosmos umfaßt werden, besteht die Notwendigkeit zu vergehen. „Vergehen“ soll bedeuten „Sich verändern“. Wenn dies aber ein unausweichliches Übel für die Teile des Ganzen wäre, dann dürfte das Ganze nicht gut funktionieren, wenn sich seine Teile ihm entfremden und ohne Unterschied zur Vernichtung bestimmt sind. Hat denn die Natur selbst versucht, ihre eigenen Bestandteile zugrunde zu richten und sie so zu erzeugen, daß sie dem Unheil ausgesetzt sind und zwangsläufig in ihr Verderben geraten, oder blieb ihr verborgen, daß derartiges geschah? Beides ist doch nicht anzunehmen. Wenn aber jemand die Wirksamkeit der Natur ausschlösse und annähme, daß die erwähnten Vorgänge mit der natürlichen Eigenschaft der Dinge zu erklären seien, dann wäre es auch lächerlich, einerseits zu behaupten, die Teile des Ganzen veränderten sich aufgrund ihrer natürlichen Beschaffenheit, andererseits sich darüber wie über einen widernatürlichen Vorgang zu wundern oder zu ärgern, zumal die Auflösung in die Elemente erfolgt, aus denen jedes Ding entsteht. Denn entweder findet eine Zer-

streuung der Elemente statt, aus denen die Dinge zusammengesetzt waren, oder eine Umwandlung des Festen in das Erdige und des Hauchartigen in das Luftartige, so daß auch diese Substanzen wieder in den Geist des Weltganzen aufgenommen werden, ob es nun in bestimmten Zeiträumen in Feuer aufgeht oder in ewigem Wechsel sich erneuert. Stell es dir aber nicht so vor, daß das Feste und das Hauchartige gleich bei ihrer Entstehung da waren. Beides hat nämlich ohne Ausnahme erst gestern und vorgestern aus der Nahrung und aus der eingeatmeten Luft die ihm zufließende Substanz erhalten. Das also, was es erhalten hat, verändert sich, nicht das, was die Mutter gebar. Aber geh davon aus, daß jener Gedanke in einer allzu engen Beziehung zu deiner eigenen Person steht; sie ist jedoch ohne Bedeutung für das augenblickliche Thema.

8. Wenn du dich selbst mit Begriffen wie „gut", „zurückhaltend", „wahrheitsliebend", „klug", „gleichmütig" und „überlegen" bezeichnest, dann achte darauf, daß du auch einmal umbenannt werden kannst, und wenn du diese Bezeichnungen verlierst, dann komm schnell zu ihnen zurück. Denk aber auch daran, daß das Wort „klug" das genaue Erfassen aller Einzelheiten und die gründliche Überlegung bezeichnet, das Wort „gleichmütig" die freiwillige Hinnahme der Dinge, die dir von der allgemeinen Natur zugewiesen werden, das Wort „überlegen" die Erhebung des denkenden Seelenteiles über die glatte und rauhe Bewegung des Fleisches, den Ruhm, den Tod und anderes dieser Art. Wenn du dich nun dieser Bezeichnungen als würdig erweisen willst, ohne dich ausdrücklich darum zu bemühen, von anderen Menschen in diesem Sinne bezeichnet zu werden, dann wirst du ein anderer Mensch sein und in ein anderes Leben eingehen. Denn weiterhin so zu sein, wie du bis jetzt gewesen bist, und in einem derartigen Leben dich zu verzehren und zu besudeln, entspricht dem Verhalten eines außerordentlich empfindungslosen, feigen und den halbzer-

fleischten Tierkämpfern vergleichbaren Menschen, die, obwohl von Wunden und Schmerz bedeckt, trotzdem noch verlangen, daß man sie bis zum nächsten Tag aufhebe, um in diesem Zustand den Zähnen und Klauen nochmals ausgesetzt zu werden.

Laß dich also auf diese wenigen Begriffe ein. Und wenn du bei ihnen bleiben kannst, dann bleibe, als ob du zu den Inseln der Seligen übergesiedelt seist. Wenn du aber merkst, daß du dich von ihnen entfernst und nicht die Kraft dazu hast, dann zieh dich voll Zuversicht in einen Winkel zurück, wo du wieder Kraft schöpfst, oder geh ganz aus dem Leben, ohne zu grollen, sondern in aller Stille, in innerer Unabhängigkeit und Bescheidenheit. Dann hast du wenigstens dieses eine in deinem Leben verwirklicht: so zu sterben.

Es wird dir freilich sehr helfen, die Begriffe im Gedächtnis zu behalten, wenn du immer an die Götter denkst, die nicht umschmeichelt werden wollen, sondern den Wunsch haben, daß alle vernunftbegabten Wesen ihnen ähnlich werden und der Feigenbaum die Funktion des Feigenbaumes, der Hund die des Hundes, die Biene die der Biene und schließlich der Mensch die des Menschen erfüllt.

9. Theater, Krieg, Leidenschaft, Erstarrung, Knechtschaft werden dir täglich jene heiligen Grundsätze verdrängen, die du dir, ohne naturphilosophisch gebildet zu sein, vor Augen stellst und wieder fahren läßt. Es ist nun aber notwendig, alles so zu sehen, daß einerseits das, was durch die Umstände bedingt ist, vollzogen und andererseits die philosophische Reflexion praktiziert wird und das aus dem Wissen um die einzelnen Dinge erwachsende Selbstbewußtsein im Stillen, aber nicht versteckt erhalten bleibt. Wann wirst du denn etwas von deiner Natürlichkeit haben, von deiner Ernsthaftigkeit und von deinem Wissen darüber, was jedes einzelne Ding seinem Wesen nach ist, welchen Platz es in der Welt hat, wie lange

es seiner Natur nach bestehen kann, woraus es zusammengesetzt ist, wem es zur Verfügung stehen kann und wer diejenigen sind, die es geben und nehmen können?

10. Eine Spinne ist stolz, wenn sie eine Fliege gefangen hat, ein anderer ist es, wenn er einen Hasen, der zweite, wenn er einen Fisch im Netz, der dritte, wenn er Wildschweine, der vierte, wenn er Bären und der fünfte, wenn er Sarmaten gefangen hat. Sind diese Leute denn keine Räuber, wenn du ihre Grundsätze prüfst?

11. Eigne dir eine wissenschaftliche Methode an, um zu durchschauen, wie sich alles ineinander verwandelt, richte deine Aufmerksamkeit ununterbrochen darauf und übe dich zugleich auf diesem Gebiet. Denn nichts ist in dem Maße geeignet, geistige Überlegenheit zu erzeugen. Ein solcher Mensch hat seine körperliche Hülle schon abgestreift und sich in dem Bewußtsein, daß er sich in gar nicht langer Zeit von den Menschen trennen und dies alles verlassen muß, vollständig in all seinem Tun der Gerechtigkeit und in allen übrigen Situationen der Natur des Weltganzen anheimgegeben.

Was aber einer über ihn sagen oder annehmen oder gegen ihn tun wird, kommt ihm nicht in den Sinn; denn er ist mit diesen beiden Dingen völlig zufrieden: Wenn er selbst in seinem gegenwärtigen Tun gerecht handelt und wenn er das, was ihm gerade zugeteilt wird, liebt. Alle Beschäftigungen und Bestrebungen aber hat er bereits aufgegeben. Und er will nichts anderes als durch die Befolgung des Gesetzes auf dem direkten Weg sein Lebensziel erreichen und Gott folgen, der ihm auf dem direkten Weg zum Ziel vorangeht.

12. Was soll der Argwohn, wo es doch möglich ist zu sehen, was getan werden muß, und wenn du es siehst, in Heiterkeit und, ohne dich umzusehen, darauf loszugehen, wenn du es aber nicht siehst, anzuhalten und die besten Ratgeber zu fragen, wenn sich dabei aber etwas anderes in den Weg stellt,

dann im Blick auf die vorhandenen Möglichkeiten wohlüberlegt vorwärts zu gehen, wobei du dich an das hältst, was dir richtig erscheint?

Es ist nämlich das beste, dieses Ziel zu erreichen, da wohl jedes Abweichen ein Abweichen von diesem Ziel ist.

Wer der Vernunft in allem folgt, ist von innerer Ruhe und zugleich von Beweglichkeit und von Heiterkeit und innerer Sammlung geprägt.

13. Sich sofort nach dem Aufwachen aus dem Schlaf die Frage stellen: „Es wird dir doch wohl nichts ausmachen, wenn das Richtige und das Gute durch einen anderen verwirklicht werden?" Es wird mir nichts ausmachen. Du hast doch nicht vergessen, daß sich diese Leute, die sich mit ihren Lobeshymnen und Klagen über andere aufspielen, genauso verhalten, wenn sie im Bett liegen oder bei Tisch sitzen, und daß sie alles, was sie tun, meiden, verfolgen, stehlen, rauben, nicht mit ihren Händen und Füßen tun, sondern mit ihrem wertvollsten Seelenteil, durch den, wenn man es will, Treue, Zurückhaltung, Wahrhaftigkeit, Gesetz und ein guter Geist entstehen?

14. Der alles gebenden und wieder nehmenden Natur sagt der Gebildete und Zurückhaltende: „Gib, was du willst, nimm zurück, was du willst." Er sagt dies aber nicht in Überheblichkeit, sondern nur in Gehorsam und Wohlwollen ihr gegenüber.

15. Kurz ist die Zeit, die dir bleibt. Lebe wie auf einem Berg. Denn es ist kein Unterschied, dort oder hier, wenn man überall im Kosmos lebt wie in einer Stadt. Die Menschen sollen einen wirklichen Menschen sehen und kennenlernen, der in Übereinstimmung mit der Natur lebt. Wenn sie ihn nicht ertragen können, sollen sie ihn töten. Denn das ist besser, als so zu leben (wie sie).

16. Gar nicht mehr über das Wesen des guten Menschen diskutieren, sondern ein solcher sein.

17. Von der ganzen Ewigkeit und vom ganzen Sein dauernd eine Vorstellung haben, und daß alle Dinge für sich im Verhältnis zum Sein wie ein Körnchen, im Verhältnis zur Zeit wie die Drehung eines Bohrers sind.

18. Auf jede Einzelheit des Vorhandenen achten und bedenken, daß es sich bereits auflöst und in Veränderung begriffen ist und sich gleichsam in Fäulnis oder Zerfall befindet oder wie es sonst entsprechend seiner Natur stirbt.

19. (Stell dir vor), wie sie sind, wenn sie essen, schlafen, sich bespringen und bespringen lassen, sich entleeren usw. Dann, wie sie den großen Mann spielen, wie sie angeben oder ihren Zorn zeigen oder von oben herab andere fertigmachen. Aber vor wievielen Leuten und aus welchen Gründen haben sie ein paar Tage zuvor noch gebuckelt? Und in Kürze werden sie dort sein, wohin alle gehen müssen.

20. Jedem ist nützlich, was die Natur des Weltganzen jedem einzelnen bringt, und es nützt in dem Moment, wo sie es bringt.

21. Die Erde verlangt nach Regen. Der erhabene Äther hat ein Verlangen. Der Kosmos aber verlangt danach, das zu vollziehen, was geschehen soll. Ich sage also zum Kosmos: „Ich habe dasselbe Verlangen wie du." Sagt man aber nicht auch in diesem Sinne: „Das beliebt bzw. pflegt zu geschehen"?

22. Entweder lebst du hier und hast dich bereits eingewöhnt oder du ziehst fort und wolltest es so oder du stirbst und hast deinen Dienst getan. Darüber hinaus gibt es nichts. Aber sei frohen Mutes.

23. Immer soll dir das klar sein, daß das Land genau dasselbe ist (wie die Stadt) und daß alle Dinge hier (in der Stadt) dieselben sind wie die Dinge auf dem Land oder dem Berg oder am Strand oder sonstwo. Sofort werden dir Platons Formulierungen einfallen: „Umschlossen von einer Hürde im Gebirge" und „Schafe melkend".

24. Was bedeutet mir das leitende Prinzip meiner Seele, was mache ich jetzt aus ihm und wozu gebrauche ich es jetzt? Es ist doch wohl nicht ohne Geist, losgelöst und abgerissen von der Gemeinschaft, verschmolzen und vermischt mit dem Fleisch, so daß es sich gemeinsam mit diesem verändert?

25. Wer dem Herrn entflieht, ist ein entlaufener Sklave. Das Gesetz ist der Herr, und der Gesetzesbrecher ist ein entlaufener Sklave. Auch derjenige, der sich kränken läßt, in Zorn gerät oder Angst hat, nimmt nicht hin, daß etwas von den Dingen geschehen ist, geschieht oder geschehen wird, die der Verwalter des Weltalls angeordnet hat, der das Gesetz ist, das zuteilt, was jedem einzelnen zukommt. Wer also Angst hat, sich kränken läßt oder in Zorn gerät, ist ein entlaufener Sklave.

26. Er senkte seinen Samen in den Mutterleib und ging fort. Darauf übernimmt diesen eine andere verursachende Kraft, wirkt auf ihn ein und vollendet das Kind. Was für ein Ergebnis aus welchem Anfang. Das Kind wiederum ließ durch seine Speiseröhre Nahrung in sich hineinfließen, und daraufhin nimmt eine andere verursachende Instanz die Nahrung auf und erzeugt das Wahrnehmungsvermögen, das Wollen und überhaupt das Leben und die Lebenskraft und was sonst noch dazugehört. Diese Vorgänge, die in solcher Verhüllung geschehen, aber so betrachten, und die Kraft so ansehen, wie wir die Schwerkraft und die Kraft des Auftriebs sehen, nicht mit den Augen, aber nicht weniger deutlich.

27. Ohne Pause daran denken, wie alles ebenso, wie es jetzt geschieht, auch schon vorher geschah. Und daran denken, daß es so geschehen wird. Und ganze Dramen und Szenen, die alle gleich ablaufen, wie du sie aus eigener Erfahrung oder durch Erzählung aus älterer Zeit kennengelernt hast, dir vor Augen führen, wie z. B. den ganzen Hof des Hadrian, den ganzen Hof des Antoninus, den ganzen Hof des Philipp, des

Alexander, des Kroisos. Denn jene Dramen spielten sich alle genauso wie heute ab, nur agierten andere Schauspieler.

28. Stell dir vor, daß jeder, der sich über etwas ärgert oder unzufrieden ist, dem Ferkel gleicht, das geopfert wird, mit den Beinen strampelt und quiekt. So geht es auch dem Menschen, der allein auf seinem Bett im Stillen unser Gebundensein beklagt. Und daß es allein dem vernunftbegabten Lebewesen vergönnt ist, dem Geschehenden freiwillig zu folgen, es für alle Wesen aber unausweichlich ist, einfach nur zu folgen.

29. Blick auf jede einzelne deiner Tätigkeiten und frag dich, ob dein Tod etwas Schlimmes ist, weil du das dann nicht mehr tun kannst.

30. Wenn du an dem Fehler irgendeines Menschen Anstoß nimmst, dann hör sofort auf damit und überlege, ob du nicht einen ganz ähnlichen Fehler begehst, wenn du z. B. Geld oder die Lust, den Ruhm und entsprechendes für ein Gut hältst. Wenn du nämlich darauf kommst, wirst du schnell deinen Zorn vergessen, falls dir gleichzeitig dabei einfällt, daß der andere unter Zwang handelt. Denn was wird er tun? Oder wenn du kannst, befreie ihn von dem Zwang.

31. Wenn du Satyron siehst, stell dir Socraticus, Eutyches oder Hymen vor, und wenn du Euphrates siehst, stell dir Eutychion oder Silvanus vor, wenn du Alkiphron siehst, stell dir Tropaiophoros vor, wenn du Xenophon siehst, stellt dir Kriton oder Severus vor und wenn du auf dich selbst blickst, stell dir irgendeinen der Kaiser vor und bei jedem entsprechendes. Dann soll dir zugleich in den Sinn kommen: Wo sind denn jene? Nirgends oder irgendwo. Denn so wirst du das Menschliche andauernd als Rauch und als das Nichts betrachten, besonders wenn du außerdem noch daran denkst, daß das, was sich einmal verwandelt hat, nicht mehr sein wird in der unendlichen Zeit. Warum strengst du dich also an? Warum genügt es dir nicht, diese kurze Zeitspanne mit Anstand zu verbringen?

Welchem Stoff und welchem Vorhaben entziehst du dich. Was ist denn dies alles anderes als ein Übungsfeld des Geistes, der die Dinge des Lebens genau und unter naturwissenschaftlichen Aspekten betrachtet hat? Bleib also, bis du dir auch das einverleibt hast, wie der starke Magen sich alles einverleibt oder wie das Feuer aus allem, was du hineinwirfst, Flamme und Licht werden läßt.

32. Keinem, der über dich die Wahrheit sagen will, soll es möglich sein zu behaupten, daß du nicht einfach oder nicht gut bist, sondern wer dir etwas derartiges unterstellt, soll sich als Lügner erweisen. Aber alles das liegt im Bereich deiner Möglichkeiten. Denn wer könnte dich daran hindern, gut und einfach zu sein? Du mußt dich nur dazu entschließen, nicht mehr zu leben, wenn du nicht so sein wirst. Denn auch der Geist will es nicht, (daß du weiterlebst,) wenn du nicht so bist.

33. Was ist unter diesen Voraussetzungen am vernünftigsten zu tun oder zu sagen? Was es auch immer sei, es ist möglich, dies zu tun oder zu sagen, und tu nicht so, als ob du daran gehindert würdest.

Du wirst nicht eher aufhören zu stöhnen, als bis du begreifst, daß das, was für die Genußmenschen der Luxus ist, für dich angesichts der gegebenen Voraussetzungen und vorliegenden Bedingungen die Möglichkeit ist, alles zu tun, was den Fähigkeiten des Menschen entspricht. Denn du mußt alles als einen Genuß ansehen, was dir in Übereinstimmung mit deiner spezifischen Natur zu tun erlaubt ist. Der Rolle ist es nicht überall möglich, die ihr eigene Bewegung auszuführen. Dasselbe gilt für das Wasser, das Feuer und die übrigen Dinge, die von der Natur oder von einer nicht-vernünftigen Seele geleitet werden. Denn vieles hält sie davon ab und steht ihnen im Wege. Aber Geist und Vernunft können durch jedes Hindernis so hindurchgehen, wie es ihrem Wesen entspricht und wie sie es wollen. Stell dir diese Leichtigkeit vor Augen, mit der die

Vernunft durch alles hindurchkommen wird, wie das Feuer nach oben, der Stein nach unten, die Rolle den Abhang hinunter, und suche nichts weiter. Denn alle andern Hindernisse betreffen entweder den toten Körper und richten ohne die Bereitschaft und die Zustimmung der Vernunft selbst keinen Schaden an und haben überhaupt keine schlimmen Auswirkungen; denn andernfalls würde auch der davon Betroffene sofort schlecht werden. Bei allen übrigen Erzeugnissen der Schöpfung ist es jedenfalls so: In dem Falle, wo einem von ihnen etwas Schlechtes zustößt, wird das davon Betroffene selbst entsprechend schlechter. Im Gegensatz dazu wird der Mensch dadurch – sagen wir einmal – noch besser und lobenswerter, wenn er mit dem, was passiert, richtig umgeht.

Sei dir überhaupt dessen bewußt, daß das, was die Stadt nicht schädigt, auch den eigentlichen Bürger nicht schädigt, und was das Gesetz nicht schädigt, auch die Stadt nicht schädigt. Von den sogenannten Unglücksfällen schadet keiner dem Gesetz. Was also dem Gesetz nicht schadet, schadet weder der Stadt noch dem Bürger.

34. Wer von den richtigen Grundüberzeugungen gebissen worden ist, dem genügt auch das kürzeste, beiläufig aufgelesene Wort zur Erinnerung an die Freiheit von Schmerz und Furcht, wie z. B.: „Blätter, die der Wind auf der Erde verstreut, so ist das Menschengeschlecht."

Blättchen aber sind auch deine Kinder, Blättchen sind auch diejenigen, die dir voller Überzeugung ihre Zustimmung zeigen und dich loben oder umgekehrt: dich verwünschen oder ohne Worte tadeln und spotten. Blättchen sind ebenso diejenigen, die unseren Nachruhm weitertragen werden. Denn alle diese Blättchen „entstehen in der Frühlingszeit". Dann hat sie der Wind abgeschüttelt. Dann läßt der Wald andere an ihrer Stelle wachsen. Die Kurzlebigkeit ist allen gemeinsam. Doch du fliehst und verfolgst alles so, als ob es ewig existieren würde. Nur noch kurze Zeit, und du wirst die Augen schließen. Aber um den Menschen, der dich hinausgetragen hat, wird bald ein anderer trauern.

35. Das gesunde Auge muß alles Sichtbare sehen und darf nicht sagen: „Ich will nur das Grüne." Denn so verhält sich ein krankes Auge. Das gesunde Gehör und der gesunde Geruchssinn müssen dazu bereit sein, alles Hörbare zu hören und alles Riechbare zu riechen. Und der gesunde Magen muß in der Lage sein, alles Eßbare gleichermaßen aufzunehmen, wie eine Mühle alles annimmt, was sie aufgrund ihrer Konstruktion mahlen kann. Also muß auch die gesunde Seele für alles, was geschieht, offen sein. Wenn sie aber sagt: „Meine Kinder sollen gerettet werden" und „Alle sollen alles loben, was ich tue", dann ist sie wie ein Auge, das nach dem Grünen verlangt oder wie Zähne, die nur Weiches kauen wollen.

36. Niemand ist so glücklich, daß nicht einige Leute, wenn er im Sterben liegt, dabeistehen werden und das Unglück begrüßen. Er war tüchtig und weise. Schließlich wird einer da sein, der zu sich selbst sagt: „Werden wir uns endlich von diesem Schulmeister erholen können? Er war zwar für keinen von uns ein schlimmer Zeitgenosse, aber ich habe doch gemerkt, daß er uns im Stillen verachtet." Das könnte also einem anständigen Menschen passieren. Aber wieviele andere Gründe gibt es bei uns, weshalb mancher uns loswerden möchte. Daran wirst du denken, wenn du im Sterben liegst, und du wirst leichter fortgehen, wenn du dir überlegst: „Ich werde aus einem Leben gehen, in dem ausgerechnet die Mitmenschen, für die ich so sehr gekämpft, gebetet und gesorgt habe, den Wunsch haben, daß ich abtrete, weil sie dadurch, wenn es sich fügt, eine andere Erleichterung erwarten können." Wie könnte man unter diesen Umständen an einem längeren Verweilen in diesem Leben festhalten wollen? Deshalb geh jedoch nicht mit weniger Freundlichkeit ihnen gegenüber

fort, sondern deiner bisherigen Gewohnheit gemäß in Liebe, Zuneigung und Heiterkeit und nicht wieder so, als ob du gewaltsam von der Welt getrennt würdest, sondern wie bei einem Menschen, der sanft stirbt, die Seele den Körper leicht verläßt, so muß sich auch dein Abschied von ihnen vollziehen. Denn auch mit ihnen hatte dich die Natur verknüpft und verbunden. „Aber jetzt trennt sie mich." Ich werde zwar von meinen Angehörigen getrennt, aber ohne daß ich Widerstand leiste und ohne Zwang. Denn auch dies ist ein natürlicher Vorgang.

37. Gewöhne dich daran, soweit möglich, bei allem, was von jemandem getan wird, dich selbst zu fragen: „Zu welchem Zweck tut er das?" Fang aber bei dir selbst an und prüfe dich zuerst.

38. Denk daran, daß es jene in uns verborgene Macht ist, die uns wie Marionetten bewegt. Jene Macht ist unser Sprechen, unser Leben und – wenn man so will – der Mensch. Niemals führe dir dabei zugleich das dich umgebende Gefäß und diese ringsum angebrachten Organe und Glieder vor Augen. Denn sie sind kleinen Gerätschaften vergleichbar und nur insofern andersartig, als sie angewachsen sind. Denn keines dieser Teilchen ist ohne die sie bewegende und anhaltende Ursache mehr wert als das Weberschiffchen für die Weber, das Rohr für den Schreiber und die Peitsche für den Kutscher.

ELFTES BUCH

1. Was der vernunftbegabten Seele eigentümlich ist: Sie sieht sich selbst, sie artikuliert sich selbst, sie gestaltet sich selbst nach ihren eigenen Wünschen, sie pflückt die Frucht, die sie trägt, selbst (denn die Früchte der Pflanzen und das Entsprechende bei den Tieren ernten andere), sie erreicht ihr spezifisches Ziel, wo auch immer die Grenze des Lebens gezogen wird. Es ist bei ihr nicht wie beim Tanz, beim Schauspiel oder entsprechenden Vorführungen, daß die Handlung unvollendet bleibt, wenn etwas dazwischen kommt. Sie erfüllt vielmehr in jedem Abschnitt ihrer Existenz und überall, wo man sie packt, vollständig und ohne Mangel alles, was ihr aufgegeben wurde, so daß sie sagen kann: „Ich habe meine Aufgabe erfüllt." Darüber hinaus umkreist sie den ganzen Kosmos, den leeren Raum um ihn herum und seinen äußeren Rand, dehnt sich aus in die Unendlichkeit der Ewigkeit, umfaßt und reflektiert die periodische Wiederentstehung des Weltganzen und sieht, daß die, die nach uns kommen, nichts Neues erblicken werden, und die, die vor uns waren, nichts Außerordentliches erblickt haben, sondern daß der Vierzigjährige, wenn er nur ein bißchen Verstand hat, gewissermaßen schon alles, was gewesen ist und was sein wird, aufgrund seiner Gleichartigkeit, gesehen hat.

Eine besondere Eigenschaft der vernunftbegabten Seele ist aber auch die Liebe zu den Mitmenschen, was gleichbedeutend ist mit Wahrhaftigkeit und Achtung, und nichts höher zu schätzen als sich selbst, was ja auch eine Eigentümlichkeit des Gesetzes ist. So gibt es also keinen Unterschied zwischen der richtigen Vernunft und der Vernunft der Gerechtigkeit.

2. Angenehmen Gesang, Tanz und eine Sportvorführung wirst du verachten, wenn du die Melodie in ihre einzelnen Töne zerlegst und dich bei jedem einzelnen fragst, ob du von ihm überwältigt bist. Du wirst dich nämlich schämen. Bei einer Tanz-Vorführung (wird es dir genauso gehen), wenn du entsprechend verfährst und das Ganze in seine einzelnen Bewegungsabläufe und Stellungen zerlegst, und ebenso auch bei der Sportveranstaltung. Denk also grundsätzlich – außer bei der Tugend und ihren Folgen – daran, zu den Einzelheiten vorzudringen und durch ihre Zerlegung dazu zu kommen, die Dinge geringzuschätzen. Wende dasselbe Verfahren auch auf das Leben als ganzes an.

3. Was für ein Gebilde ist die Seele, die bereit ist, sich vom Körper loszulösen und entweder zu verlöschen oder sich zu zerstreuen oder weiter zu existieren, wenn es sein muß. Doch ist es notwendig, daß diese Bereitschaft aus einer eigenen Entscheidung hervorgeht und nicht aus reinem Widerspruchsgeist erfolgt, wie es bei den Christen der Fall ist, sondern wohlüberlegt, würdevoll und nicht theatralisch, so daß man auch einem anderen gegenüber überzeugend wirkt.

4. Habe ich solidarisch gehandelt? Also habe ich etwas gewonnen. Daß dir dies immer vor Augen steht, und hör niemals auf damit.

5. Was ist deine Kunst? Gut zu sein. Doch wie kann dies gelingen, wenn nicht aufgrund von Einsichten über die Natur des Weltganzen und der spezifischen Erscheinungsform des Menschen?

6. Die Tragödien wurden ursprünglich aufgeführt, um menschliche Grundsituationen bewußt zu machen und (um zu veranschaulichen,) daß sich diese mit natürlicher Konsequenz so abspielen und daß ihr euch über die Vorgänge, an denen ihr auf der Bühne euer Vergnügen habt, nicht ärgert, wenn sie sich auf der größeren Bühne (des Lebens) wirklich ereignen. Denn

man sieht, daß diese so ablaufen müssen und daß auch diejenigen, die „Ach, Kithairon" rufen, sie ertragen. Die Tragödiendichter treffen aber auch einige nützliche Aussagen, so z. B. vor allem folgendes: „Wenn ich und meine Kinder von den Göttern verlassen wurden, so hat auch das einen Sinn." Ferner: „Über das Gegebene darf man sich nämlich nicht aufregen." Und: „Das Leben ernten wie eine reife Ähre" usw.

Nach der Tragödie wurde die Alte Komödie eingeführt, die eine erzieherisch wirkungsvolle Offenheit zeigte und in ihrer sprachlichen Direktheit die Tugend der Bescheidenheit auf geschickte Weise zum Bewußtsein brachte. Deshalb eignete sich auch Diogenes die Sprache der Komödie an.

Wozu nach der Alten die Mittlere und später die Neue Komödie eingeführt wurde, die infolge ihrer Nachahmung (des Lebens) allmählich zur Künstelei verkam, darüber muß man nachdenken. Daß aber auch von ihren Autoren einiges Nützliche gesagt wurde, weiß man. Aber welches Ziel hatte die ganze Konzeption einer poetischen und dramatischen Kunst dieser Art?

7. Wie deutlich tritt mir vor Augen, daß keine andere Lebenssituation dem Philosophieren so förderlich ist wie die, in der du dich zur Zeit befindest.

8. Ein Zweig, der von dem Zweig, an dem er wuchs, abgeschnitten wurde, ist unwiderruflich auch von dem ganzen Baum abgetrennt. So ist also auch ein Mensch, der sich von einem einzigen Menschen getrennt hat, aus der ganzen Gemeinschaft herausgefallen. Einen Zweig schneidet ein anderer ab. Ein Mensch aber trennt sich selbst von seinem Mitmenschen, weil er ihn haßt und sich von ihm abwendet. Er weiß aber nicht, daß er sich zugleich auch von der Gemeinschaft als ganzer abgeschnitten hat. Abgesehen davon ist jene Gemeinschaft ein Geschenk des Zeus, der sie zusammengefügt hat. Es ist uns nämlich möglich, wieder zusammenzuwachsen mit

dem Nachbarn und wieder dazu beizutragen, daß das Ganze ergänzt wird. Wenn freilich eine Abtrennung dieser Art häufiger erfolgt, dann führt dies dazu, daß der Teil, der sich absondert, nur unter Schwierigkeiten wieder mit dem übrigen zu vereinigen und kaum mehr zu integrieren ist. Überhaupt ist der Zweig, der von Anfang an mit den übrigen zusammengewachsen und in einer Lebensgemeinschaft mit ihnen geblieben ist, dem nicht mehr gleich, der nach der Abtrennung wieder eingepfropft wird, mögen die Gärtner sagen, was sie wollen.

Gemeinsam wachsen, aber nicht dieselben Grundüberzeugungen haben.

9. Diejenigen, die sich dir in den Weg stellen, während du im rechten Geist voranschreitest, sollen dich ebensowenig, wie sie dich von deiner gesunden Tätigkeit abbringen können, deiner Freundlichkeit, die du ihnen entgegenbringst, berauben. Aber bewahre dir beides gleichermaßen: Nicht nur das ausgewogene Urteilen und Handeln, sondern auch die Nachsicht gegenüber denen, die dich zu behindern versuchen oder noch andere Schwierigkeiten machen. Denn es ist ebenso ein Zeichen von Schwäche, ihnen böse zu sein, wie von der Tätigkeit abzulassen und aus Angst nachzugeben. Beide sind nämlich gleichermaßen Deserteure: Wer sich einschüchtern ließ und wer sich zum Haß gegen seine von Natur aus verwandten und befreundeten Mitmenschen verleiten ließ.

10. Keine Natur ist geringer als eine Kunst. Denn die Künste ahmen doch auch die natürlichen Dinge nach. Wenn dies aber so ist, dann bliebe die vollkommenste und umfassendste Natur wohl nicht hinter der Erfindungsgabe eines Künstlers zurück. Alle Künste aber schaffen das Geringere wegen des Höheren. Das gilt auch für die allgemeine Natur. Und da nun ist der Ursprung der Gerechtigkeit, von ihr aber gehen die übrigen Tugenden aus. Denn die Gerechtigkeit wird nicht erhalten bleiben, wenn wir uns entweder etwas aus den gleich-

gültigen Dingen machen oder wenn wir leicht zu betrügen, voreilig und unbeständig sind.

11. Wenn die Dinge nicht auf dich zukommen, deren Verfolgung und Verhütung dich beunruhigen, sondern wenn du gewissermaßen selbst zu ihnen kommst, dann soll wenigstens das Urteil über sie ruhen; dann werden sie bewegungslos bleiben, und man wird nicht sehen, daß du sie verfolgst oder ihnen zu entgehen versuchst.

12. Die Kugel der Seele gibt sich ihre eigene Gestalt, wenn sie sich weder zu etwas hin ausdehnt, noch sich nach innen zusammenzieht, noch geschwängert wird, noch in sich zusammensinkt, sondern mit dem Licht leuchtet, mit dem sie die Wahrheit sieht, die Wahrheit aller Dinge und die Wahrheit in sich selbst.

13. Es wird mich jemand verachten? Er wird es sehen. Ich aber werde darauf sehen, daß ich nicht dabei angetroffen werde, etwas zu tun oder zu sagen, was Verachtung rechtfertigt. Es wird mich jemand hassen? Er wird es sehen. Ich aber bin zu jedem freundlich und wohlwollend und bereit, eben diesem sein Versehen vor Augen zu führen, nicht mit tadelnden Worten und auch nicht, indem ich mich damit brüste, daß ich es ertrage, sondern ehrlich und gütig, wie jener Phokion, falls er es wirklich ernst meinte.

Das Innere muß nämlich so sein, und die Götter müssen einen Menschen sehen, der mit nichts unzufrieden ist und sich über nichts beklagt. Was gibt es denn Schlimmes für dich, wenn du selbst jetzt tust, was deiner Natur entspricht, und hinnimmst, was der Natur des Weltganzen im Augenblick willkommen ist, als ein Mensch, der nur darauf aus ist, daß auf jeden Fall das geschieht, was der Allgemeinheit nützt?

14. Sie verachten sich gegenseitig und haben Gefallen aneinander, und sie wollen sich gegenseitig übertreffen und kriechen voreinander.

15. Wie verdorben und falsch ist derjenige, der sagt: „Ich habe mir vorgenommen, offen und ehrlich mit dir umzugehen." Was tust du, Mensch? Das braucht man nicht laut zu verkünden. Es wird unvermittelt sichtbar. Es muß auf der Stirn geschrieben stehen. Die Stimme muß von vornherein einen entsprechenden Klang haben. Es wird gleich in den Augen erkennbar, wie der Geliebte im Blick des Liebhabers alles sofort erkennt. Ganz so wie ein Mensch mit Schweißgeruch muß der Ehrliche und Gute sein, damit jeder, der sich ihm nähert, es gleich beim Herankommen merkt, ob er es will oder nicht. Die krampfhafte Bemühung um Ehrlichkeit ist ein versteckter Dolch. Nichts ist schändlicher als Wolfsfreundschaft. Nimm dich davor ganz besonders in acht. Der gute, der ehrliche und der freundliche Mensch haben diese Eigenschaften in den Augen, und sie sind nicht verborgen.

16. Das schönste Leben führen: diese Möglichkeit liegt in der Seele, wenn einem die gleichgültigen Dinge gleichgültig sind. Sie werden einem gleichgültig sein, wenn man jedes gleichgültige Ding in seine Einzelheiten zerlegt und als Ganzes betrachtet und daran denkt, daß uns keines von ihnen eine Auffassung über sich aufzwingt und auch nicht auf uns zukommt, sondern daß die Dinge ohne Bewegung bleiben und wir selbst diejenigen sind, die die Urteile über sie erzeugen und gleichsam in uns selbst aufschreiben, obwohl es einerseits möglich ist, nichts zu schreiben, andererseits aber auch möglich ist, alles sofort wieder fortzuwischen, wenn es aus Versehen hineingekommen ist. (Denk auch daran,) daß derartige Dinge nur kurze Zeit Beachtung finden und das Leben in näherer Zukunft enden wird.

Warum bist du denn so unzufrieden mit diesen Dingen? Wenn sie naturgemäß sind, freue dich darüber und laß sie dir leicht sein. Wenn sie aber unnatürlich sind, dann frag dich, was deiner Natur entspricht, und dem wende dich mit Eifer zu, auch wenn es niemandem auffällt. Denn man bringt jedem, der das ihm entsprechende Gute sucht, Verständnis entgegen.

17. (Zu fragen ist,) woher jedes Ding gekommen ist und aus welcher Substanz (es besteht) und in was es sich verwandelt und wie es sein wird, wenn es sich verwandelt hat und wie es davor bewahrt bleibt, etwas Schlimmes zu erleiden.

18. Erstens (muß ich darüber nachdenken,) wie meine Einstellung zu den Menschen ist und daß wir füreinander geschaffen sind und daß ich aus einem anderen Grund geboren bin, um sie zu leiten wie ein Widder seine Schafherde oder ein Stier seine Rinderherde. Aber du mußt weit ausholend von folgendem Satz ausgehen: „Wenn es nicht die Atome sind, dann verwaltet die Natur die gesamte Welt." Wenn dies richtig ist, dann ist das Geringere wegen des Höheren da, das Höhere aber füreinander da. Zweitens: Wie sich die Leute bei Tisch, auf der Couch (während der Mahlzeit) benehmen. Vor allem aber, welche Grundsätze für sie verbindlich sind und mit welcher Eitelkeit sie eben diese verwirklichen. Drittens: Daß es nicht nötig ist, daran Anstoß zu nehmen, wenn sie dies richtig tun; wenn sie es aber nicht richtig tun, dann offensichtlich ohne es zu wollen und zu wissen. Denn wie jede Seele der Wahrheit unfreiwillig beraubt wird, so auch der Fähigkeit, mit jedem einzelnen angemessen umzugehen. Sie ärgern sich wenigstens, wenn sie als ungerecht, lieblos, gewinnsüchtig und – kurz gesagt - als Menschen gelten, die sich an ihren Mitmenschen vergehen.

Viertens: Daß du auch selbst viele Fehler machst und selbst ein derartiger Mensch bist. Daß du aber, auch wenn du einige Fehler vermeidest, die grundsätzliche Bereitschaft dazu hast, wenn du dich auch aus Feigheit, aus Angst vor Schande oder aufgrund eines anderen Übels vor ähnlichen Fehlern bewahrst. Fünftens: Daß du nicht einmal begriffen hast, ob sie Fehler begehen. Denn vieles geschieht auch mit einer anderen

Absicht. Und überhaupt muß man vieles vorher wissen, um über die Handlungsweise eines anderen ein zutreffendes Urteil abgeben zu können. Sechstens: Wenn du dich übermäßig ärgerst oder auch heftig darunter leidest, (dann erinnere dich,) daß das menschliche Leben äußerst kurz ist und wir alle nach kurzer Zeit im Sarg liegen. Siebtens: Daß uns nicht ihre Taten belasten – denn dafür sind die leitenden Prinzipien ihrer Seelen zuständig –, sondern die Art und Weise, wie wir sie in unser Bewußtsein aufnehmen. Laß doch einfach davon ab und sei bereit, dein Urteil über eine angeblich schlimme Angelegenheit zu revidieren, und die Aufregung hat sich gelegt. Wie wirst du davon ablassen können? Indem du bedenkst, daß nichts, was dir Schande machen könnte, passiert ist. Denn wenn nicht ausschließlich das Schändliche schlecht ist, dann begehst auch du zwangsläufig viele Fehler, wirst ein Räuber und ein zu allem fähiger Verbrecher.

Achtens: (Denk daran,) wieviel schlimmer das ist, was uns Zorn und Schmerz über solche Taten einbringen, als die Taten selbst, über die wir zornig sind und durch die wir leiden. Neuntens: Daß die Freundlichkeit unbesiegbar ist, wenn sie echt und nicht geheuchelt oder vorgetäuscht ist. Denn was wird dir der unverschämteste Kerl schon antun können, wenn du nicht aufhörst, freundlich zu ihm zu sein, und ihn, falls es sich so ergibt, mit Nachsicht ermahnst und ihn in aller Ruhe eines Besseren belehrst – gerade in dem Augenblick, wo er versucht, dich schlecht zu behandeln. „Laß das, mein Sohn. Wir sind für etwas anderes geschaffen. Ich fürchte nicht, geschädigt zu werden, du aber nimmst Schaden, mein Sohn." Dann zeig ihm vorsichtig und ohne direkt zu werden, daß es sich so verhält, daß nicht einmal die Bienen so etwas tun und alle anderen Wesen, die in einer Gemeinschaft leben. Es ist aber erforderlich, dies weder mit ironischem noch mit vorwurfsvollem Unterton zu tun, sondern liebevoll und ohne innerlich gekränkt zu sein, und nicht, wie es in der Schule üblich ist, oder zu dem Zweck, daß ein anderer, der dabei steht, dich bewundert, sondern nur ihm allein zugewandt, auch wenn andere Leute zugegen sind.

An diese neun Grundsätze mußt du denken, als ob du sie von den Musen geschenkt bekommen hättest, und endlich anfangen, ein Mensch zu sein, solange du lebst. Und ebenso, wie du dich davor hüten mußt, ihnen zu zürnen, so mußt du es vermeiden, ihnen zu schmeicheln. Denn beides fördert die Gemeinschaft nicht und hat negative Folgen. Wenn du aber zornig bist, dann halte dir vor Augen, daß nicht die Wut ein Zeichen von Männlichkeit ist, sondern die Freundlichkeit und Milde, daß diese Haltung nicht nur menschlicher, sondern auch männlicher ist und daß sie mit Stärke, Spannkraft und Tapferkeit verbunden ist, die der Aufregung und dem Ärger fehlen. Je mehr sich diese Haltung der Freiheit von Affekten annähert, desto kraftvoller ist sie. Und wie der Kummer die Reaktion eines Schwachen ist, so auch der Zorn. Denn beide (die von Kummer befallenen wie die erzürnten Menschen) sind verwundet und haben sich hinreißen lassen.

Wenn du willst, dann nimm noch ein zehntes Geschenk von dem Musenführer (Apoll) entgegen: Daß es Unsinn ist, von den Schlechten zu verlangen, daß sie keine Fehler begehen. Denn in diesem Falle verlangt man Unmögliches. Aber einerseits zuzulassen, daß sie anderen gegenüber so sind, und andererseits zu fordern, daß sie dir nichts antun, ist unvernünftig und überheblich.

19. Besonders vor vier Irrwegen des seelischen Leitprinzips muß man sich dauernd in acht nehmen, und wenn du sie ausfindig gemacht hast, mußt du sie auslöschen und dir bei jedem einzelnen folgendes sagen: „Diese Vorstellung ist nicht notwendig, diese kann die Gemeinschaft zerstören und dies wirst du nicht aus eigenem Antrieb sagen.“ Denn sei davon über-

zeugt, daß es zu den unsinnigsten Dingen gehört, etwas zu sagen, was man nicht aus eigenem Antrieb sagt. Der vierte Irrweg besteht darin, wenn du dir selbst den folgenden Vorwurf machen mußt: dein Verhalten beweist, daß der göttlichere Teil in dir dem weniger wertvollen, dem sterblichen Teil, dem Körper und seinen stumpfen Lüsten, unterlegen ist und sich ihm unterwirft.

20. Das Hauchartige in dir und alles Feurige, soweit es ihm beigemischt ist, strebt zwar von Natur aus nach oben, aber es gehorcht trotzdem der Ordnung des Weltganzen und wird hier in der Mischung (des Körpers) zurückgehalten. Aber auch das Erdige in dir und das Feuchte streben zwar nach unten, aber sie werden trotzdem angeregt und müssen einen nichtnatürlichen Standort einnehmen. So also gehorchen auch die Elemente dem Weltganzen und bleiben zwangsläufig an ihrem Platz, sobald sie irgendwo hingestellt wurden, bis von dort wieder das Zeichen zur Auflösung ertönt. Ist es denn nicht schlimm, daß nur dein denkender Seelenteil ungehorsam und mit seinem Platz unzufrieden ist? Doch auf ihn wird kein Zwang ausgeübt, sondern ihm widerfährt nur, was seiner Natur entspricht. Allerdings hält er das nicht aus, sondern strebt in die entgegengesetzte Richtung. Denn die Bewegung zu unrechten Taten, zu zügellosem Verhalten, zu Zornesausbrüchen, Schmerz- und Angstgefühlen hin ist nichts anderes als Verrat an der Natur. Und wenn das leitende Prinzip sich über irgendein Ereignis ärgert, auch dann verläßt es seinen Platz. Denn es ist zur Frömmigkeit und Gottesfurcht nicht weniger bestimmt als zur Gerechtigkeit. Denn auch diese Tugenden sind Formen solidarischen Handelns, und sie sind von höherem Rang als das gerechte Handeln.

21. „Wer nicht immer ein und dasselbe Lebensziel hat, der kann auch nicht während seines ganzen Lebens ein und derselbe sein." Diese Aussage ist unvollständig, wenn du nicht

noch hinzufügst, wie dieses Ziel beschaffen sein muß. Denn wie die Auffassung über alle Dinge, die einer Mehrheit irgendwie als Güter erscheinen, nicht einheitlich ist, sondern nur die Auffassung über ganz bestimmte, d.h. allen gemeinsame Dinge, (einheitlich ist,) so muß man sich auch nur die Förderung der gemeinsamen Dinge, d.h. der Gemeinschaft und des Staates, als Ziel setzen. Wer nämlich sein ganzes Sinnen und Trachten darauf richtet, der wird alle seine Taten mit der gleichen Zielsetzung verrichten und in diesem Sinne stets derselbe sein.

22. An die Land- und die Stadtmaus denken, an deren Angst und heillose Flucht.

23. Sokrates nannte auch die Grundüberzeugungen der Masse Lamien, d.h. einen Kinderschreck.

24. Die Lakedämonier stellten während ihrer Schauspiele die Bänke für die Fremden in den Schatten, sie selbst aber setzten sich dort hin, wo gerade Platz war.

25. Sokrates ließ Perdikkas als Begründung dafür, daß er ihn nicht besuchte, ausrichten: „Damit ich nicht auf die übelste Weise umkomme", d.h. weil ich fürchte, nicht in der Lage zu sein, Gutes mit Gutem zu vergelten.

26. In den Schriften der Ephesier stand die Mahnung, sich fortwährend an einen ihrer Vorfahren zu erinnern, die sich als tugendhaft erwiesen hatten.

27. Die Pythagoreer: (Wir pflegen) am frühen Morgen zum Himmel emporzublicken, damit wir uns an die Wesen erinnern, die stets nach denselben Gesetzen und auf dieselbe Weise ihr Werk verrichten, und an die Ordnung, die Reinheit und Nacktheit. Denn ein Stern hat keine Hülle.

28. Wie Sokrates sein Schaffell übergezogen hatte, als Xanthippe mit seinem Mantel ausgegangen war. Und was Sokrates zu seinen Freunden sagte, weil sie sich schämten und zurückzogen, als sie ihn in einem solchen Aufzug sahen.

29. Im Schreiben und Lesen wirst du kein Meister sein, wenn du nicht vorher Lehrling warst. Das gilt viel mehr noch im Leben.

30. „Du bist ein Sklave, du hast keinen Anteil an der Vernunft."

31. „Mein liebes Herz aber lachte."

32. „Schwatzend mit schlimmen Worten werden sie die Tugend schmähen."

33. Es ist ein Zeichen von Wahnsinn, im Winter eine Feige zu suchen.

34. Epiktet sagte, wenn man ein Kind küsse, müsse man sich im stillen sagen: „Morgen bist du vielleicht schon tot." – „Das bringt Unglück." – „Das bringt kein Unglück," sagte er, „sondern ist Zeichen eines natürlichen Vorgangs. Oder es bringt auch Unglück, wenn man sagt, daß die Ähren abgemäht werden."

35. „Unreife Traube, reife Traube, getrocknete Traube: Alles nur Verwandlungen, nicht in das Nichts, sondern in das jetzt nicht Seiende."

36. „Es gibt keinen Räuber des freien Willens", sagt Epiktet.

37. Er sagt: „Für die Zustimmung muß man eine Methode finden und im Bereich unseres Wollens aufmerksam darauf achten, daß es mit der Möglichkeit zum Verzicht ausgestattet ist, daß es gemeinschaftsfördernd wirkt und daß es nicht über Gebühr zur Geltung kommt. Und sich des Strebens nach etwas vollständig enthalten, aber nichts ablehnen, was nicht in unserer Macht steht."

38. „Der Kampf geht nicht um einen beliebigen Gegenstand", sagte er, „sondern darum, ob wir wahnsinnig sind oder nicht."

39. Sokrates sprach: „Was wollt ihr? Seelen vernünftiger oder unvernünftiger Wesen haben?" – „Vernünftiger." –

„Welcher vernünftigen Wesen? Gesunder oder kranker?“ – „Gesunder.“ – „Warum sucht ihr nicht nach ihnen?“ – „Weil wir sie haben.“ – „Warum kämpft und streitet ihr dann miteinander?“

ZWÖLFTES BUCH

1. Alles, wozu du auf einem Umweg kommen willst, kannst du schon haben, wenn du es dir nicht selbst mißgönnst. Das ist möglich, wenn du alles Vergangene hinter dir läßt, die Zukunft der Vorsehung anvertraust und dein gegenwärtiges Leben einzig und allein auf Frömmigkeit und Gerechtigkeit hin ausrichtest. Auf Frömmigkeit, damit du liebst, was dir zugeteilt wird. Denn die Natur brachte es zu dir und dich zu ihm. Auf Gerechtigkeit, damit du in innerer Freiheit und ohne Verschlingung die Wahrheit sagst und alles tust, was dem Gesetz entspricht und wie es dir zusteht. Es sollen dich also weder die Bosheit noch die Annahme noch die Stimme eines anderen hindern und auch nicht die Gefühle des dich umgebenden Fleisches. Denn was leidet, wird schon sehen, was es tut.

Wenn du nun, sobald du am Ende deines Lebens stehst, alles übrige zurückläßt und nur das leitende Prinzip deiner Seele und das Göttliche in dir für wertvoll hältst und keine Angst davor hast, einmal dein Leben zu beenden, sondern nur davor, daß du niemals begonnen hast, in Übereinstimmung mit der Natur zu leben, dann wirst du ein Mensch sein, würdig des Kosmos, der dich erzeugte, und aufhören, ein Fremder in deinem Vaterland zu sein, dich über die Dinge, die täglich geschehen, zu wundern, als ob sie unvorhersehbar seien, und von allem Möglichen abhängig zu sein.

2. Gott sieht alle leitenden Seelenprinzipien entblößt von ihren materiellen Gefäßen, Rinden und Beschmutzungen. Denn allein mit seinem Geist berührt er allein den aus ihm selbst in diese geflossenen und abgeleiteten Geist. Wenn auch

du dich daran gewöhnst, dies zu tun, wirst du deine langdauernde Ablenkung beenden. Denn wer das umhüllende Fleisch nicht wahrnimmt, wird der noch seine Zeit damit verbringen, ein Kleid, ein Haus, Ansehen, anderen Schmuck dieser Art und Bühnenspektakel anzusehen?

3. Drei Dinge sind es, aus denen du bestehst: Körper, Lebensatem und Geist. Die ersten beiden sind insofern dein Besitz, als du dich um sie kümmern mußt. Aber nur der dritte ist im eigentlichen Sinne dein Eigentum. Wenn du daher von dir selbst, d. h. von deinem Geist, alles fernhältst, was andere tun oder sagen oder was du selbst getan oder gesagt hast und was dich als Zukünftiges beunruhigt und was dir von dem Körper, der dich umgibt, oder von dem mit ihm verbundenen Lebensatem ohne deine Zustimmung anhaftet und was der von draußen dich umbrandende Wirbel heranspült, so daß deine geistige Kraft dem Verhängnis des Schicksals entrückt, rein und losgelöst nur für sich allein lebt, indem sie das Richtige tut und alles will, was geschieht, und die Wahrheit spricht – wenn du von diesem seelischen Leitvermögen, sage ich, alles trennst, was ihm aufgrund von Leidenschaft anhängt, und alles von deiner Zeit fernhältst, was in der Zukunft liegt oder in der Vergangenheit war, und wenn du dich selbst in eine Form bringst, wie der empedokleische „Sphairos, der kugelförmige, über die ringsum herrschende Einsamkeit von frohem Stolz erfüllt“, und wenn du nur darauf aus bist zu leben, wo du jetzt lebst, d. h. in der Gegenwart, dann wirst du die Zeit, die dir bis zum Tode noch bleibt, in Ruhe, Heiterkeit und versöhnt mit der dir innewohnenden göttlichen Kraft verbringen.

4. Oft habe ich mich gewundert, daß ein jeder sich selbst zwar über alles liebt, aber seine eigene Meinung über sich selbst geringer schätzt als die Meinung der anderen Menschen. Wenn nun ein Gott oder ein vernünftiger Lehrer an jemanden herantritt und ihn auffordert, nichts im stillen zu überlegen

und zu denken, was er nicht zugleich auch laut erzählen könnte, dann wird er das nicht einmal einen einzigen Tag aushalten. So achten wir auf die Meinung, die unsere Mitmenschen von uns haben werden, mehr als auf uns selbst.

5. Wie kam es denn, daß die Götter, die doch alles so schön und menschenfreundlich geordnet haben, dieses eine übersahen, daß nämlich einige Menschen, und zwar besonders gute und solche, die mit den Göttern sozusagen die meisten Verträge geschlossen hatten und durch ihre frommen Werke und heiligen Handlungen mit dem Göttlichen ganz besonders vertraut waren, nicht mehr wiedergeboren werden, sobald sie einmal gestorben sind, sondern für immer vollkommen verlöschen?

Falls dies wirklich so ist, dann – davon kannst du überzeugt sein – hätten die Götter, wenn es wirklich anders sein müßte, entsprechend gehandelt. Wenn es nämlich gerecht wäre, wäre es auch möglich, und die Natur hätte es möglich gemacht, wenn es naturgemäß wäre. Aus der Tatsache, daß es sich nicht so verhält, mußt du die Einsicht gewinnen, daß es, wenn es sich nicht so verhält, auch nicht so sein sollte. Denn du siehst auch selbst, daß du mit Gott einen Rechtsstreit vom Zaun brichst, wenn du diese unnützen Fragen stellst. Wir könnten aber so nicht mit den Göttern diskutieren, wenn sie nicht die besten und gerechtesten wären. Wenn dies aber so ist, dann hätten sie wohl nichts im Bereich der Weltordnung übersehen, was zu Unrecht oder aus Unvernunft vernachlässigt worden wäre.

6. Gewöhn dich also auch an die Dinge, die du nicht anerkennen kannst. Denn auch die linke Hand, die aus Mangel an Übung für die übrigen Tätigkeiten nicht ganz so brauchbar ist, hält den Zügel besser fest als die rechte. Denn darin ist sie geübt.

7. (Überlege,) in welcher körperlichen und seelischen Ver-

fassung man vom Tod gepackt werden muß. (Denk) an die Kürze des Lebens, die Unendlichkeit der Vergangenheit und Zukunft, die Schwachheit jedes materiellen Gebildes.

8. Das Verursachende frei von seinen Hüllen ansehen; die Ziele der Handlungen; was Schmerz, was Lust, was Tod, was Ruhm ist; wer an der eigenen Unruhe schuld ist; wie niemand von einem anderen behindert wird; daß alles nur bloßes Aufnehmen ist.

9. Bei der Anwendung der Grundüberzeugungen muß man einem Boxer, nicht einem Gladiator gleichen. Denn dieser legt das Schwert, das er führt, beiseite und wird getötet. Jener aber hat seine Faust immer zur Verfügung und braucht nichts anderes zu tun als sie zu ballen.

10. Die Dinge selbst sehen, wie sie sind, indem man Stoff, Ursache und Zweck unterscheidet.

11. Welche Möglichkeiten der Mensch hat, nichts anderes zu tun als das, was ihm Gott zuteilt, (zu klären versuchen).

12. Was der Natur entspricht. Man darf den Göttern keine Vorwürfe machen. Denn sie begehen weder freiwillig noch unfreiwillig Fehler. Man darf auch den Menschen keine Vorwürfe machen. Denn sie begehen nur unfreiwillig Fehler. Daher darf man niemandem Vorwürfe machen.

13. Wie lächerlich und weltfremd ist derjenige, der sich über etwas wundert, was im Leben geschieht.

14. Entweder gibt es die Unausweichlichkeit der Schicksalsfügung und eine unverletzliche Ordnung oder eine gnädige Vorsehung oder die Unordnung des unbestimmten Zufalls. Wenn nur der unausweichliche Zwang herrscht – warum leistet du dann Widerstand? Wenn aber eine Vorsehung, die sich gnädig stimmen läßt, dann verhalte dich so, daß du die göttliche Hilfe verdienst. Wenn aber die regellose Unordnung herrscht, dann sei froh, daß du in einem solchen Durcheinander einen lenkenden Geist in dir hast. Und wenn dich die Bran-

dung fortreißt, soll sie das Fleisch, den Lebensatem usw. fortreißen. Denn den Geist wird sie nicht fortreißen.

15. Leuchtet denn nicht das Licht der Lampe, ohne seine Helligkeit zu verlieren, bis es gelöscht wird, die Wahrheit aber, die Gerechtigkeit und Besonnenheit in dir sollen vorher verlöschen?

16. Wenn jemand den Eindruck erweckt, daß er einen Fehler begangen hat: „Woher weiß ich denn, ob dies ein Fehler ist?“ Wenn er aber tatsächlich einen Fehler gemacht hat: „Er hat sich selbst schon verurteilt“ und „so gleicht er jemandem, der sich sein eigenes Gesicht zerkratzt.“ (Denk daran,) daß jeder, der nicht will, daß der Schlechte einen Fehler begeht, dem gleicht, der nicht will, daß der Feigenbaum bitteren Saft in seinen Feigen erzeugt, daß die Säuglinge schreien, daß das Pferd wiehert und was es sonst noch an notwendigen Vorgängen gibt. Was soll dem denn passieren, der eine solche Einstellung hat? Nun, wenn du nicht mehr zu halten bist, heile ihn.

17. Wenn es sich nicht gehört, dann tu es nicht. Wenn es nicht wahr ist, dann sag es nicht. Denn dein Wollen soll in deiner Gewalt bleiben.

18. Immer auf das Ganze blicken und alles, was deine Vorstellung prägt, auseinanderfalten und zerlegen in seine Ursache, seine Substanz, seinen Zweck, seine Zeit, in der es sein Ende finden muß.

19. Nimm doch zur Kenntnis, daß du etwas Stärkeres und Göttlicheres in dir hast als das, was die Leidenschaften erregt und dich wie eine Marionette bewegt.

Was ist denn mein Geist? Doch nicht Angst? Mißtrauen? Gier? Etwas anderes dieser Art?

20. Erstens nicht planlos und ohne Ziel (leben). Zweitens sich auf nichts anderes beziehen als auf das Ziel „Solidarität“.

21. (Wisse,) daß du in Kürze niemand und nirgendwo sein wirst und daß auch keines von den Dingen, die du jetzt siehst,

und keiner der jetzt lebenden Menschen mehr sein werden. Denn alles muß sich verwandeln, sich verändern und zerstört werden, damit anderes danach entstehen kann.

22. (Wisse,) daß alles bloßes Aufnehmen ist und dies bei dir liegt. Verzichte also, wenn du willst, auf das Aufnehmen, und du wirst die Stille genießen wie jemand, der um eine hohe Landzunge gebogen ist, und alles wird ruhig sein und die Bucht ohne Wellen.

23. Eine beliebige Tätigkeit, die zur rechten Zeit aufhört, nimmt keinen Schaden, insofern sie aufgehört hat. Und ebensowenig hat derjenige, der diese Handlung vollzog, dadurch daß sie beendet wurde, irgendwie Schaden genommen. Ebenso wird auch der aus allen Tätigkeiten bestehenden Einheit, dem Leben, wenn es zur rechten Zeit aufhört, nichts Schlimmes zuteil – nur dadurch, daß es zu Ende ist. Wer diese Einheit jemals zur rechten Zeit auflöste, erfuhr nichts Schlimmes.

Den rechten Zeitpunkt und die Grenze setzt die Natur, bisweilen auch die individuelle Natur, wenn es um das Ende im Alter geht, grundsätzlich aber die Natur des Weltganzen. Während sich deren Teile verändern, bleibt der Kosmos als ganzer immer jung und kraftvoll.

Was dem Ganzen nützlich ist, ist aber stets und in jeder Hinsicht schön und kommt zur rechten Zeit. Demnach ist das Aufhören des Lebens für niemanden etwas Schlimmes, weil es nichts Häßliches oder Schändliches ist, wenigstens wenn es ungewollt und nicht zum Schaden der Gemeinschaft ist. Es ist vielmehr etwas Gutes, wenn es zur rechten Zeit für das Ganze geschieht, ihm nützlich ist und in Übereinstimmung mit ihm erfolgt. So ist denn auch derjenige „gottbewegt“, der sich auf denselben Bahnen wie Gott „bewegt“ und sich in seinem Denken auf dasselbe Ziel hin „bewegt“.

24. Drei Dinge muß man sich vor Augen halten. Erstens:

Bei allen Dingen, die man tut: daß man weder blindlings handelt, noch anders als die Gerechtigkeit selbst gehandelt hätte; bei allem, was von außen an uns herantritt: daß es entweder zufällig oder im Sinne einer Vorsehung geschieht; daß man aber weder über den Zufall noch über die Vorsehung schimpfen darf. Zweitens: Welche Qualität ein jedes Ding von seiner Erzeugung bis zu seiner Beseelung und von seiner Beseelung bis zur Rückgabe seiner Seele besitzt, aus welchen Einzelelementen seine Verbindung besteht und in welche Elemente seine Auflösung erfolgt. Drittens: Daß du alles Menschliche und seine Vielfalt, wenn du plötzlich in die Höhe gehoben würdest und es von oben herab betrachten könntest, geringschätzen wirst, nachdem du zugleich gesehen hast, wie zahlreich die Erscheinungen sind, die die Luft und den Himmel ringsum bevölkern; und daß du, sooft du emporsteigst, dasselbe sehen wirst: das Gleichartige, das Kurzlebige. Dazu diese Eitelkeit und Aufgeblasenheit.

25. Distanziere dich von dem bloßen Aufnehmen, (d. h. von deiner ungefilterten Sicht der Welt). Du bist gerettet. Wer kann dich denn daran hindern, dich davon zu distanzieren?

26. Wenn du an etwas Anstoß nimmst, hast du erstens vergessen, daß alles im Sinne der Natur des Weltganzen geschieht, und zweitens, daß das Fehlverhalten nicht deine Sache ist, und außerdem noch drittens, daß alles, was geschieht, schon immer so geschah und geschehen wird und im Augenblick überall geschieht, und viertens, wie eng die Verwandtschaft des einzelnen Menschen mit der gesamten Menschheit ist – denn sie ist keine Gemeinschaft des Blutes oder des Samens, sondern des Geistes.

Du hast aber auch vergessen, daß der Geist jedes einzelnen ein göttliches Wesen ist und ihm von dort zugeflossen ist, daß niemandem etwas wirklich gehört, sondern daß das Kind, der Leib und selbst die Seele von dort hergekommen sind, daß alles nur passives Aufnehmen ist und daß jeder nur in der Gegenwart lebt und nur diese verliert.

27. Ununterbrochen über diejenigen nachdenken, die sich besonders über etwas geärgert haben und die in höchstem Ansehen standen und entweder durch Unglücksfälle oder Anfeindungen oder beliebige andere Vorfälle in extreme Situationen gerieten.

Dann fragen: „Wo ist das alles jetzt?" Rauch, Asche, Mythos oder nicht einmal Mythos. Es soll dir aber auch alles dies noch einfallen: Fabius Catullinus auf dem Lande, Lusius Lupus in den Gärten, Stertinius in Baiae, Tiberius auf Capri, Velius Rufus und überhaupt die aus Einbildung gespeiste Ablehnung und Feindschaft gegenüber allem und jedem. Und wie wertlos ist jede Anstrengung. Wieviel philosophischer ist es, sich unter den gegebenen Bedingungen einfach als gerecht, besonnen und gottergeben zu erweisen. Denn die im Gefühl der Freiheit von Eitelkeit sich verzehrende Eitelkeit ist am allerschlimmsten.

28. (Antworte) denen, die fragen: „Wo hast du denn die Götter gesehen, die du so sehr verehrst, oder woraus hast du den Schluß gezogen, daß sie existieren?" Erstens: Sie sind auch den Augen sichtbar. Zweitens: Ich habe zwar auch meine Seele noch nicht gesehen und dennoch ehre ich sie. Das gilt auch für die Götter: Aus der Tatsache, daß ich ihre Macht immer wieder spüre, schließe ich, daß sie existieren, und deshalb verehre ich sie.

29. Das Heil unseres Lebens beruht darauf, daß wir ganz durchschauen, was das Wesen jeder einzelnen Sache ist, worin ihr stofflicher Gehalt besteht und was sie verursacht hat. Von ganzer Seele das Rechte tun und die Wahrheit sagen. Was bleibt sonst noch, als das Leben zu genießen, indem man eine gute Tat an die andere reiht, so daß auch nicht der kleinste Zwischenraum bleibt?

30. Es gibt nur ein Sonnenlicht, auch wenn es durch Mauern, Berge und tausend andere Dinge getrennt sein kann. Es gibt nur eine gemeinsame Materie, auch wenn sie durch unzählige unterschiedliche Körper auseinandergehalten wird. Es gibt nur eine Seele, auch wenn sie auf zahllose Wesen und Individuen verteilt ist. Es gibt nur eine denkende Seele, auch wenn sie (in Einzelseelen) getrennt zu sein scheint. Die übrigen Bestandteile der genannten Wesen, wie z. B. Atem und stoffliche Substanz, haben kein Wahrnehmungsvermögen und sind auch nicht miteinander verwandt. Allerdings werden auch sie durch die einigende Kraft (des Geistes) und das in dieselbe Richtung strebende Gewicht zusammengehalten. Der Geist aber strebt auf seine Weise zu dem hin, was mit ihm verwandt ist, und vereint sich mit diesem, und das Verlangen nach Gemeinschaft wird nicht zertrennt.

31. Was willst du noch? Weiterleben? Oder vielmehr wahrnehmen? Bedürfnisse haben? Wachsen? Wieder aufhören, deine Stimme gebrauchen? Denken? Was scheint dir davon begehrenswert zu sein? Wenn aber alles bedeutungslos ist, dann entschließ dich endlich dazu, der Vernunft und Gott zu folgen. Aber dagegen steht, daß man dies alles hier schätzt und darüber betrübt ist, wenn man es durch seinen Tod verlieren wird.

32. Welch winziger Bruchteil der grenzenlosen, unendlichen Zeit ist jedem einzelnen zugeteilt worden? Denn ganz schnell verschwindet er in der Ewigkeit. Welcher Bruchteil des gesamten Seins? Welcher Bruchteil von der Gesamtheit des Beseelten? Der wievielte Teil der gesamten Erde ist das Fleckchen, auf dem du herumkriechst? Bedenke dies alles und halte nichts für bedeutend, außer diesem: So zu handeln, wie deine Natur dich leitet, und alles so zu ertragen, wie es die gemeinsame Natur mit sich bringt.

33. Wie geht das leitende Prinzip der Seele mit sich selbst

um? Denn in ihm liegt alles. Das übrige ist dem Willen nicht zugänglich, tot und Rauch.

34. Zur Verachtung des Todes regt die Tatsache ganz besonders an, daß auch diejenigen, die die Lust für ein Gut und den Schmerz für ein Übel halten, diesen trotzdem verachtet haben.

35. Wenn nur das ein Gut ist, was zu seiner Zeit geschieht, und wenn es gleich ist, ob es mehr oder weniger viele Taten sind, die man auf vernünftige Weise erbracht hat, und wenn es keinen Unterschied bedeutet, den Kosmos für längere oder kürzere Zeit zu betrachten, dann ist auch der Tod nicht furchtbar.

36. Mensch, du hast dich in dieser großen Stadt politisch betätigt. Was macht es dir schon aus, ob es fünf oder drei Jahre waren? Denn jedes Jahr, das man in Übereinstimmung mit den Gesetzen verbringt, ist jedem anderen gleich. Was ist nun schlimm daran, wenn dich kein Tyrann oder ungerechter Richter aus der Stadt weist, sondern die Natur, die dich ja auch hineingeführt hat? Als ob der Beamte einen Schauspieler, den er ursprünglich eingestellt hatte, aus dem Theater entließe. „Aber ich habe noch keine fünf Akte gespielt, sondern erst drei." Du hast recht. Doch im Leben sind die drei Akte schon das ganze Drama. Denn das Ende bestimmt jener, der damals für die Verbindung (deiner Bestandteile) und jetzt für die Auflösung verantwortlich ist. Du aber bist für beides nicht verantwortlich. Geh jetzt mit heiterem Herzen. Denn auch er, der dich entläßt, ist heiter und freundlich.

ANHANG

ANMERKUNGEN

ERSTES BUCH

1 *Verus:* Zu den im folgenden vorkommenden Namen s. den Stammbaum (nach: Kaiser Marc Aurel – Wege zu sich selbst. Herausgegeben und übertragen von Willy Theiler, Zürich (Artemis) 1951, 304).

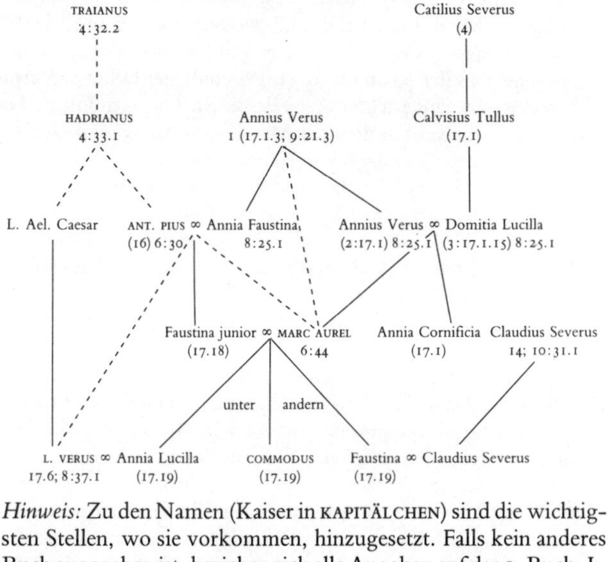

Hinweis: Zu den Namen (Kaiser in KAPITÄLCHEN) sind die wichtigsten Stellen, wo sie vorkommen, hinzugesetzt. Falls kein anderes Buch angegeben ist, beziehen sich alle Angaben auf das 1. Buch. In Klammern sind die Stellen gesetzt, wo zwar von der Person die Rede ist, der Name aber nicht ausdrücklich genannt wird. Gestrichelte Linien: Adoptivbeziehung.

4 *Öffentliche Schulen:* Quintilian, Institutio oratoria 1, 2, vergleicht Einzelunterricht und Schule und kommt dann zu dem Ergebnis,

daß der Schule der Vorzug zu geben ist – vor allem dann, wenn der Heranwachsende zum „Redner“ erzogen und ausgebildet werden soll.

5 *Die Grünen:* Seit der frühen Kaiserzeit lag die Organisation der Wagenrennen im Zirkus bei vier Renngesellschaften (Rennställen). Diese unterschieden sich durch die Farben Weiß, Rot, Grün und Blau, die von den Wagenlenkern getragen wurden. So konnten die Zuschauer für eine bestimmte Farbe (z. B. für die Grünen) Partei ergreifen, diese anfeuern und entsprechende Wetten abschließen.

6 *Diognetos:* Er lehrte M.A. das Malen (Historia Augusta 4, 4, 9).

Wachteln: Man hielt Wachteln, um mit ihnen Wettkämpfe zu veranstalten.

Philosophie: Für M.A. bedeutet Philosophie vor allem die Auseinandersetzung mit der Ethik und der Naturphilosophie der Stoa, einer um 300 v. Chr. gegründeten Philosophenschule, die davon ausgeht, daß der Kosmos als ganzer von einer höheren Vernunft zweckmäßig eingerichtet und gelenkt ist. Die vernünftige Natur ist das Vorbild, nach dem der Mensch sein Leben einrichten soll, wenn er zur Glückseligkeit gelangen will.

Bakchios: Anhänger der platonischen Akademie, Adoptivsohn und Schüler des Leiters der Akademie, des Gaios.

Tandasis und Markian: Sie sind nicht weiter zu identifizieren.

Niedriges Bettgestell: Äußeres Kennzeichen eines bedürfnislosen Lebens.

7 *Rusticus:* Philosoph der Stoa. Vgl. auch 1, 17. R. war ein enger Vertrauter des M.A.

Sophisten: Eig. „Weisheitslehrer“, eine seit dem 5. Jahrhundert vor Chr. zunächst in Griechenland, später auch in Rom wirkende philosophische Bewegung, die vor allem die Redekunst kultivierten und ihre Schüler lehrten, das Wort als Waffe zu benutzen.

Epiktet: Mit den Aufzeichnungen über Epiktet (ca. 55–140 nach Chr.) sind die Diatriben des stoischen Philosophen gemeint, die Arrian (2. Jahrh.) nach stenographischen Notizen nachschrieb und so der Nachwelt überlieferte. M.A. ist durch Arrians Hypomnemata über Epiktets Lehre in seiner ganzen Lebensauffassung entscheidend geprägt worden. S. Nachwort.

8 *Apollonios:* Stoischer Philosoph, den Kaiser Antoninus Pius zu M.A.s Lehrer berief.

9 *Sextus:* Platoniker, Plutarchs Neffe.

10 *Alexandros:* Lehrer in griechischer Sprache und Literatur.

11 *Fronto:* Rhetoriklehrer in Rom. Antoninus Pius beauftragte ihn mit der Erziehung des jungen M.A. Erhalten ist sein Briefwechsel mit M. Aurel, L. Verus, Antoninus Pius und seinen Freunden. M.A.s Hinwendung zur Philosophie verstand Fronto, der Rhetoriker, als das Resultat seiner gescheiterten Erziehungsaufgabe. S. Nachwort.

12 *Platoniker Alexandros:* Aus Phrygien stammender griechischer Grammatiker. Vgl. 1,10.

13 *Catulus:* Stoischer Philosoph (Historia Augusta 4, 3, 2).

14 *Severus:* Peripatetiker, Anhänger der Schule des Aristoteles (Historia Augusta 4, 3, 3).

Thrasea: Tacitus, Annalen 16, 21ff., berichtet von seinem Widerstand gegen Kaiser Nero, seiner Verfolgung und Vernichtung durch den Kaiser und seine Schergen. Thrasea war Anhänger der stoischen Schule. Helvidius, sein Schwiegersohn, wurde aus Italien verbannt (Tacitus, Ann. 16, 35). Cato, der jüngere, beging nach dem Untergang der Republik im Jahre 46 vor Chr. Selbstmord. In der Kaiserzeit wurde er wie Brutus, der Cäsarmörder, zur Idealgestalt der römischen Republik. Seine politischen Anschauungen waren von stoischem Denken geprägt. Dion war der Freund Platons und der Gegner des Tyrannen Dionysios II. Er wurde 354 vor Chr. ermordet. (Vielleicht ist mit Dion aber auch der stoische Philosoph Dion von Prusa gemeint (40–120 nach Chr.), von dem 80 von stoisch-kynischer Moralphilosophie geprägte Reden erhalten sind.)

15 *Maximus:* Stoischer Philosoph.

16 *Adoptivvater:* Kaiser Antoninus Pius. Vgl. auch 6, 30.

Knabenliebe: Die gleichgeschlechtliche Liebe galt in Griechenland nicht als anstößig, weil der Beziehung zwischen einem erwachsenen Mann und einem Heranwachsenden auch eine pädagogische Bedeutung zugebilligt wurde. In Rom bürgerte sich die Knabenliebe seit dem 3. Jahrhundert vor Chr. ein.

Sophist: S. schon 1,7. Die Rhetorik wurde von den Sophisten vielfach als einziges Mittel zur Lösung von Problemen und Konflikten jeder Art benutzt. Diese Verabsolutierung rhetorischer Konfliktlösung verschaffte der Sophistik einen zweifelhaften Ruf.

Zollpächter ... in Tusculum: Die Erhebung von Steuern und Zöllen konnte an Privatpersonen verpachtet werden. – Tusculum ist eine alte etruskische Stadt in der Nähe von Rom (heute: Frascati). Hier besaßen viele römische Familien ihre Landsitze.

Sokrates: Platon, Symposion 219 e – 220 a: Alkibiades berichtet über Sokrates während des Feldzuges nach Potidaia: „Zuerst also war er im Aushalten von Strapazen nicht nur mir, sondern auch allen anderen überlegen. Wenn wir einmal gezwungen waren ... zu hungern, waren die anderen nichts im Vergleich mit seiner Fähigkeit, dies durchzustehen. Aber auch in den Zeiten, in denen es uns gut ging, war er der einzige, der die Fähigkeit besaß zu genießen; das galt für alle übrigen Genüsse wie für das Trinken; wenn er widerstrebend dazu gedrängt wurde, trank er uns alle unter den Tisch, und was das Erstaunlichste war – niemand hat Sokrates jemals betrunken gesehen ..."

17 *Bruder:* L. Verus, Adoptivbruder des M.A., starb im Jahre 169. Bei seiner Thronbesteigung hatte M. A. Verus zum Mitregenten erhoben. Aber dieser „erwies sich als ein Wüstling schlimmster Sorte und war für seinen Mitregenten ... ein Gegenstand schwerster Sorge" (Ivo Bruns: Marc Aurel (Vortrag 1894), in: Gregor Maurach (Hrsg.): Römische Philosophie, Darmstadt 1976, 223–246, zit. 242).

Charakter: Die Lebensführung des Bruders war nicht vorbildlich; aber sie zeigte M.A., wie man nicht leben sollte. Darum seine Dankbarkeit. Generell sind für M.A. negative Erscheinungen nicht negativ, weil sie als Betätigungsfeld für sittliches Handeln zu „gebrauchen" sind. Es kommt nur darauf an, wie man mit den Vorkommnissen umgeht (vgl. u. a. 10, 33 und bes. 5, 20 mit Anmerkung).

Apollonios, Rusticus und Maximus: Vgl. 1,8; 1,7; 1,15.

Weder Benedikte, noch Theodotos: Offenbar sehr attraktive Personen aus M.A.s Umgebung.

Meine Frau: Nach der historischen Überlieferung (Historia Augusta 4, 19, 1 ff; 29, 1 ff.) war Annia Faustina keine vorbildliche Ehefrau. So wurde z. B. erzählt, Commodus, M.A.s Nachfolger, sei gar nicht M.A.s Sohn gewesen, sondern aus einem ehebrecherischen Verhältnis der Faustina mit einem Gladiator hervorgegangen. Dieses Gerücht paßt sehr gut zu Commodus' besonderer Vorliebe für Gladiatorenkämpfe, in denen er selbst als römischer Hercules auftrat.

Träume: 9, 27.

Caieta: Heute Gaeta. Hier pflegte sich die kaiserliche Familie aufzuhalten (Historia Augusta 4, 19, 7).

Wie du es gebrauchen wirst: Unsicher überlieferte Textstelle. Vielleicht: „Wie du es gebrauchen wirst, so wird es sein." Der Begriff des „Gebrauchens" spielt bei M.A. eine besondere Rolle im Zusammenhang mit seinen Empfehlungen für den Umgang mit der Welt und den Menschen. Vgl. zunächst 5, 21 mit Anm. Der „Mann aus Caieta" könnte M.A.s Lehre vom rechten Gebrauch der Dinge auf diese einfache Formel gebracht haben.

Gemeinplätze ... Syllogismen: Es handelt sich um Unterrichtsinhalte der Ausbildung zum Redner (Rhetorik).

Quaden: Es ist unsicher, ob diese Worte am Schluß des 1. oder am Anfang des 2. Buches stehen müssen. – Die Quaden waren ein germanischer Stamm und lebten im Norden der oberen Donau (Bayern) und in West-Böhmen. Sie waren mit den Markomannen im Krieg gegen M.A. verbündet.

Gran: Linker Nebenfluß der Donau, mündet unterhalb der ungarischen Stadt Gran (34 km nördlich von Budapest) in die Donau.

ZWEITES BUCH

2 *Das leitende Prinzip meiner Seele:* Das leitende Prinzip, das Hegemonikon, ist ein bereits altstoischer Begriff für das höchstrangige geistig-seelische „Organ" des Menschen, die höchste Vernunft, das führende Zentralorgan, das alle höheren Funktionen der Seele umfaßt. Nach Chrysipp (Stoicorum veterum fragmenta, hg. von H. v. Arnim [SVF], II 879) sitzt das Hegemonikon wie die Spinne im Netz, die mit Hilfe der Fäden merkt, wenn in dieses eine Fliege gerät, im Herzen des Menschen und vernimmt dort, was die Sinne übermitteln. „Das Hegemonikon ist es, das sieht und hört, das die Eindrücke verarbeitet, denkt und handelt" (Pohlenz, Die Stoa I 88). Von Epiktet (Diss. 3, 3, 1) wird das Hegemonikon als „Gegenstand" bzw. „Arbeitsgebiet" der sittlichen Persönlichkeit bezeichnet, wie der Körper der Gegenstand des Arztes und der Acker der Gegenstand des Bauern ist. In 3, 4 bezeichnet M.A. in Übereinstimmung mit Epiktet das Hegemonikon als Gegenstand der Erforschung und Beobachtung. – Abweichend von der Stoa und Epiktet setzt M.A. an der vorliegenden Stelle voraus, daß der Mensch nicht nur aus zwei (Seele und Körper), sondern aus drei

Existenz- oder Funktionsbereichen besteht. Vgl. dazu auch 3, 16 und 12, 3 mit Anm. Allerdings ist M.A. in dieser Frage nicht konsequent: In anderen Zusammenhängen geht er offensichtlich von der stoischen Zweiteilung aus: In 10, 36 definiert er z. B. den Tod als Trennung der Seele vom Körper. In 6, 32 sagt M.A., der Mensch bestehe aus Körper und Seele, obwohl er 6, 28 den Tod als Beendigung der sinnlichen Eindrücke (Körper), der Bewegung durch die Triebe (Lebensatem) und der geistigen Wanderschaft (Geist) bezeichnet.

Bücher: Vgl. Epiktet 4, 4, 33: „Und wie werde ich mich selbst befreien? Hast du nicht oft genug gehört, daß du dein Begehren vollständig beseitigen mußt, daß du deine Neigungen ausschließlich auf die Dinge richten mußt, die im Bereich deiner moralischen Entscheidungsfähigkeit liegen und daß du alles aufgeben mußt: deinen Körper, deinen Besitz, dein Ansehen, deine Bücher..."

Fleisch: Seneca (Ad Lucilium 92, 10) zitiert Poseidonios: „Der erste Teil des Menschen ist die Sittlichkeit (virtus) als solche: Ihr untersteht das nutzlose und bluttriefende Fleisch, das nur zur Nahrungsaufnahme brauchbar ist, wie Poseidonios sagt..."

Poseidonios (ca. 135–51 vor Chr.) war ein einflußreicher stoischer Philosoph, der auf Rhodos eine eigene Schule gründete. Sein prominentester Schüler war Cicero. Vieles spricht dafür, daß M.A. vor allem von Poseidonios' Naturphilosophie stark beeinflußt wurde. Seine zahlreichen Schriften sind verloren, seine Gedanken aus Zitaten und Paraphrasen anderer Autoren teilweise rekonstruierbar.

Du bist alt: M.A. war, als er das vorliegende Werk schrieb, etwa 50 Jahre alt.

Sklavin: Das leitende Prinzip muß sich von den beiden anderen Existenzbereichen (Körper, Atemluft) befreien. Das ist die „große Grundregel" (Willy Theiler: Kaiser Marc Aurel. Wege zu sich selbst, Zürich (Artemis) 1951, 19), die sich durch das ganze Werk in immer wieder neuen Variationen hindurchzieht. Der Seelenfrieden ist nur durch den richtigen Umgang mit den äußeren Dingen, den Affekten und Empfindungen usw. zu erreichen.

3 *Vorsehung:* Was die allwissende göttliche Vorsehung (Pronoia) bewirkt, beschreibt M.A. z. B. in 2, 11; 6, 1; 10, 7; 12, 5. Anstelle des Begriffes „Vorsehung" verwendet M.A. auch den Begriff „Natur" oder „Natur des Weltganzen".

Natur: Der Begriff „Natur" (Physis) ist der von M. A. am häufigsten gebrauchte Zentralbegriff seines Denkens. Die Übersetzung wird dem griechischen Wort keinesfalls gerecht. In seinen Reflexionen über das „Naturrecht Epikurs und der Stoa" kommt Ernst Bloch dem Bedeutungsinhalt des Begriffes anscheinend sehr nahe, wenn er „die Physis als Inbegriff des Dauernden, Wesenhaften in allen Erscheinungen" definiert (in: Naturrecht und menschliche Würde, Frankfurt 1961, 26).

Grundüberzeugungen: Dogmata. Vgl. Seneca, Ad Lucilium 95, 10, der das griechische Wort mit decreta, scita oder placita (Beschlüsse, Entscheidungen oder Grundsätze) übersetzt. S. auch 95, 58: „Wenn du immer dasselbe wollen willst, dann mußt du das Wahre wollen. Zum Wahren gelangt man nicht ohne grundsätzliche Entscheidungen (decreta): Sie halten das Leben zusammen." Diese grundsätzlichen Entscheidungen beziehen sich auf Gutes und Böses, Sittliches und Unsittliches, Gerechtes und Ungerechtes, Frommes und Unfrommes, die Formen der sittlichen Vollkommenheit und ihren Gebrauch ... Für die Entscheidungen auf diesen Gebieten benötigt man die Dogmata. Ein Beispiel für eine Grundüberzeugung ist die unbedingte Notwendigkeit, stets im Sinne der spezifisch menschlichen Vernunftnatur zu handeln.

4 *Ohne sie zu nutzen:* Der Hinweis auf die Notwendigkeit, das Gegebene richtig zu nutzen oder zu gebrauchen, durchzieht das ganze Werk. Vgl. u. a. 5, 21 m. Anm.

5 *Frei von jeder Unbesonnenheit:* Vgl. die „große Grundregel" in 2, 2.
Glückliches ... Leben: Vgl. 10, 6 mit Anm.

6 *In den Seelen anderer:* Dazu auch 2, 8.

9 *Natur des Ganzen – meine eigene Natur:* Häufige Gegenüberstellung: z. B. 5, 3; 5, 10; 12, 32.

10 *Theophrast:* Schüler des Aristoteles (ca. 372–287 vor Chr.). Er ist berühmt aufgrund seiner 30 Charakterbeschreibungen, die menschliche Schwächen und Fehler skizzieren. Der von M.A. erwähnte Text ist Fragment 77 W.

11 *Götter:* Vgl. den Gottesbeweis 12, 28.
Vorsehung: Vgl. 2, 3 mit Anm.
Tod und Leben: Leben und Tod sind ethisch indifferent bzw. uninteressant. (Vgl. dazu auch Matthias Baltes: Die Todesproblematik in der griechischen Philosophie, in: Gymnasium 95, 1988, 97–128, bes. 120 ff., wo B. auf M.A. eingeht.) Sittlich relevant ist für M.A. allerdings das Sterben, das der Philosoph einüben

müsse (7, 69; 9, 3 u. ö.) In 11, 3 erklärt M.A. das Sterben zur Lebensaufgabe. Im Bemühen um das sittlich gute Sterben wird der Tod überwunden.

13 *Die Dinge unter der Erde:* Zitat aus Pindar, Fragment 292 Sn.-M. Vgl. Platon, Theaitetos 173 e, über das Gegenbild des guten Philosophen, dessen Seele die menschlichen Dinge für gering und nichtig hält und „nach Pindaros" überall umherschweift, die Tiefen der Erde mißt und ihre Flächen und die Bahnen der Sterne am Himmel erforscht, das Wesen des Seienden ergründet, ohne sich auf das einzulassen, was in seiner Nähe ist.

Göttlicher Geist: Wenn M.A. den „göttlichen Geist im eigenen Innern" in Ehren zu halten empfiehlt und wenn er ihn z. B. 5, 27 als Beschützer und Führer bezeichnet, dann berührt sich diese Vorstellung auch mit dem römischen Glauben an einen Genius, der den Menschen von Geburt an als Schutzgeist begleitet.

14 *Das Gegenwärtige:* Vgl. 12, 26.

15 *Aufnehmen:* Diese Feststellung wiederholt M.A. vielfach, um zum Ausdruck zu bringen, daß die wirkliche Bedeutung der Dinge, ihr wahrer Gehalt durch den Vorgang des bloßen Aufnehmens in unser Bewußtsein (Hypolepsis) noch nicht erfaßt wird. Vgl. Anmerkung zu 3, 9.

Monimos: Der Kyniker Monimos aus Syrakus lebte um 340 v. Chr. und war Anhänger des berühmten Diogenes (vgl. Diogenes Laertius 6, 82–83). Der Komödiendichter Menander erwähnt ihn in seiner Komödie „Der Pferdepfleger" und schreibt ihm folgende Aussage zu: „Was man in sein Bewußtsein aufnimmt (von der Welt), ist alles Schall und Rauch". Der Kyniker wird von M.A. als Gewährsmann für die Richtigkeit seiner eigenen Aussage herangezogen, daß mit dem bloßen Aufnehmen die Wirklichkeit der Dinge nicht zu begreifen ist. – Offen bleibt, wo M.A. diese Aussage des Monimos gehört oder gelesen hat. Es ist durchaus möglich, daß er Menanders Komödie kannte, zumal er sich auch an anderen Stellen auf den Komödiendichter bezieht (vgl. 5, 12,).

16 *Der ehrwürdigste „Staat":* Gemeint ist der Kosmos.

17 *In dauerndem Fluß:* Anspielung auf Heraklit (B 12): „Denen, die in dieselben Flüsse steigen, strömt ständig neues Wasser zu."

Philosophie: Die große Bedeutung der Philosophie für das Leben wird in 9, 29 erheblich skeptischer gesehen. Vgl. auch 6, 12.

Göttlicher Geist: 2, 13, 1 m. Anm. und 5, 27.

Tod: Bei den Stoikern ist nicht der Tod als solcher das Problem, sondern das Verhältnis zum Tod, welches man im Leben gewinnt. Vgl. Georg Scherer: Das Problem des Todes in der Philosophie, Darmstadt 1979, 104. Vgl. auch E. Benz: Das Todesproblem in der stoischen Philosophie, Stuttgart 1929.
Heitere Gelassenheit: Die ἵλεως γνώμη ist für M.A. eine Einstellung, die er vor allem in Grenzsituationen zu erreichen sucht. Vgl. auch 12, 36.
Verwandlung: „Verwandlung" und „Trennung" sind die Vorgänge, die nach M.A. Tod und Vergehen charakterisieren. Nichts wird vernichtet oder geht verloren. Was stirbt, erfährt nur eine „Verwandlung" und „Trennung" der Elemente, aus denen es zusammengesetzt war. Man fühlt sich an das Weltbild der „Metamorphosen" des Ovid erinnert: es gibt kein endgültiges Ende, sondern nur die Verwandlung in ein anderes Sein und in eine andere Gestalt. Vgl. 6, 15 mit Anm.
Carnuntum: Wichtiger Handelsplatz, 40 km östlich von Vindobona (Wien), wurde 106 n. Chr. von Kaiser Trajan zur Hauptstadt von Oberpannonien erklärt. Im Krieg gegen die Markomannen wurde Carnuntum zerstört.

DRITTES BUCH

1 *Seine einzelnen Pflichten:* Im Text steht „die einzelnen Ziffern/Zahlen des Pflichtgemäßen": Gemeint ist das Pflichtgemäße in allen seinen Einzelheiten. Vgl. Seneca, Ad Lucilium 95, 5: „Niemand kann nämlich ... alle Zahlen = Einzelheiten erfüllen, so daß er weiß, wann etwas zu tun ist, in welchem Umfang, mit wem, auf welche Weise und warum."
Seinem Leben ... ein Ende machen: Zur Möglichkeit oder gar Notwendigkeit des Selbstmordes vgl. 5, 29; 10, 8; 10, 32.
3 *Hippokrates:* Bedeutendster Vertreter der griechischen Medizin, geb. um 460 vor Chr.
Chaldäer: Babylonische Priester, die die Griechen und Römer als Vertreter der orientalischen Weisheit ansahen. Sie galten vor allem als Sterndeuter und Magier.
Alexander, Pompeius und Gaius Caesar: Alexander der Große (354–323 vor Chr.) hatte als König von Makedonien das Ziel, ein makedonisch-griechisch-persisches Weltreich zu gründen. Pom-

peius (106–48 vor Chr.) war ein bedeutender römischer Feldherr. Gaius (Julius) Caesar (100–44 vor Chr.) eroberte Gallien für Rom. *Heraklit:* Er vertrat die Lehre von der Weltverbrennung (vgl. Fragment B 30: „Diesen Kosmos, denselben für alle Wesen, schuf weder einer der Götter noch einer der Menschen, sondern er war, ist und wird immer ewig brennendes Feuer sein, nach festen Regeln aufflammend und verlöschend.").

Demokrit: Er war der Begründer der Atomlehre, auf die M.A. mehrfach anspielt und die er im Gegensatz sieht zur Lehre Heraklits und der Stoa: Entweder besteht die Welt aus Atomen und alles ist dem Zufall unterworfen oder sie wurde von einer Weltvernunft geschaffen und wird von dieser verwaltet. Allerdings erzählt M.A. hier eine Geschichte von Demokrit, die nicht den Tatsachen entspricht, sondern auf den Philosophen Pherekydes (Diogenes Laertius 1, 118) zutrifft.

Sokrates: Die „Läuse", die Sokrates töteten, waren seine Ankläger im demokratischen Athen.

Gefäß: Vgl. 12, 2. Die Geringschätzung und Abwertung des Leibes ist für die jüngeren Stoiker Epiktet und M.A. ein durchgehendes Motiv. Epiktet nennt den Leib wiederholt „Kot": Diss. 1, 1, 11; 4, 1, 78; 4, 11, 27. Der Leib wird dann auch als „Erde" oder „Grube" (Diss. 1, 13, 5; 3, 22, 41), manchmal auch als „Leichnam" (Diss. 2, 19, 27) bezeichnet. M.A. spricht nicht nur von einem „wertlosen Gefäß" (3, 3), sondern auch von „Gestank und schmutzigem Blut in einem Sack" (8, 37). Daß der Körper nicht zum eigentlichen Wesen des Menschen gehört, besagt der Begriff „Gefäß". Epiktet hatte erklärt: „Der Körper ist nicht dein Eigentum" (1, 1, 11). Oder: „Ich werde nicht getötet, sondern mein erbärmlicher Körper" (Diss. 3, 13, 17). Zu dieser Auffassung: A. Bonhöffer: Epictet und die Stoa, Stuttgart 1890, 33–40.

4 *Herrschende Vernunft:* Das Hegemonikon ist auch hier wieder das leitende Prinzip der Seele, die alles beherrschende Kraft des Menschen. Es ist im wesentlichen identisch mit der Vernunft (Dianoia) oder dem Denkvermögen, aber weniger die abstrakte Vernunft oder ein rein intellektuelles Urteilsvermögen als vielmehr eine praktische Vernunft, die das Handeln steuert und kontrolliert. Zum weitgreifenden Bedeutungsinhalt des Hegemonikon bei M.A. vgl. A. Bonhöffer: Epictet und die Stoa, Stuttgart 1890, 96f. Der Begriff muß an jeder Stelle seines Vorkommens im Text neu interpretiert werden. Vgl. auch 2, 2 mit Anmerkung.

In Übereinstimmung mit der Natur leben: Das ist die allgemeinstoische Formel vom Sinn und Ziel des Lebens. Vgl. Pohlenz, Die Stoa I 116–118: Seit Kleanthes (3. Jh. vor Chr.) hat die Formel diesen Wortlaut.

5 *Mit allem und jedem abgeben:* Vgl. 4, 24 und Demokrit, B 3: „Wer heiter und gelassen leben will, darf nicht vielerlei tun, weder im privaten noch im gemeinschaftlichen Leben ...." Auch Platon verwirft die „Vieltuerei", die πολυπραγμοσύνη (Staat 434 b).

Der Gott in dir: So schon 3, 4. Vgl. 2, 13 mit Anm.; 3, 16.

6 *Sokrates:* Vgl. Epiktet, Diss. 3, 12, 15: „Denn wie Sokrates zu sagen pflegte, daß wir unser Leben nicht ungeprüft leben dürften, so dürfen wir auch keinen Sinneseindruck ungeprüft akzeptieren ..." Vgl. Platon, Apologie 38a: „Das Leben, das der Prüfung und Reflexion nicht ausgesetzt ist, ist nicht lebenswert." – Über die Notwendigkeit, die Vorstellungen kritisch zu analysieren: 8, 26.

Von den sinnlichen Leidenschaften: Vgl. Cicero, Tuskulanische Gespräche 4, 80, wonach der Physiognom Zopyros aus dem Erscheinungsbild des Sokrates geschlossen hatte, daß dieser das Opfer vieler Laster sei. Daraufhin wurde Zopyros ausgelacht, weil man diese Laster an Sokrates gar nicht kannte. Sokrates tröstete daraufhin den Physiognomen mit dem Hinweis, daß die genannten Laster wohl in ihm steckten, aber von seiner Vernunft vertrieben worden seien.

7 *Anstand:* Vgl. 12, 4 mit Anm.

Keine Tragödie: In 11, 3 ist vom „nicht theatralischen" Sterben die Rede.

9 *Fähigkeit:* Vgl. 2, 15 m. Anm. Zum Begriff des Aufnehmens (Hypolepsis) vgl. auch noch 12, 8; 22; 25; 26. Man soll die Hypolepsis nicht etwa „ehren" oder „achten", sondern auf sie aufpassen, damit sie keine falschen Vorstellungen aufkommen läßt. „Nur auf sie kommt es an", d. h. die Hypolepsis ist der Vorgang der ersten Kontaktaufnahme mit den Vorgängen in der Welt. Das besagt auch die Aussage in 2, 15, daß alles (zunächst nur) passives Aufnehmen in das Bewußtsein ist, das der Interpretation durch den Geist bedarf.

11 *Die Dinge, die weder gut noch böse sind:* Gemeint sind die „mittleren" Dinge bzw. die Adiaphora: 11, 16; 7, 31. Die Stoiker sagen (SVF III 119): Adiaphora sind vor allem die Dinge, die zum Glück und

Unglück nichts beitragen, wie z. B. Reichtum, Ruhm, Gesundheit, Stärke. Man kann nämlich auch ohne diese Dinge glücklich sein. Ebenso ist alles, was den Menschen weder gut noch schlecht werden läßt und demnach nicht in den Bereich der moralischen Entscheidung gehört, zu den Adiaphora, den gleichgültigen Dingen, zu rechnen. Anders ausgedrückt: Was vom Menschen nicht zu beeinflussen und wofür er nicht zur Verantwortung zu ziehen ist, gehört zu den Adiaphora.

Das Angemessene: D. h. ich kümmere mich um die Adiaphora nur insoweit, als ich dadurch nicht vom sittlichen Handeln abgebracht werde.

12 *Tätigsein im Sinne der Natur:* Aristoteles (Nikomachische Ethik 1101 a 14–16) hatte Glück (Eudaimonia) definiert als ein „Tätigsein im Sinne der sittlichen Höchstform (Aretē)". Zum Thema „Glück": 10, 6 mit Anm.

13 *Zur Hand haben:* Vgl. die Verwendung des Ausdrucks bei Epiktet, Encheiridion 1, wo es darum geht, seine Grundüberzeugungen „zur Hand zu haben", um angemessen reagieren zu können.

14 *Notizen:* Material für die Abfassung des vorliegenden Werkes.

15 *Mit einem anderen Sehvermögen:* Mit den Augen des Geistes oder der Seele. Vgl. 4, 29; 10, 26.

16 *Phalaris und Nero:* Ph. war ein durch seine Grausamkeit berüchtigter Tyrann des 6. Jahrh. vor Chr. Er ist wie der römische Kaiser Nero (54–68) ein Beispiel für den in Wahrheit innerlich schwachen Gewaltmenschen.

Ziel des Lebens: Vgl. den Schluß des Werkes: 12, 36.

VIERTES BUCH

1 *Die herrschende Vernunft:* Statt Hegemonikon verwendet M. A. hier den Begriff Kyrieuon. Vgl. 5, 26, wo beide Begriffe gleichzeitig vorkommen. Ein Bedeutungsunterschied besteht offensichtlich nicht. Vgl. 2, 2 m. Anm.

Nach den höheren Zielen: Die „höheren Ziele" sind bei Epiktet die Funktionen, die bestimmte Dinge auszuführen bestimmt sind: Diss. 3, 24: „Der Stoff einer Hand ist das Fleisch, die Funktionen aber sind die Werke / Tätigkeiten der Hand". Diese Funktionen sind demnach auch die Ziele / Zwecke eines Dinges. Die „höheren

Ziele“ der herrschenden Vernunft sind ihre spezifischen Funktionen.

Betätigungsfeld: Vgl. 7, 68 mit Anmerkung.

3 *Die Menschen suchen:* Daß durch einen Ortswechsel, durch Reisen und ähnliches seelische Probleme gelöst werden können, bestreitet auch Seneca, Ad Lucilium 28. Reisen werde viele Kenntnisse vermitteln und interessante Erlebnisse verschaffen; aber es werde niemanden besser oder gesünder machen (Seneca, Ad Lucilium 104, 15).

Möglichkeit des Rückzugs: Vgl. 6, 11; 7, 59. Bei Seneca, Ad Lucilium 25, 7 wird als Aussage Epikurs (342–271 vor Chr.), des Gründers der epikureischen Schule, der die Freiheit von Angst und Schmerz zum höchsten Gut erklärte, folgender Satz zitiert: „Dann vor allem zieh dich in dich selbst zurück, wenn du gezwungen wirst, unter sehr vielen Menschen zu sein.“

Sie zu ertragen: Das Ertragen (von Menschen) gehört für M.A. zu den moralischen Pflichten des Menschen. Vgl. z. B. 5, 10; 5, 20 (wir müssen den Menschen Gutes tun und sie ertragen); 5, 33 (man muß den Menschen Gutes tun, sie ertragen und sich von ihnen fernhalten).

Entweder Vorsehung oder Atome: 9, 39.

Glatt oder rauh: Vgl. 10, 8. Mit der glatten/weichen oder rauhen Bewegung des Lebensatems bzw. des Fleisches ist die Lust- oder Schmerzempfindung gemeint.

Unabhängig: 8, 1.

Passive Aufnahme: 2, 15; 6, 52: Man kann auf das „Aufnehmen“ verzichten, so daß keine seelische Belastung mehr entsteht. Auch 4, 7.

4 *Gesetz:* Die Gleichsetzung von Vernunft und Gesetz (ratio und lex) auch bei Cicero, De natura deorum 2, 79.

Kosmos – Staat: 2, 16.

Denkvermögen: Offensichtlich gehört das Denkvermögen nicht zum Bereich des Stofflich-Materiellen mit seinen vier Grundelementen Feuer, Wasser, Erde, Luft. Vgl. auch 11, 20. In dieser Hinsicht weicht M.A. von der Lehre der Stoa ab. Epiktet läßt den ganzen Menschen (einschließlich des Geistes) aus den vier Elementen bestehen (Diss. 3, 13, 15, wo der Tod als Rückkehr zu den vier Elementen definiert wird: Nicht nur der Körper, sondern auch der Geist geht zu den Elementen zurück). Allerdings hat es den Anschein, daß M.A. an anderen Stellen den Geist als materielle

Substanz versteht: Vgl. 10, 7, wo der ganze Mensch hypothetisch als Summe der vier Elemente gedacht ist.

7 *Verzichte:* Vgl. 4, 3.

12 *Kunst der Menschenführung und der Gesetzgebung:* Willy Theiler übersetzt „Stimme der königlichen und gesetzgeberischen Kunst" und meint damit unter Verweis auf 4, 4 die Vernunft, die, was zu tun und nicht zu tun ist, vorschreibt. „Kunst der Menschenführung..." bezöge sich auf M.A.s besondere Situation in seiner Verantwortung als Kaiser.

13 *Besitzt... benutzt:* Das Begriffspaar „Besitzen/Gebrauchen" spielt in M.A.s Ethik eine besonders wichtige Rolle: Man soll die Dinge, die man besitzt, richtig gebrauchen. Vgl. z. B. 5, 21 mit Anm.

14 *Zeugende Vernunft:* Sie ist die Vernunft, die den Kosmos oder die Natur des Weltganzen regiert.

23 *Was deine Jahreszeiten bringen:* Vgl. Heraklit B 100.
Geliebte Stadt: Aristophanes, Fragment 110 K.

24 *Philosoph:* Demokrit B 3: S. 3, 5 mit Anmerkung.
Auf die Gemeinschaft ausgerichtetes Wesen: Nach Aristoteles, Politik 1253 a 3: Der Mensch ist ein von Natur aus auf die Gemeinschaft ausgerichtetes Wesen.

26 *Man nutze:* Horaz, Carmen 1, 11, mit der Maxime: Carpe diem = Pflücke/Nutze den Tag.

27 *Ordnung – Unordnung:* 9, 28.
Beziehung: 6, 38 mit Anm.

28 *Charakter:* Vgl. 4, 18; 5, 11. Daß hier an eine bestimmte Person gedacht sei – z. B. an den römischen Kaiser Nero –, ist kaum nachzuweisen.

32 *Vespasian, Trajan:* Römische Kaiser von 69–79 und 97–117.

33 *Camillus ... Leonnatus:* Berühmte Männer der römischen Republik, wobei der letzte Name unsicher ist. Scipio, wahrscheinlich der jüngere (Polybios 32, 8–16), von Cicero in seiner Schrift De re publica literarisch porträtiert. Cato, der Zensor, 234–169 vor Chr., wegen seiner Sittenstrenge berühmt, im Gegensatz zu Scipio ein Gegner des griechischen Einflusses auf die römische Bildung und Gesellschaft.
Sage: Die genannten Personen sind auch für uns noch Gestalten der „Sage", aber auch historisch weitgehend bekannte Persönlichkeiten.
Verschwunden, verschollen: Vgl. Homer, Odyssee 1, 242: Telemach beklagt das Schicksal seines Vaters Odysseus und die Konsequen-

zen, die sich daraus für ihn und Penelope, die Frau des Odysseus, ergeben.

34 *Klotho:* Eine der drei Moiren, der Schicksalsmächte. Klotho spinnt den Lebensfaden, Lachesis schützt ihn, Atropos durchschneidet ihn zu gegebener Zeit. – Zum Vorgang des „Verspinnens" vgl. auch 3, 11.

38 *Die leitenden Prinzipien:* Daß man die leitenden Prinzipien fremder Seelen beobachten soll, erklärt M.A. auch 7, 62, um die Taten der Menschen besser einschätzen zu können.

39 *Auffassung:* Wie wir die Dinge auffassen oder in unser Bewußtsein aufnehmen, so erscheinen sie uns. Wenn keine Aufnahme in unser Bewußtsein erfolgt, gibt es auch kein gutes oder schlechtes Ereignis für uns. Zum Begriff der „Aufnahme" s. 2, 15 mit Anm.
Weder etwas Böses noch etwas Gutes: S. Anm. zu 3, 11.

40 *Kosmos:* Zur Gleichsetzung des Kosmos mit einem Lebewesen vgl. 10, 1.

41 *Epiktet:* Fragment 26. Vgl. auch die Anmerkung zu 3, 3 über die Abwertung des Leibes.

42 *Verwandlung:* 10, 18.

43 *Strom:* 5, 23; 5, 10; 6, 15 mit Anmerkung.

46 *Heraklit:* Fragment 76 und 71–74: „Feuer lebt den Tod der Erde und Luft lebt den Tod des Feuers, Wasser lebt den Tod der Luft, die Erde den Tod des Wassers." Die Fragmente 71–74 sind nur durch M.A. als heraklitisch bezeugt.

47 *Erst in vielen Jahren:* Vgl. Seneca, Ad Lucilium 37, 2: „Du mußt aufrecht und unbesiegt sterben. Was nützt es dann noch, wenige Tage oder Jahre zu gewinnen?"

48 *Sterndeuter:* Vgl. 3, 3.
Helike: Die Stadt an der Nordküste der Peloponnes wurde 373 vor Chr. durch ein Erdbeben völlig zerstört und ist im Meer versunken. Pompeji und Herculanum wurden 79 nach Chr. durch den Vesuvausbruch verschüttet.

49 *Ich Unglücklicher:* Hermann Fränkel: Ein Epiktetfragment, in: Philologus 80, 1925, 221, meint, 4, 49, 2–5 sei ein Fragment aus einer verlorenen Diatribe des Epiktet.
Glück: M.A. stellt Glück und Unglück gegenüber, indem er das gewöhnliche Unglück, das einem widerfahren kann, unter bestimmten Bedingungen als das Unglück eines dennoch Glücklichen begreift: Obwohl mir dieses Unglück zugestoßen ist, bin ich glücklich, weil ich ohne Leid bin, nicht niedergeschmettert werde,

weil das Unglück da ist, und auch keine Angst habe, wenn es bevorsteht. – Für M.A. besteht das „Glück im Unglück" also einfach darin, daß man das Unglück „glücklich", d. h. ohne sich vom Schmerz überwältigen zu lassen, annimmt und gegebenenfalls auch erwartet, ohne Angst zu haben. Die Nähe zu Epikurs Glücksverständnis ist deutlich: Glück ist Freiheit von Schmerz und Angst – auch im Unglück. Epikur hätte wahrscheinlich hinzugefügt, daß man natürlich ohne Unglück – trotz aller Souveränität und Selbstbeherrschung – glücklicher sei, d. h. daß man das Unglück zum Glück nicht brauche. Im Unterschied dazu bejaht M.A. (ebenso wie Epiktet) das Unglück als Bewährungsprobe für wahres Glück. Denn er formuliert seinen Grundsatz (Dogma), den man bei allem, was einem Schmerzen bereite, beherzigen solle: Das schmerzvolle Ereignis ist nicht nur kein Unglück, sondern es ist sogar ein Glück, es mit Anstand ertragen zu dürfen. Das heißt doch auch, daß für M.A. das Unglück die Chance des Glükkes ist. Er begründet seine Auffassung mit dem Hinweis darauf, daß das (vermeintliche) Unglück den Menschen nicht daran hindere, seine moralischen Qualifikationen und sein spezifisches Menschsein zu erhalten bzw. der Bewährungsprobe zu unterziehen. Solange die spezifisch menschliche Physis unberührt bleibt, kann nichts, was dem Menschen zustößt, ein Unglück sein, sondern nur eine Herausforderung zur Bewährung, und das bedeutet Glück.

50 *Cadicianus:* Es handelt sich um nicht näher bekannte Personen, die offensichtlich sehr alt geworden sind.
Nestor: Er war der älteste und erfahrenste der griechischen Könige im trojanischen Krieg. Vgl. auch Seneca, Ad Lucilium 77, 20: „Nicht wie lang, sondern wie gut das Leben war, ist wichtig."

FÜNFTES BUCH

1 *Empfinden oder Tätigsein:* Zum Begriffspaar 6, 51 und bes. 9, 16 mit Anmerkung.

3 *Individuelle ... allgemeine Natur:* 2, 9; 7, 55.

6 *Eine Biene:* Daß eine gute Tat ohne Hoffnung auf Anerkennung oder Dankbarkeit, sondern „abschließend" zu erbringen ist, sagt M.A. auch 7, 13 und 9, 42. Die gute Tat ist ein Handeln im Sinne der menschlichen Vernunftnatur und daher selbstverständlich und

nicht auf Belohnung angewiesen. Wer Gutes tut, verwirklicht also nur einen Wesenszug seiner spezifisch menschlichen Natur. Diese ist sozusagen der verpflichtende Grund für das Tun des Guten, das seinen Nutzen in sich selbst trägt.

8 *Asklepios:* Gott der Heilkunst.

Glück: S. Anm. zu 4, 49.

9 *Innere Unabhängigkeit:* Die „innere Unabhängigkeit" oder „Freiheit" war schon für Epiktet ein hoher Wert. Aber im Mund des Kaisers hat das Wort „Freiheit" einen anderen Klang. „Er hat keinen Mächtigeren über sich; aber dafür muß er sich selbst vor dem Mißbrauch der Macht hüten, und er darf sich weder durch die vielen Widerstände, auf die er trifft, noch durch den Hang zu Genuß und Bequemlichkeit vom richtigen Weg abbringen lassen. Freiheit ist für ihn die Unabhängigkeit des Geistes von allen äußeren und inneren Einflüssen, die ihn an der Erfüllung der schweren, von der Vorsehung ihm auferlegten Aufgabe hindern wollen. Und gerade diese Aufgabe führt ihn über Epiktets Gedankenkreis hinaus" (Pohlenz, Die Stoa I 342). Vgl. auch 8, 51.

10 *Stoiker:* Die Stoiker suchten – im Gegensatz etwa zu Platon – den Zugang zu den Dingen über die sinnliche Wahrnehmung. Es gibt für sie keine von dieser unabhängige Erkenntnis. Die „Enthüllung" der Dinge durch die Sinne war ein stoisches Postulat, weil nur durch zuverlässige Sinneswahrnehmung eine Grundlage für die praktische Lebensführung zu schaffen war (vgl. Pohlenz, Die Stoa I 54–63).

Zustimmung: Die Vorstellungen, die durch die sinnliche Wahrnehmung entstehen, bedürfen nach stoischer Auffassung der „Zustimmung" (Synkatathesis) durch den Logos, um die Gültigkeit der jeweiligen Vorstellung zu erweisen. Nur wenn er sie durch die Synkatathesis anerkennt, wird die Vorstellung „aufgenommen" und für Erkennen und Handeln des Menschen wirksam. Der Kontakt mit den Objekten der sinnlichen Wahrnehmung (Aisthesis) verläuft also über die Phantasia (Vorstellung) und das Aufnehmen (Hypolepsis) zum Logos. Zwischen Aisthesis und Phantasia muß die Synkatathesis eingeschaltet werden.

11 *Wozu gebrauche ich:* Vgl. 10, 24.

12 *Was die Masse für gut und wertvoll hält:* Hier stellt M.A. zunächst fest, daß „echte Werte" (Einsicht, Selbstbeherrschung usw.) niemals im Überfluß vorhanden sein können. Es gibt kein „Zuviel" an „echten Werten". Wer „echte Werte" sieht oder erlebt, kann

also die Redewendung der Komödie (Menander, Phasma 42 Sandb.) „vor lauter guten Dingen/ vor lauter Überfluß an guten Dingen weiß ihr Besitzer nicht mehr, wo er hinscheißen soll" nicht akzeptieren.

Bei den „Dingen" jedoch, „die der Masse als Werte vorschweben" (materieller Reichtum, Ansehen usw.) kann es ein „Zuviel" geben. Folglich läßt sich auf diese „Werte" die Redewendung der Komödie durchaus anwenden.

Wenn nun M.A. dazu auffordert „Geh noch einen Schritt weiter und frage ...", dann verlangt er, die Redewendung der Komödie als ein Kriterium für die Beurteilung der „Werte" heranzuziehen, um zu ermitteln, ob es sich um „echte Werte" oder um Werte der „Masse" handelt. Die Qualität aller „Werte" ist stets daran zu messen, ob ihr Besitzer durch ihren Besitz so eingeengt werden könnte, daß er nicht mehr wüßte, „wo er hinscheißen soll". Sollte keine derartige Beengung feststellbar sein, so dürfte es sich um „echte Werte" handeln, da diese ja auch niemanden einengen können.

Die drastische Anschaulichkeit dieses Kriteriums entspricht einer Argumentationsweise, die in der kynischen Moralphilosophie (Diogenes) üblich war.

13 *Verursachende Form – Materie:* 12, 10.

Verwandlung: Vgl. 2, 17 m. Anm.; 6, 15 m. Anm.

15 *Ziel:* Das Ziel ist die Eudaimonia. Vgl. 7, 17; 4, 49; 9, 42 m. Anm.

16 *Vorstellungen:* 7, 2. Was ist Phantasia? Zunächst die einfache Vorstellung von den Dingen, die der Mensch mit den Sinnen aufnimmt, die sinnliche Vorstellung, oder die Fähigkeit, die sinnlich wahrnehmbaren Dinge aufzunehmen, wozu auch die Tiere in der Lage sind. Der Mensch unterscheidet sich vom Tier durch das „Gebrauchen" der Vorstellungen, „d. h. die Fähigkeit, die Vorstellungen denkend zu unterscheiden und sich aufgrund dieser Unterscheidung frei und vernünftig zu bestimmen" (Bonhöffer, Epictet, 139 mit zahlreichen Belegen aus den Diss. Epiktets). – Darüber hinaus kann Phantasia auch die Meinung über die Dinge bezeichnen, die über die Sinne aufgenommen werden. M.A. fordert sich immer wieder dazu auf, die „primären" Vorstellungen nicht voreilig durch „sekundäre" Vorstellungen, d. h. Deutungen der primären Vorstellungen zu verdrängen (so bes. 8, 49). – In 5, 16, wo von der Färbung der Seele durch die Vorstellungen die Rede ist, meint M.A. offensichtlich die „sekundären" Vorstellun-

gen, d. h. die in eine bestimmte Richtung interpretierten „primären" Vorstellungen; und er verlangt, daß man die „primären" Vorstellungen mit entsprechender Interpretation zur sittlichen Bewußtseinsbildung gebrauchen solle. In diesem Sinne sind die Vorstellungen den Anschauungen oder Auffassungen (Hypolepsis) über die Dinge und Vorgänge im täglichen Leben gleich. – Die Vorstellungen bedürfen aber auf jeden Fall der Überprüfung und Kontrolle: 3, 6; 7, 54; 8, 26. – An anderen Stellen bedeutet Phantasia soviel wie „Nachdenken über etwas" oder „geistige Schau": z. B. 7, 47: Die „Betrachtung" der Gestirne usw. reinige von irdischem Schmutz. 8, 36: Der „Blick" über das gesamte Leben dürfe nicht zur Fassungslosigkeit führen. – Die Phantasia kann also sowohl eine sinnliche Wahrnehmung als auch eine durch Denken entstehende bzw. weitergeführte Vorstellung sein, wobei letztere aber doch wohl stets eine sinnliche Wahrnehmung voraussetzt.

Der Nutzen und das Gute: Das Verhältnis von „nützlich" und „gut" ist das Thema der von Panaitios (etwa 180–110 vor Chr., stoischer Philosoph) beeinflußten Schrift Ciceros De officiis.

Die niederen Wesen wegen der höheren: „Es ist eine Eigentümlichkeit der Natur, die niederen den höheren Wesen unterzuordnen." Seneca, Ad Lucilium 90, 4 (auf Poseidonios zurückgehend). Vgl. auch den Hinweis auf Poseidonios bei Diogenes Laertius 7, 138: „Die Welt ist ..., wie Poseidonios ... sagt, ein aus Himmel und Erde mit den in ihnen lebenden Wesen bestehendes System oder ein aus Göttern und Menschen und allem, was ihretwegen geschaffen worden ist, gebildeter Zusammenhang."

20 *Mensch:* Auch Menschen können Adiaphora (sittlich gleichgültige, indifferente Dinge) sein. Sie sind das Material (Hylē), das es „schön und gut" zu gebrauchen gilt (vgl. 7, 58). Durch „gedankliche Beseitigung" und „Umdrehung" wird der Mensch, der mein sittliches Handeln stört oder behindert, zum brauchbaren Mittel der Verwirklichung meines sittlichen Handelns. Die Vernunft (Dianoia) ist die Kraft, die diese „gedankliche Beseitigung" und „Umdrehung" bewerkstelligt. Ein Mensch, den M.A. auf diese Weise „gebraucht" hat, war sicherlich auch sein Adoptivbruder und Mitregent A. Verus (vgl. 1, 17; s. auch Anm. zu 7, 68; 6, 50). Die Begriffe „gedankliche Beseitigung" und „Umdrehung" stammen übrigens aus dem Arsenal der Rhetorik: Eine Verbeugung vor Fronto, dem Rhetoriklehrer?

Wille: Vgl. 8, 1, 6 mit Anm.
Sache, um die es geht: Griechisch: Die Hauptsache, der Hauptpunkt, die eigentliche Sache.

21 *Was alles andere gebraucht:* Daß die Überlegenheit über Sachen und Menschen auf dem Gebrauchen beruht, ist eine alte populärphilosophische Überzeugung, die allerdings auch für Platon, Aristoteles und andere gilt. Vgl. z. B. Platon, Euthydem 280b–281 e: Die Dinge werden erst dadurch wertvoll oder wichtig, daß man sie „gebraucht". Durch das „Gebrauchen" erfüllen sie erst den Zweck ihrer Existenz. Wer die Dinge „gebraucht", verleiht ihrer Existenz erst ihre Berechtigung, indem er ihren Nutzen freisetzt. Allerdings setzt der „richtige" Gebrauch auch ein entsprechendes Wissen oder Können voraus. Je größer die Weisheit ist, über die der Gebrauchende verfügt, desto höher ist der Wert der Sache, die er gebraucht. Bei M.A. hat das leitende Seelenvermögen, das Hegemonikon, die höchste Macht über alles, was sich in seiner Reichweite befindet, wenn es dies richtig „gebraucht". Erst durch das „Gebrauchen" bekommt es die Dinge „in den Griff". – In 8, 29 bezeichnet M.A. das Gebrauchen als die naturgegebene Macht und Möglichkeit, alles in seine Gewalt zu bekommen, um innere Ruhe und Heiterkeit zu gewinnen: Wenn man die Dinge so sieht, wie sie sind, gebraucht man sie, wie es ihnen angemessen ist, d. h. man gibt ihnen die Bedeutung, die ihnen gebührt. Vgl. auch 7, 68.

26 *Glatte und rauhe Bewegung:* 4, 3; 10, 8. Lust und Schmerz.
Auffassung: Wieder wird hier mit dem Begriff der Hypolepsis beschrieben, daß die Dinge oder Ereignisse uns nur dann als gut oder schlecht erscheinen, wenn wir sie dementsprechend in unser Bewußtsein aufnehmen. Vgl. 2, 15 mit Anm.

27 *Göttlicher Geist:* Vgl. bes. 2, 13 und 2, 17.

28 *Weder Tragöde noch Dirne:* Was M.A. mit diesen Worten meint, ist aus dem Zusammenhang seiner Argumentation zu schließen. Vermutlich fordert M.A. sich selbst (u. den Leser) dazu auf, bei der Verrichtung seiner Lebensaufgabe weder die Rolle eines Schauspielers zu spielen, der auf der Bühne (des Lebens) Beifall erwartet, noch die Funktion einer Dirne zu übernehmen, die für ihre Dienste mit Geld entlohnt werden will. Tragöde und Dirne erreichen ihre Ziele, indem sie in einer Scheinwelt handeln und nur scheinbare Güter für sich und ihre Mitmenschen produzieren. Zu M.A.s Einstellung gegenüber der Welt des Theaters vgl. 6, 46 und 8, 52.

29 *Rauch:* Vgl. Epiktet, Diss. 1, 25, 18: „Hat jemand Rauch im Haus

gemacht? Wenn es wenig ist, bleibe ich. Wenn es zuviel ist, gehe ich fort." – Über das Recht auf den eigenen, selbstbestimmten Tod ausführlich mit drastischen Beispielen: Seneca, Ad Lucilium 70. Vgl. 10, 8; 10, 32.

31 *Niemandem etwas Böses . . . getan:* Vgl. Homer, Odyssee 4, 690. *Geschichte deines Lebens:* Alle Äußerungen M.A.s durchzieht der Leitgedanke: Die einzige Quelle des Glückes ist moralisches Handeln, Glück ist das Bewußtsein, Gutes zu tun oder getan zu haben. Der Mensch soll sich prüfen und fragen: wie er sich gegenüber Göttern und Menschen verhalten habe, ob er keinem gegenüber Ungebührliches getan oder gesagt habe. Außerdem soll er daran denken, durch was er schon hindurchgegangen sei und was er bereits ausgehalten und ertragen habe, ferner daß er schon auf ein erfülltes Leben zurückblicken könne. Man soll sich weiterhin daran erinnern, wieviel Schönes man gesehen, wievielen Begierden und Leiden man sich nicht hingegeben, wievielen Verführungen man widerstanden habe und wievielen Starrsinnigen man mit Nachsicht begegnet sei. – Glück ist hier reduziert auf die Erinnerung an eine Vergangenheit als eine Frucht überstandenen Leides und geglückter Lebensmomente, vollbrachter Leistungen und bewältigter Anfechtung. Glück ist das Bewußtsein eines moralisch gelungenen Lebens, in dem nicht das Quantum an Lust und Leid zählt, sondern die Haltung, mit der man es erträgt. Vgl. 7, 17; 9, 42; 4, 49.

33 *Zum Olymp:* Hesiod, Erga 197: Im Rahmen seiner Zukunftsvision sagt Hesiod (griechischer Dichter um 700 vor Chr., der Poet des Pessimismus): „Da zum Olympos hinweg von den breiten Straßen der Erde, beide in weiße Gewänder die Schönheit des Leibes verhüllend, gehen sie fort zur Schar der Unsterblichen, fliehen die Menschen: Heilige Ehrfurcht und heilige Rache . . ." (Übers. von Albert von Schirnding).
Sie zu ertragen: Zum Begriffspaar „aushalten" und „sich fernhalten" vgl. Epiktet 4, 8, 20. S. auch 4, 3 mit Anm. (Vgl. Pohlenz, Die Stoa I 346).

34 *Glücklich sein:* 10, 6.

36 *Gleichgültige Dinge:* 5, 20.
Schreihals auf der Rednerbühne: Die auf der Rednerbühne, den Rostra in Rom, verhandelten Themen gehören zu den „gleichgültigen Dingen", den Adiaphora. Wer sich von den Adiaphora zu sehr bewegen läßt, ist einem Schreihals auf der Rednerbühne vergleichbar, der den wahren Wert der Dinge nicht erkennt.

SECHSTES BUCH

2 *Todmüde:* Bei dem Mediziner Galen (De antidotis 2) ist zu lesen, daß M.A. selbst aufgrund seines Opium-Genusses bei seinen täglichen Geschäften unter großer Müdigkeit litt: „Von Antoninus wissen wir selber, daß er es (sc. das Theriak, ein Gegenmittel gegen verschiedene Gifte) zu seiner Immunisierung täglich in der Menge einer ägyptischen Bohne einnahm, indem er es ohne Wasserzusatz hinunterschlang oder es mit Wein oder ähnlichem mischte. Als es sich dabei ergab, daß er über seinen täglichen Geschäften benommen einnickte, ließ er den Saft des Mohns weg. Das hatte wiederum, wegen der vorherigen Gewöhnung, die Folge, daß er den größten Teil der Nacht schlaflos blieb . . . Darum sah er sich gezwungen, auch vom Opiumhaltigen wieder zu nehmen . . . (Ich habe ja schon mehrfach erwähnt, daß solche Arzneien, wenn man sie längere Zeit aufbewahrt, das Opium in milderer Form enthalten.) Er befand sich damals wegen des Krieges gegen die Germanen in der Gegend der Donau . . ." (Übersetzung von Walter Müri: Der Arzt im Altertum, München (Sammlung Tusculum) [5]1986, 419). Der Hinweis auf das Donaugebiet, den Siedlungsraum der Skythen, legt die Vermutung nahe, daß M.A. auch die Rauschmittel der Skythen kannte, von denen bereits Herodot (4, 75) berichtet, daß sie sich mit Haschisch zu berauschen pflegten.

Vorgänge, die zum Leben gehören: Vgl. Seneca, Ad Lucilium 77, 19: „Weißt du nicht, daß eine von den Pflichten des Lebens auch das Sterben ist?"

Daß ich einmal zu Erde werde: Vgl. Homer, Ilias 7, 99: „Gut, dann sollt ihr alle zu Wasser und Erde werden . . ."

12 *Deshalb kehre . . . zurück:* Vgl. Seneca, Ad Lucilium 103, 4: „Soweit du kannst, zieh dich zur Philosophie zurück: Sie wird dir in ihrem Schoß Geborgenheit geben." Über die Bedeutung der Philosophie für M.A. vgl. 2, 17.

13 *Wie man sich bei Leckerbissen . . .:* Die drastischen Beispiele für die Nichtigkeit menschlicher Genüsse dürften kynisches Gedankengut sein.

Falerner: Ein besonders kostbarer Wein. Vgl. Horaz, Carmina 2, 3, 8.

Krates: Was Krates über Xenokrates, den zweiten Nachfolger Platons in der Leitung der Akademie sagte, ist unbekannt. Mit Krates dürfte der Kyniker aus Theben (ca. 360–280) gemeint sein, der sein Vermögen verschenkte, ein Leben in völliger Bedürfnislosigkeit führte und alle Konventionen verachtete. Vgl. Diogenes Laertius 6, 85–93. Er soll u. a. gesagt haben, man müsse solange philosophieren, bis man die Feldherrn für Eseltreiber halte.

15 *Strömungen ... erneuern:* vgl. 4, 43; 7, 25. M.A. steht hier in der Tradition des Vorsokratikers Heraklit: „In dieselben Flüsse steigen wir und steigen wir nicht, wir sind und wir sind nicht“ (B 49a). „Man kann nämlich nicht zweimal in denselben Fluß steigen“ (B 91). Vgl. auch Ovid, Metamorphosen 15, 177 ff.: „Nichts ist in der ganzen Welt, was besteht. Alles fließt, und jede Erscheinung bildet sich in ständigem Wandel, selbst die Zeit gleitet in unablässiger Bewegung dahin, nicht anders als ein Fluß ...“ – Zwischen M.A. Auffassung vom ständigen Wandel, von dem er an vielen Stellen seines Werkes spricht, und dem „omnia mutantur“ der Metamorphosen des Ovid besteht eine enge Verwandtschaft (vgl. Ovid, Met. 15, 165 ff.; 252 ff).

16 *Leidenschaftslos:* Vgl. 11, 18, wo M.A. die Apathie, die Leidenschaftslosigkeit, als Zeichen der Männlichkeit hervorhebt. Für die Stoa ist die Apathie ein ethischer Zentralbegriff. Vgl. Epiktet 1, 4, 3; Seneca, Ad Lucilium 116, 1; Pohlenz, Die Stoa I 151–153.

17 *Auf und ab:* Vgl. 9, 28. Epiktet, Fragment 8.

19 *Wenn für dich:* Vgl. 5, 18.

23 *Gebrauche:* Vgl. Seneca, Ad Lucilium 95, 51, der auch die Frage stellt, wie man mit den Menschen umgehen, wie man sie „gebrauchen“ soll. Zum freundlichen Umgang mit den Menschen: „Es ist sicherlich sehr lobenswert, wenn ein Mensch zu einem Menschen freundlich ist.“ In 95, 54 geht Seneca dann der Frage nach, wie man mit den Dingen umgehen soll.

Es reichen nämlich: Auch ein kurzer Zeitraum kann lang sein, wenn er sinnvoll genutzt wird. „Denn wie Poseidonius sagt, ‚ein einziger Tag im Leben gebildeter Menschen ist länger als das längste Leben Ungebildeter‘“ (Seneca, Ad Lucilium 78, 28).

24 *Entweder ... oder:* Die zeugenden Kräfte der Weltvernunft nehmen alles, was vergeht, wieder in sich auf, um den Samen für neues Entstehen zu liefern. Vgl. 4, 21.

Tod als Auflösung: Vgl. auch 6, 28 mit Anmerkung. Tod als Veränderung: Vgl. auch 10, 7. Es geht hier um die philosophische Alternative „Epikur oder Stoa“. Dazu s. auch 7, 50.

25 *Wieviele ... Vorgänge:* Vgl. Epiktet 1, 14, 7 über die gleichzeitig

ablaufenden seelischen Vorgänge: „Du aber kannst über das göttliche Walten und jede Offenbarung des Göttlichen und zugleich über die menschlichen Dinge nachdenken und gleichzeitig aufgrund deines Wahrnehmungsvermögens und deiner Vernunft mit Zustimmung, aber auch mit Ablehnung oder Zurückhaltung auf zahllose Dinge reagieren, und du bewahrst so viele Eindrücke von so vielen und so mannigfachen Dingen in deiner Seele und kommst von ihnen angeregt auf Gedanken, die den ursprünglich gewonnenen Eindrücken entsprechen, und du bewahrst Fähigkeiten über Fähigkeiten und Erinnerungen an unzählige Dinge in deinem Bewußtsein."

26 *Zahlen:* Die Pflicht besteht insofern aus Zahlen, als sie sich aus vielen Kleinigkeiten (= Zahlen) zusammensetzt. Seine Pflicht erfüllen, heißt zählen oder buchstabieren.

28 *Tod:* Wenn der Tod das absolute Ende der individuellen Existenz ist, dann ist er auch kein interessantes Objekt der Spekulation. Von grundlegender Bedeutung ist dann aber das Verhältnis zum Tod, was wir im Leben zu gewinnen suchen. Vgl. dazu auch E. Benz: Das Todesproblem in der stoischen Philosophie, Stuttgart 1929.
Beendigung: Was durch den Tod beendet wird, das sind die drei existentiellen Funktionen des Menschen: sinnliche Wahrnehmung (Leib), Triebimpulse (Seele/Lebensatem) und Geist. Vgl. auch 3, 16; 8, 41 und 12, 3 mit Anmerkung.

30 *Antoninus:* Adoptivvater des M.A., von diesem in 1, 16 porträtiert.
Gewissen: Der Begriff „Gewissen" kommt bei M.A. nicht vor. Der hier verwendete Begriff ist ein Adjektiv, das soviel bedeutet wie „ein gutes Gewissen habend". M.A. gebraucht das Wort nur an dieser Stelle. – Bei Seneca spielt der Begriff des Gewissens (conscientia) eine erheblich größere Rolle: „Nichts will ich in Rücksicht auf eine (fremde) Meinung, alles in Rücksicht auf mein Gewissen tun" (De vita beata 20, 4). In der Schrift De ira 3, 36, legt Seneca ausführlich dar, was er unter „Gewissen" versteht: Die Seele müsse sich täglich Rechenschaft geben (rationem reddere). Das habe auch Sextius, der römische Philosoph frühaugusteischer Zeit, der mit Senecas Lehrer Sotion in naher Beziehung gestanden hatte, getan, indem er am Ende eines Tages sich selbst zu fragen pflegte, welche seiner Schwächen er geheilt, welchem Fehler er Widerstand geleistet und in welchem Punkte er besser geworden sei. Vgl. auch Pohlenz, Die Stoa I 317f.

32 *Frühere Tätigkeiten:* Wenn die früheren Tätigkeiten für die Seele weder gut noch böse sind, dann besteht auch eigentlich kein Grund zur Reue (Metanoia). Vgl. 8, 2; 8, 10; 8, 53.

34 *Wie groß sind die Freuden:* Die „Freuden", die Räuber, Perverse u. a. erleben, sind keine wahren Freuden. M.A. weist mit dieser bitter-ironischen Bemerkung auf die nur scheinbare, in Wirklichkeit widernatürliche Lust hin, die aus dem Handeln und Verhalten der genannten Personen für sie selbst erwächst. Im Blick auf den im vorausgegangenen Abschnitt (6, 33) geäußerten Gedanken sind die Tätigkeiten der Räuber usw. aus dem Grunde widernatürlich, weil sie im Gegensatz zu den Aufgaben stehen, die dem Menschen als Menschen auferlegt sind und von M.A. an vielen Stellen seines Werkes beschrieben werden. Vgl. u. a. 2, 5 und 3, 6.

35 *Gemeinsam:* Nach Seneca, Ad Lucilium 92, 27, haben wir zwar die sittliche Vollkommenheit und die Glückseligkeit mit den Göttern nicht gemeinsam (so Epikur). „Die Vernunft jedoch ist Göttern und Menschen gemeinsam; sie ist bei ihnen vollkommen, bei uns zu vervollkommnen."

36 *Berg Athos:* Fast 2000 m hohes Gebirge an der östlichen Halbinsel der Chalkidike in Nord-Griechenland. Heute der Sitz der autonomen Mönchsrepublik Athos.
Begleiterscheinung: Vgl. 3, 2.

37 *Wer die jetzige Welt:* Vgl. 11, 1.

38 *Sympathie:* Die „Sympathie" im Kosmos, d. h. die Wechselwirkung aller Elemente und ihr Streben nach Verbindung (vgl. auch 4, 27) ist die Bedingung für das Solidaritätsgebot, das im solidarischen Handeln seine Verwirklichung findet. Die Sympathie für die Menschen wirkt in Analogie zur Sympathie im Kosmos. – Mit dem Begriff „Sympathie" hatte schon die ältere Stoa die innige Wechselwirkung aller Elemente des Kosmos bezeichnet. Bei Poseidonios wird die Sympathie zum Zentralbegriff der Welterklärung (vgl. Karl Reinhardt: Kosmos und Sympathie, München 1926; M. Pohlenz, Die Stoa I 217 ff.): Alles hängt mit allem zusammen, und der Kosmos ist eine große Lebenseinheit. Bei Cicero, De natura deorum 3, 28, findet man denselben Gedanken wieder. Cicero übersetzt den Begriff Sympathie mit consensus (s. auch De nat. deorum 2, 19; De divinatione 2, 33).

42 *Heraklit:* Fragment B 75.
Chrysipp: Neben Zenon (etwa 340–265) ist Chrysipp (280–209) einer der Gründer der stoischen Schule. Eines seiner Fragmente

lautet (SVF II 118): „Wie nämlich die Komödien lächerliche Partien aufweisen, die für sich gesehen zwar schlecht sind, dem ganzen Werk aber einen gewissen Charme verleihen, so könnte man auch die Schlechtigkeit an und für sich tadeln, dem Ganzen aber ist sie nicht nutzlos."

43 *Asklepios:* Gott der Heilkunst.
Fruchtbringende Göttin: Demeter (Ceres), Göttin der Fruchtbarkeit und besonders des Ackerbaues; sie lehrte die Menschen die Feldbestellung.

44 *Staatliche Gemeinschaft:* Schon Epiktet, Diss. 2, 5, 26, sagt, daß der Mensch in zwei „Staaten" lebe. Vgl. auch M.A. 3, 11; Seneca, Ad Lucilium 102, 21.
Antoninus: Der Kaiser M.A. als Adoptivsohn des Antoninus Pius.

47 *Denk dauernd an:* Vgl. 4, 32; 7, 58.
Philistion, Phoibos, Origanion: Unbekannte Zeitgenossen des M.A.
Eudoxos: Eudoxos (4. Jahrh. v. Chr.), Hipparchos (2. Jahrh. v. Chr.), Archimedes (3. Jahrh. v. Chr.) sind berühmte Mathematiker und Astronomen.
Menippos: Philosoph und Schriftsteller des 3. Jahrh. vor Chr., stammte aus Gadara (Syrien), verbreitete seine kynischen Anschauungen in der von ihm geschaffenen Form der Menippeischen Satire, die später von anderen Autoren übernommen wurde, z. B. von Varro, Seneca (Apocolocyntosis Divi Claudii) und Lukian.
Mit Wahrhaftigkeit: M.A. plädiert mehrfach dafür, daß man Böses nicht mit Bösem vergelten solle. S. auch 6, 30.

50 *Zur Verwirklichung einer anderen Tugend:* Vgl. 5, 20 mit Anm.
Nach Unmöglichem streben: Der Begriff „nach etwas streben / das Streben" (Gegensatz „Ablehnung, das Meiden") ist wertfrei und bezeichnet keinesfalls ein Pathos, eine Leidenschaft, einen als negativ zu bewertenden Affekt. Das Streben muß sich aber immer auf die Dinge richten, die in der Macht / Reichweite des Menschen liegen (vgl. auch 5, 34). In 11, 37 zitiert M.A. allerdings Epiktet, der dazu auffordert, sich des Strebens völlig zu enthalten. Damit kann aber auch nur das unvernünftige Streben gemeint sein wie auch in 11, 7. – Im Vergleich mit den Triebkräften, dem Wollen, ist das „Streben" mehr das Wohlwollen, nicht das Wollen, da sie nicht zum Handeln drängt. Vgl. 8, 1.

52 *Es ist möglich:* Zum Begriff des Aufnehmens (Hypolepsis) vgl. 2, 15 mit Anmerkung.

Über diese Angelegenheit: Über welche Angelegenheit, sagt M.A. nicht. Es kann sich um einen beliebigen Vorgang handeln.

SIEBTES BUCH

1 *Schlechtigkeit:* Moralisches Fehlverhalten wie 5, 35.

3 *Gerenne aufgescheuchter Mäuse:* Vgl. 11, 22, wo M.A. an die Angst und die heillose Flucht der Landmaus und der Stadtmaus (Horaz, Satiren 2, 6, 79–117) denkt. Schon Horaz schließt sich (wie auch M.A.) der kynischen Argumentationsweise an: Die Kyniker benutzten die Tierfabel zur Erläuterung ihrer Lehre. Das „Gerenne" bezeichnet Horaz mit currere ... pavidi und trepidare (113 f.). M.A. könnte mit dem Wort „Gerenne" direkt auf die Formulierung des Horaz anspielen.

4 *Wortsinn ... Beweggrund:* Vgl. 8, 22.

9 *Nur einen Gott:* Zum Gottesproblem s. auch 1, 17; 2, 11; 11, 40. Gott ist für M.A. kein persönlicher Gott. Er ist Geist (Nūs): 5, 30; 12, 2; 2, 1), Natur (Physis): 7, 23; 10, 14; 2, 9; 10, 6; 11, 18), schöpferisches Prinzip: 9, 1, der Kosmos als Schöpfer: 12, 1, zeugende Vernunft: 4, 14; 6, 24.

12 *Aufrecht:* Vgl. 3, 5.

13 *Im System aller vernünftigen Wesen:* Die Einzelwesen sind nicht nur Teile, sondern Glieder eines allumfassenden Organismus; sie existieren nur in Beziehung zu diesem. Vgl. 6, 38 mit Anmerkung über den Begriff der „Sympathie" im Kosmos, des allgemeinen „Konsens" alles Existierenden. Die Welt als Ganzes ist also als vollkommenes Lebewesen gedacht. Vgl. auch 7, 19.

Noch nicht von Herzen: Vgl. 7, 22.

Ausschließlich Freude: „Ausschließlich", eigentlich: „abschließend", d.h. daß mit der guten Tat alles erledigt ist und keine Gegengabe erwartet wird. Vgl. auch 9, 42, und 7, 73.

Gutes zu tun: Vgl. 9, 31.

14 *Bewußtsein:* Der Mensch hat die Freiheit zu entscheiden, was und wie er etwas in sein Bewußtsein aufnimmt (Hypolepsis). Zu diesem Zentralbegriff der Erkenntnistheorie und Ethik des M.A. vgl. 2, 15 mit Anm. und Hinweisen auf zahlreiche andere Stellen.

16 *Falls es sich nicht selbst stört:* Das leitende Prinzip (Hegemonikon) ist unabhängig und frei. Allerdings besteht auch die Gefahr, daß es diese Unabhängigkeit verliert: 2, 2; 3, 4; 8, 43; 8, 48.

17 *Glück:* Vgl. Platon, Timaios 90 c: Wer nach Wissen strebt und sich um wahre Erkenntnisse bemüht..., der muß, wenn er die Wahrheit berührt, unsterbliche und göttliche Gedanken haben und in dem Maße, wie es der menschlichen Natur möglich ist, an der Unsterblichkeit Anteil zu haben, darauf nicht verzichten, und er muß außerordentlich glücklich sein, da er stets das Göttliche in sich pflegt und den in ihm wohnenden göttlichen Geist in all seinem Glanz erstrahlen läßt.

22 *Keinen Schaden zugefügt hat:* Hier klingt der sokratische Gedanke an, daß ein schlechter Mensch einem guten keinen Schaden zufügen kann. Platon, Apologie 41 c–d; „... daß es für den guten Mann kein Übel gibt, weder im Leben noch im Tode. Vgl. auch Platon, Staat 10, 613 a: „So müssen wir demnach daran denken, daß dem gerechten Mann, mag er nun in Armut leben oder in Krankheit oder was sonst für ein Übel gehalten wird, ja auch dieses zu einem Guten ausschlagen werde im Leben oder auch nach dem Tode."

28 *Innere Ruhe und Heiterkeit:* Übersetzung für galēnē. Vgl. Anmerkung zu 12, 22. Das Wort bedeutet eigentlich die „Meeresstille". Schon Demokrit (460–371 vor Chr.) vergleicht die vollkommene Ruhe der Seele mit dem „Meeresspiegel" bzw. der „völlig ruhigen, glatten See" (A 1, Diels-Kranz II 84, 21).

31 *Jener sagt zwar:* Demokrit B 9, B 125: „Nur nach üblicher Redeweise gibt es Farbe, Süßes, Bitteres. In Wahrheit aber gibt es nur Atome und das Leere."

35 *Glaubst du:* Platon, Staat 6, 486 a: „Hältst du es für möglich, daß einem Menschen, den Größe des Denkens und Überblick über die gesamte Zeit und das gesamte Sein auszeichnen, das menschliche Leben etwas Bedeutendes zu sein scheint?" – „Unmöglich," sagte er. 486 b: „Also wird ein solcher Mensch auch den Tod nicht für furchtbar halten?" – „Keinesfalls."
Der Text steht im Rahmen einer Erörterung über die Eigenschaften der philosophischen Natur.

36 *Königlich:* Der Satz wird Antisthenes, dem Gründer der kynischen Philosophenschule, zugeschrieben (Fragm. 20 B Caizzi). Vgl. Epiktet, Diss. 4, 6, 20, wo der Satz auch für Antisthenes bezeugt ist. Bei Diogenes Laertius 6, 3 heißt es, Antisthenes habe dies gesagt, als er hörte, daß Platon schlecht über ihn geredet habe.

38 *Man darf den Dingen:* Nr. 38–42 sind Exzerpte aus verschiedenen nur fragmentarisch erhaltenen Tragödien des Euripides: Bellerophon, Fr. 287 (38), unbekannt (39), Hypsipyle, Fr. 757, 6 (40),

Antiope, Fr. 208 (41), Fr. 918, 3 f. Nauck (42). Vgl. 9, 6. In 3, 14, 1 spricht M.A. von Aufzeichnungen und Exzerpten, die er für sein Werk verwenden konnte.

44 *Ich aber könnte:* Exzerpt aus Platon, Apologie 28 b.

45 *So nämlich:* Exzerpt aus Platon, Apologie 28 d

46 *Aber mein Bester:* Platon, Gorgias 512 d–e.

Den Frauen glauben: Gemeint sind hier wohl nicht die Moiren, die Schicksalsgöttinnen, sondern die Frauen im allgemeinen, von denen man in der Antike annahm, daß sie in höherem Maße dem Aberglauben verfallen seien als die Männer und deshalb über visionäre Kräfte verfügten (vgl. Strabo 7, 3, 4: „Alle nämlich glauben, daß die Frauen die Urheberinnen des Aberglaubens seien"). Bei Cicero, De natura deorum 1, 55, wird behauptet, die Überzeugung, daß alles nur durch Schicksalsfügung geschehe, sei normalerweise nur bei alten Frauen anzutreffen.

48 *Platons Wort:* Das folgende Wort stammt nicht von Platon. Vielleicht ist der Satz „Platons Wort ist schön" später in den Text eingefügt worden und bezieht sich auf Nr. 46.

Wenn man sich: Der Text hat eine gewisse Ähnlichkeit mit Lukian, Charon 15. Auch hier betrachten Hermes und Charon „von einem höheren Punkt aus" das Treiben auf der Erde.

49 *Vierzig ... Jahre:* Vgl. 11, 1.

50 *Was aus der Erde kam:* Euripides, Chrysippos, Fr. 839, 9–11 Nauck.

51 *Mit Speisen:* Euripides, Hiketiden 1110 f.

Man muß: Aus einer unbekannten Tragödie: Fr. trag. adesp. 303 Nauck.

52 *Im Ringkampf:* Vgl. Plutarch, Apophthegmata Laconica 236 E: „Jemand sagte zu einem Spartaner, der in Olympia eine Niederlage einstecken mußte: ‚Spartaner, dein Gegner erwies sich als der bessere Mann.' – ‚Nein', antwortete dieser, ‚er war nur besser im Ringkampf.'"

55 *Kümmere dich nicht:* In einem anderen Zusammenhang (4, 38; 7, 62) fordert M.A. jedoch, daß man sich um die seelischen Leitprinzipien anderer Menschen kümmern solle, um ihr Handeln richtig beurteilen zu können.

Jene ganz in ihren Dienst zu stellen: Die vernunftbestimmte Aktivität wird wieder als eine „gebrauchende" bzw. als eine „zum Gebrauchen (anderer Dinge) fähige" Tätigkeit definiert, worauf auch ihre Überlegenheit über die Dinge beruht. Vgl. vor allem 5, 21 mit Anmerkung.

58 *Gleichgültig:* Die Adiaphora, das sittlich Gleichgültige, Indifferente, bilden das Material (Hylē) sittlichen Handelns, das im schönen und guten Gebrauch dieses Materials seine Vollendung findet. Durch den „schönen und guten Gebrauch" der Adiaphora erweist sich der Mensch als „schön und gut". Ob die Adiaphora auch als solche verstanden werden, hängt von der Hypolepsis, d. h. von der entsprechenden Aufnahme der Dinge in unser Bewußtsein, ab. Vgl. 11, 16.

59 *Quelle des Guten:* Vgl. 8, 51.

61 *Kunst eines Ringers:* Vgl. 12, 9.

63 *Sagt er:* Epiktet, Diss. 1, 28, 4 (vgl. auch 2, 22, 36), bezieht sich auf Platon, Sophistes 228 c und Staat 412 e–413a.

64 *Epikur:* Fragment 447 Us. Vgl. auch 7, 33.

66 *Telauges:* Vgl. Diogenes Laertius 8, 43. Telauges soll der Sohn des Pythagoras und vermutlich auch der Lehrer des Empedokles gewesen sein (B 155 Empedokles). Es gibt auch einen Dialog des Sokratesschülers Aischines von Sphettos (geb. ca. 430 vor Chr.) mit dem Titel „Telauges", wo sich Sokrates mit der pythagoreischen Lehre auseinandersetzt. Vgl. H. Dittmar: Aischines von Sphettos, Berlin 1912, 213 ff.

Sokrates: Die Beschreibung des Sokrates hängt im wesentlichen ab von Platon, Symposion 220 a–d, Apologie 32 c und Xenophon, Memorabilien 4, 4, 3. M.A. stellt die Frage, ob Sokrates' Ethik nicht der Ergänzung durch stoische Lehrinhalte bedarf (ab: und sich dabei nicht zu ärgern ...).

67 *Dialektiker:* Nach der klassischen Dreiteilung besteht die Philosophie aus den drei Sachgebieten Physik, Dialektik (Logik) und Ethik.

Solidarisch handelnd: Vgl. 7, 13; 9, 31; 11, 4.

68 *Gebrauch:* Vgl. 5, 21; 7, 55 m. Anmerkungen; ferner 7, 58; 8, 29; 8, 43. Dazu auch Epiktet 2, 5, 1 u. 7 f.: „Das Material ist indifferent, aber der Gebrauch, den wir davon machen, ist nicht indifferent ... Die Dinge müssen sorgfältig gebraucht werden, weil der Gebrauch nicht indifferent ist, und ebenso mit Standfestigkeit und in Seelenruhe, weil das Material indifferent ist ... Der Erwerb der Dinge, bei denen ich behindert und unter Druck gesetzt werden kann, liegt nicht in meiner Macht und ist weder gut noch böse, aber der Gebrauch, (den ich davon mache), ist entweder schlecht oder gut, aber unterliegt meiner Kontrolle."

Der „richtige Gebrauch" als ein Verfahren für den Umgang mit

Dingen und Menschen, auch wenn diese bösartig oder schädlich erscheinen, ist für M.A. eine Form der Daseinsbewältigung, die zugleich dazu beiträgt, wertbezogen zu handeln und Sittlichkeit zu verwirklichen (vgl. auch 7, 58). Das „Gebrauchen" macht den Menschen den Dingen, Ereignissen und anderen Menschen überlegen. Sie sind sein Material (vgl. 4, 1), mit dem er umgeht, ohne sich ihm zu unterwerfen. Der richtige Gebrauch dessen, was ihm widerfährt, läßt den Menschen „besser" werden (10, 33).

69 *Jeden Tag wie seinen letzten:* Vgl. Seneca, Ad Lucilium 98, 6: „...jeden einzelnen Tag habe ich als meinen letzten betrachtet."

73 *Gegengabe:* Daß man ohne Hoffnung auf eine Gegengabe Gutes tun müsse, betont M.A. mehrfach: 5, 6; 7, 13; 9, 42. „Die Pointe des Satzes liegt darin, daß man durch rechtes Handeln, das dem Anderen zugute kommt und darum in der Vulgärmeinung den Anspruch auf Wiedervergeltung begründet, in Wahrheit sich selbst, seiner Seele, die größte Wohltat erweist... Als Faktor eines sittlichen Ordnungssystems ist die Vergeltung schlechthin ausgeschieden" (Albrecht Dihle: Die Goldene Regel. Eine Einführung in die Geschichte der antiken und frühchristlichen Vulgärethik, Göttingen 1962, 68 f.).

ACHTES BUCH

1 *Grundsätze:* Die Dogmata (Grundsätze oder Grundüberzeugungen) werden von M.A. wiederholt als Voraussetzungen ethischen Handelns genannt. Hier erklärt er an einem Beispiel, was er damit meint: Nichts ist gut oder schlecht, was den Menschen nicht besser oder schlechter werden läßt.

Wünsche: Gemeint sind nicht die körperlich bedingten Triebe, sondern der aus den „Grundsätzen" hervorgehende Wille zum konkreten Handeln. Daher werden auch hier die „Wünsche" mit den „Handlungen" verknüpft. Vgl. auch 5, 20, wo M.A. den Willen zum (guten) Handeln beschreibt, also auch dort das zur Tätigkeit drängende Wollen. Zur stoischen Begriffswelt: Adolf Bonhöffer: Epictet und die Stoa. Untersuchungen zur stoischen Philosophie, Stuttgart 1890.

Gerecht...: M.A. stellt mehrfach „Tugendkataloge" auf, in denen Gerechtigkeit, Besonnenheit, Tapferkeit, aber auch innere Unabhängigkeit/Freiheit enthalten sind. Zum Wertbegriff der „inneren

Unabhängigkeit/Freiheit" vgl. den Imperativ „Sei unabhängig" 4, 3. Innere Unabhängigkeit ist kein Wesensmerkmal, sondern eine Leistung des Menschen, die immer wieder neu zu erbringen ist.

3 *Unabhängig:* Vgl. 6, 16. Zum Freiheitsideal der Stoiker s. auch Diogenes Laertius 7, 121 f. Dort wird noch hervorgehoben, daß nur die Weisen zur Herrschaft wirklich qualifiziert seien – und nicht die tatsächlichen Herrscher. Seneca, Ad Lucilium 113, 29, beschreibt Alexander, den großen Sieger und Herrscher, als in Wahrheit unfreien Menschen, da er seine Leidenschaften nicht beherrschen konnte.

8 *Zuzuwenden:* M.A. wiederholt mehrfach, daß es der Natur des Menschen entspricht, sich um andere zu kümmern und für sie zu sorgen: 3, 4; 9, 3. Das gilt selbstverständlich auch für Menschen, die einem unerträglich erscheinen.

12 *Wenn du ungern:* Vgl. 5, 1.

13 *Naturphilosophische . . . Fragen:* Die Stoiker unterschieden drei philosophische Problemfelder: Naturphilosophie (Physik), Ethik und Logik. Aus diesen drei Bereichen gewannen sie ihre Fragen und Lösungsansätze für ihre Strategie der Welt- und Daseinsbewältigung.

16 *Seine Meinung zu ändern:* Schon 4, 12 hält M.A. die Bereitschaft zur Meinungsänderung aus guten Gründen für unerläßlich.

18 *Was gestorben ist:* Vgl. 6, 15 mit Anmerkung. Es gibt kein Sterben, sondern nur Verwandlung.

19 *Götter:* Vgl. 12, 28 über die sichtbaren Götter.

Lustgewinn: M.A. ist davon überzeugt, daß der Lustgewinn (Hēdonē) nicht das Ziel des Menschen sein kann. Die Bestimmung des Menschen kann nur in der Betätigung des Denkens liegen, die seiner Vernunftnatur entspricht. M.A. nimmt eine scharfe Trennung vor zwischen dem vernünftigen Ich und der Außenwelt, zu der auch der Leib gehört. Vgl. 3, 3 über die Geringschätzung des Leibes.

20 *Licht:* Seneca, Ad Lucilium 54, 4: „Tod bedeutet, nicht zu sein. Wie das ist, weiß ich schon: Das wird nach mir sein, was vor mir war." 54, 5: „Ich frage, ob du es nicht für äußerst töricht hältst, wenn jemand glaubte, es gehe einer Lampe schlechter, wenn sie aus ist, als bevor sie angemacht wird? Auch wir werden ausgemacht und angemacht: Dazwischen fühlen wir etwas, vorher und nachher aber ist absolute Stille." – Das Leben ist nur in der Zeit zwischen Anfang und Ende, weder davor noch danach.

25 *Lucilla, Verus:* Eltern des M.A. Secunda und Maximus: Frau des Maximus, der ein Lehrer des M.A. war (1, 15). Epitynchanos, Diotimos sind unbekannt. Antoninus (Pius), Adoptivvater des M.A., Faustina, dessen Gattin. Celer, Redner und Lehrer des M.A. Charax, vielleicht der Historiker. Demetrius, nicht weiter zu identifizieren. Eudaimon, Freund Hadrians.
Mythen: Vgl. 4, 33; 12, 27.

29 *Vorstellungen:* Zum Begriff „Vorstellungen" vgl. 5, 16 mit Anm. Hier sind mit den „Vorstellungen" die „sekundären" Vorstellungen gemeint, d.h. die bereits in einem bestimmten Sinne interpretierten „primären" Vorstellungen von den Dingen und Ereignissen.
Begierde: Sie steht mit der Schlechtigkeit und der Beunruhigung auf derselben Ebene.
Macht und Möglichkeit: Das Gebrauchen wird hier als eine naturgegebene Möglichkeit der Weltbewältigung verstanden. Zum Begriff des Gebrauchens: 5, 21 m. Anm.; 7, 68 m. Anm.

31 *Hof des Augustus:* Vgl. 4, 48. Über die Sterbefälle am Hof des Augustus: Seneca, Ad Polybium 15, 3.
Pompeji: 4, 48, 1.

32 *Hindernis:* 6, 50 und 5, 20 m. Anm.

34 *Wieder anwachsen:* 11, 8.

35 *Umdreht:* 5, 20. Hier wieder das Motiv vom Gebrauchen auch des Widerwärtigen oder Störenden als Stoff für einen sittlich guten Zweck.

37 *Pantheia:* Geliebte des Verus. V. war M.A.s Adoptivbruder und Schwiegersohn (vgl. 1, 17). Pergamos, Chabrias und Diotimos sind nicht weiter bekannt.
Gestank: Zur Geringschätzung des Körpers: 3, 3 m. Anm.

40 *Auffassung:* Die Hypolepsis, die Aufnahme der Dinge und Vorgänge in unser Bewußtsein, ist dafür verantwortlich, daß etwas als erfreulich oder betrüblich wirkt. Wenn keine Hypolepsis stattfindet, gibt es weder Freude noch Ärger.

41 *Wahrnehmung:* Über die drei existentiellen Funktionen (sinnliche Wahrnehmung – Wollen – Geist) s. 12, 3 m. Anm.
Kugel: 12, 3 m. Anm. Die Kugel (Empedokles B 27, 4 und 28, 2) ist das Symbol für die vollständige Autarkie des Geistes.

43 *Das leitende Prinzip:* Hier kann das Hegemonikon als die prak-

tische Vernunft des Individuums verstanden werden, die sein Handeln steuert und seine innere Überlegenheit begründet. S. auch 2, 2; 3, 4; 8, 48.
Gebraucht: 8, 29.

47 *Scheide ... aus dem Leben:* 5, 29.

48 *Leitendes Prinzip:* u. a. 2, 2; 3, 4.
Widerstand leistet: Ob M.A. mit dieser Bemerkung auf das Verhalten der christlichen Märtyrer (11, 3) anspielt, sei dahingestellt. Vgl. Bonhöffer: Epictet..., 37.
Burg: Seneca, Ad Lucilium 82, 5: „Man muß sich mit der Philosophie umgeben, der unbezwingbaren Mauer, die das Schicksal ... nicht überschreitet. An einer uneinnehmbaren Stelle steht die Seele, die alles Äußerliche hinter sich gelassen hat und sich in ihrer Burg behauptet. Kein Pfeil erreicht sie." – Seneca, Ad Lucilium 113, 27: „Was ist Tapferkeit? Eine uneinnehmbare Festung der menschlichen Schwachheit."

49 *Dann geschieht dir nichts:* Offensichtlich sind die „ursprünglichen, ungetrübten Vorstellungen" die noch nicht ästhetisch oder ethisch bewerteten Wahrnehmungen eines Ereignisses oder Vorgangs, obwohl diese zu einer Bewertung und Beurteilung zu drängen scheinen. Andernfalls würde M.A. nicht so stark betonen, daß man bei den „ersten Vorstellungen" bleiben und nichts „hineindeuten" solle. Denn jedes Bewerten, Deuten, Urteilen läßt sich nicht mehr allein aus der sinnlichen Wahrnehmung oder der einfachen Feststellung herleiten, sondern ist noch anderen Einflüssen ausgesetzt. Vgl. auch 5, 16 m. Anm.

50 *Neues daraus herstellt:* Daß alles Werden und Vergehen in der Welt ein lückenloser Recycling-Prozeß ist, betont M.A. mehrfach. Vgl. z. B. 6, 15 m. Anm.

51 *Sie töten uns:* Vgl. 7, 68.
Quelle: 7, 59.
Unabhängigkeit: Vgl. 5, 9 mit Anmerkung.

52 *Theaterbesucher:* Zu M.A.s Abscheu gegenüber dem Theaterwesen: 6, 46.

58 *Empfindungslosigkeit:* 3, 3.

ANMERKUNGEN

NEUNTES BUCH

1 *Füreinander geschaffen:* 7, 55.
Wille der Natur: 4, 49; 5, 1. Epiktet, Diss. 1, 17.
Wahrheit: 7, 9.
Häufig tadelt: 2, 11.
Denn sie würde nicht beides hervorbringen: Gemeint sind Freuden und Schmerzen, Leben und Tod, Ruhm und Ruhmlosigkeit usw., die zu den „gleichgültigen Dingen" zählen und nicht etwa als „gut" oder „schlecht" einzustufen sind.
Anstoß der Vorsehung: 7, 75.

3 *Ganz versessen auf den Tod:* Vgl. 1, 3.
Eine gewöhnliche ... Regel: 4, 50.

4 *Zu seinem eigenen Schaden:* 4, 26. Vgl. die Umkehrung: 7, 73.

5 *Oft tut ... Unrecht:* Damit muß nicht unbedingt nur unsere „Unterlassungssünde" gemeint sein. Es kann auch die verpaßte Gelegenheit, die ungenutzte Stunde, der vertane Tag gemeint sein: „Als Kaiser Titus einmal bei Tisch einfiel, daß er den ganzen Tag lang niemandem einen Gefallen getan hatte, sprach er jene denkwürdigen und mit Recht gelobten Worte: Freunde, ich habe einen Tag verloren" (Sueton, Divus Titus 8, 1). Auf der anderen Seite kann es auch eine Tugend sein, etwas nicht zu tun bzw. etwas zu unterlassen, wie z. B. einen Eid oder ein gegebenes Wort nicht zu brechen (vgl. Catull 76, 3: nec violasse fidem). Bei Cicero, De officiis 1, 20, ist es die erste Aufgabe der Gerechtigkeit, dafür zu sorgen, daß niemand irgendeinem Schaden zufüge.
Der ganze Abschnitt ist im Zusammenhang mit der von M.A. mehrfach wiederholten Aufforderung zum Tätigsein und zum Handeln zu sehen. Vgl. bes. 9, 16: Nicht im passiven Ertragen, sondern im Handeln erfüllt der Mensch seine spezifische Aufgabe.

7 *Einbildung:* Vgl. 7, 29.

8 *Eine einzige Seele:* 12, 30.

9 *Alles, was an einem Gemeinsamen teilhat:* Diese Auffassung ist die naturphilosophische Grundlage für die ethische Forderung nach dem solidarischen Handeln (vgl. u. a. 7, 13; 9, 31; 11, 4; 7, 67, 3; 5, 6). Der einzelne ist der Gemeinschaft verpflichtet, d. h. er lebt nicht ohne sie, und sie ist auf ihn angewiesen.
Sympathie: Zum Begriff der „Sympathie" vgl. 6, 38 mit Anm. Dort ist von der Sympathie im Kosmos, d. h. der innigen Wechselwirkung alles Seienden die Rede.

10 *Frucht:* 11, 1.

11 *Belehre sie:* 11, 18.

12 *Bewegen:* 6, 16.

15 *Ganz für sich draußen:* 4, 3.

16 *Nicht im passiven Verhalten:* M.A. bringt hiermit seine Verpflichtung, die ihm aus seiner Rolle als Kaiser des Imperium Romanum erwächst, auf eine kurze Formel. Er selbst ist „das vernünftige und politisch tätige Lebewesen“, auf dessen Aufgabe er sich mit dem berühmten Begriff des Aristoteles besinnt: Der Mensch ist „ein von Natur aus nach Gemeinschaft strebendes, in der und für die Gemeinschaft sich verwirklichendes Lebewesen“ (Politik 1253 a 3 f.).

An Aristoteles erinnert auch die Antithese passives Verhalten – Tätigsein. Vgl. Nikomachische Ethik I 8, 1098 b30–1099 a7, wo es u. a. heißt, daß die Aretē, die ethische Höchstform, auf dem Tätigsein (Energeia) beruhe. Der Unterschied sei gewiß nicht gering, ob man das höchste Gut in einem Besitzen oder in einem Gebrauchen, in einem Zustand oder einem Tätigsein erkenne. Denn ein „Zustand“ könne, ohne positive Auswirkungen zu haben, vorhanden sein, beim „Tätigsein“ komme es dagegen zwangsläufig zu einem Handeln, durch das sich die Aretē erst als solche erweise. – Der aristotelische Begriff der Energeia hat bei M.A. eine zentrale Bedeutung gewonnen. Entsprechendes gilt auch für den Begriff des Gebrauchens (Chrēsis). Die Selbständigkeit und innere Unabhängigkeit der sittlichen Persönlichkeit beruht bei M.A. auf dem Tätigsein (Energeia) und dem aktiven, selbstbestimmten Umgang mit Dingen und Menschen (vgl. u. a. 9, 5). Schon bei Epiktet war der rechte „Gebrauch der Vorstellungen“ der Zentralbegriff, der dem vernunftbestimmten Menschen seine Autonomie gegenüber der Außenwelt ermöglicht. Der Mensch – so Epiktet 3, 1, 25 – ist „ein sterbliches Wesen, das mit der Fähigkeit ausgestattet ist, alle Eindrücke von außen vernunftgemäß zu gebrauchen“. In 5, 21 ist das Gebrauchen die Tätigkeit, auf der die Überlegenheit eines Wesens über andere beruht: Wer alles andere „gebraucht“, hat die größte Macht. –

20 *Wo er ist:* 7, 29.

21 *Lebenslauf:* Vier Altersstufen: vgl. Ovid, Metamorphosen 15, 199 ff. Auch hier ist die Beschreibung der vier Stufen ein Beispiel für den ständigen Wandel: „nec, quod fuimusve sumusve,

cras erimus" (215 f.). M.A.s Nähe zu Ovids Metamorphosen: Vgl. Anm. zu 6, 15.

Tod: Seneca, Ad Lucilium 24, 20: „Täglich sterben wir: Denn täglich wird ein Teil des Lebens fortgenommen, und auch dann, wenn wir wachsen, verringert sich das Leben ... Jeden Tag, den wir verbringen, teilen wir mit dem Tod."

24 *Nekyia:* Ob hier die homerische Nekyia (Odyssee 11, 219 ff.) gemeint ist, sei dahingestellt. Es könnte auch eine Szene aus einer Menippeischen Satire gemeint sein (vgl. 6, 47), wie Wilhelm Capelle: Marc Aurel. Selbstbetrachtungen, Stuttgart [9]1957, 198, meint.

27 *Freundlich:* 9, 11.

28 *Auf und ab:* 6, 17.

Von Ewigkeit zu Ewigkeit: 9, 35.

Schon bald: Vgl. Historia Augusta 4, 28, 4: „Nachdem er am sechsten Tage die Freunde zusammengerufen hatte, lachte er über die menschlichen Dinge, sprach mit Verachtung vom Tod und sagte zu seinen Freunden: ‚Warum weint ihr meinetwegen und denkt nicht vielmehr an den Tod, der uns allen gemeinsam ist?' Und als jene sich zurückziehen wollten, seufzte er: ‚Wenn ihr mich jetzt verlaßt, sage ich euch: Lebt wohl, denn ich gehe euch nur voraus.'"

Veränderung: Metabolē als weltanschaulicher Leitbegriff: vgl. schon 2, 17; 6, 15; 9, 19; 9, 21. – S. u. 9, 32.

29 *Wie unbedeutend:* M.A. meint selbstverständlich auch sich selbst, wenn er feststellt, wie unbedeutend doch diese Menschlein seien, die – wie sie glauben – nach den Grundsätzen der Philosophie Politik treiben. – Trotz der großen Bedeutung der Philosophie für das Leben (vgl. 2, 17) sieht M.A. die engen Grenzen ihrer tatsächlichen Wirksamkeit. Das gilt vor allem für die Utopie eines Idealstaates, in welchem die Philosophen herrschen oder die Herrscher philosophieren: „Wenn nicht ... entweder die Philosophen Könige werden in den Staaten oder die jetzt so genannten Könige und Machthaber wahrhaftig und gründlich philosophieren und also dieses beides zusammenfällt, die Staatsgewalt und die Philosophie ..., eher gibt es keine Erholung von dem Übel für die Staaten, Glaukon, und ich denke auch nicht für das menschliche Geschlecht ..." (Platon, Politeia V 473 c–d). M.A. verwirft die platonische Utopie nicht. Aber er sieht die engen Grenzen, die einem Handeln nach philosophischen Grundsätzen in der Realität des politischen Alltags gezogen sind. Dennoch bedeutet ihm die

Philosophie nicht die Flucht aus dem Alltag. Wenn er auch feststellt, daß die Philosophie den Alltag nicht verbessern kann, so ist er doch davon überzeugt, daß sie den Alltag, auch den Alltag des verantwortlichen Politikers, zu bewältigen hilft. Philosophie ist kein Weg zur Verbesserung, aber zur Bewältigung des Lebens.
Ohne eine Änderung der Grundüberzeugungen: Darin liegt eine entscheidende Ursache dafür, daß ein Idealstaat nicht realisierbar ist.
Schlicht und bescheiden: Vgl. aber auch 2, 17, wo die Philosophie als die einzige Kraft beschrieben wird, mit der sich das Leben bewältigen läßt.

30 *Von oben hinabschauen:* Vgl. die Szenerie in Lukians „Charon". S. dazu 7, 48 mit Anm.

31 *Im solidarischen Handeln:* Vgl. 7, 13; 11, 4.

36 *Der faulige Rest:* 6, 13.

37 *Gleichgültig:* 7, 49.

40 *Götter:* Zum Gottesproblem vgl. 1, 17; 2, 11; 12, 28, wo M.A. die Existenz von Göttern voraussetzt.
Götter . . . helfen: 9, 11.

41 *Epikur:* Fragment 191 Usener. Vgl. Seneca, Ad Lucilium 66, 47: Epikur habe zwei Arten von Gütern unterschieden. Erstens die Güter, die er sich wünscht, wie z. B. die Ruhe des Körpers und der Seele. Zweitens die Güter, die er sich zwar nicht wünscht, aber dennoch lobt und anerkennt, wie z. B. das Erleiden von Krankheit und schlimmsten Schmerzen. Davon war Epikur an seinem letzten und gleichwohl glücklichsten Tag in besonderem Maße betroffen: Er sagt nämlich, er habe unerträgliche und nicht mehr zu steigernde Blasen- und Unterleibsschmerzen; trotzdem sei für ihn jener ein glücklicher Tag.

42 *Das Unmögliche:* 11, 18.
Hoffnung auf eine Belohnung: Wer Gutes tut, darf nicht damit rechnen, daß ihm dies vergolten wird. Man muß sich damit abfinden, daß die gute Tat „abschließend" getan wird. Vgl. 7, 13; 7, 73. Will derjenige, der sich damit abfindet, ohne Hoffnung auf Vergeltung Gutes tun zu müssen, der Enttäuschung über die Undankbarkeit vorbeugen? Vgl. auch noch 5, 6, wo drei Typen von Menschen unterschieden werden, die an anderen eine gute Tat vollbringen.
Es genügt dir nicht: Nach stoischer Tradition ist das gelungene Handeln im Sinne der menschlichen Natur, in Übereinstimmung mit dem spezifischen Menschsein, die Bestform der Selbstverwirklichung und d. i. die Eudämonie (vgl. Diogenes Laertius 7, 85–89;

SVF I, 552; Pohlenz, Die Stoa I 111–118; II 64–68; M. Forschner: Die stoische Ethik. Über den Zusammenhang von Natur-, Sprach- und Moralphilosophie im altstoischen System, Stuttgart 1981, 212–226). – Wie alles auf der Welt zu einem bestimmten Zweck geschaffen ist und sein Wesen erfüllt, wenn es zweckgerichtet tätig ist oder gebraucht wird, so erfüllt auch der von Natur aus zum guten Handeln bestimmte Mensch sein Wesen, wenn er Gutes tut. Daher kann M.A. die rhetorische Frage stellen: „Es genügt dir nicht, daß du etwas getan hast, was deiner Natur entspricht...?" Die unausgesprochene Antwort muß lauten: „Ja, es genügt mir, und ich brauche nichts weiter zu meinem Glück; denn wenn ich im Sinne meiner Natur handele, bringe ich mein spezifisches Wesen zur Vollendung." – Das Wort „genügt", mit dem M.A. seine rhetorische Frage einleitet, besagt im vorliegenden Zusammenhang, daß „tugendhaftes" Handeln eben „genügt" und somit keiner weiteren Bemühungen oder Ergänzungen bedarf, um die Eudämonie zu begründen.

ZEHNTES BUCH

2 *Natur:* Zur Unterscheidung der verschiedenen „Naturen": 8, 41; 3, 6.

Richtlinien: Vgl. 5, 22. Das Wort „Kanon" bedeutet hier auch „Maßstab, Regel, Kriterium".

3 *Aufnahmefähigkeit:* Die Hypolepsis (Aufnahme ins Bewußtsein) läßt die Dinge erträglich und annehmbar werden, wenn sich gleichzeitig die Phantasia (Vorstellung) einstellt, daß das Resultat der Hypolepsis nützlich oder pflichtgemäß ist.

Pflicht: Der Begriff „Pflicht" erinnert an das Werk des Stoikers Panaitios „Über die Pflichten", das Cicero als Vorlage für seine Schrift De officiis vorlag. Die „Pflicht" wird von M.A. nicht expressis verbis definiert; aber er dürfte mit dem Begriff alle Tätigkeiten meinen, die der spezifischen Vernunftnatur des Menschen entsprechen und vor allem zum Wohle der Mitmenschen wirken (z. B. als solidarisches Handeln).

6 *Das glückliche Leben:* Das Wort „glücklich" bedeutet bei M.A. eigentlich „schön dahinfließend". Bei den Stoikern (und mehrfach auch bei Epiktet: z. B. Encheiridion 8) wird das „gute Fließen" mit Eudaimonia (Glück) gleichgesetzt (SVF I 184; Pohlenz, Stoa und

Stoiker. Die Gründer – Panaitios – Poseidonios, Zürich (Artemis) 1950, 109).

7 *Vergehen ... Sich verändern:* Daß nichts vergeht, sondern alles sich verändert, ist ein grundlegender Gedanke des M.A., der seine Weltanschauung entscheidend bestimmt: Vgl. 7, 18; 7, 23; 9, 35; 4, 36. Auch 9, 28 m. Anm. und weiteren Stellen. Seneca, Ad Lucilium 71, 14.

8 *Bis zum nächsten Tag aufhebe:* Es handelt sich bei den Tierkämpfern um Menschen, die zur Volksbelustigung in der Arena mit wilden Tieren kämpfen mußten und den Wunsch hatten, trotz ihrer Verwundungen noch ein zweites Mal den Kampf mit den Tieren aufzunehmen, um auf diese Weise ihr Leben um einen Tag zu verlängern. Deshalb verlangen sie, daß man sie – wie Opfertiere – „bis zum nächsten Tag aufhebe", d.h. für den Kampf am nächsten Morgen am Leben lasse.

Geh ganz aus dem Leben: Dazu Rudolf Hirzel: Der Selbstmord (1908), Darmstadt 1966, 70f. Der Selbstmord ist nach stoischer Auffassung ein gutes Recht des Menschen. Wer sich selbst tötet, kann kein Unrecht tun, weil Leben und Tod zu den „gleichgültigen Dingen" (Adiaphora) gehören.

Ihnen ähnlich werden: Die „Verähnlichung mit Gott" wird von Platon, Theaitetos 176b, als die Möglichkeit bezeichnet, die Welt (des Bösen) hinter sich zu lassen und gerecht und fromm zu werden. – Für M.A. ist diese „Verähnlichung" der Prozeß, der das „Göttliche" im Menschen voll zur Wirkung bringt.

10 *Sarmaten:* M.A. kämpfte während seiner Feldzüge gegen die Markomannen und Quaden auch gegen die Sarmaten, ein Nomadenvolk iranischer Abstammung in Südrußland.

Räuber: Wer etwas fängt, ist ein Räuber, auch wenn dieses „Fangen" vom Staat befohlen wird, wie es beim „Sarmaten-Fangen" der Fall ist. Hier geht es um die richtige Benennung von Vorgängen, die im privaten Bereich als Verbrechen, auf Befehl des Staates aber pflichtgemäßes Handeln bedeuten. Vgl. Seneca, Ad Lucilium 95, 30: „Nicht allein im persönlichen Bereich, sondern auch in der Öffentlichkeit verüben wir Wahnsinnstaten. Totschlag unterdrücken wir und Mord – bei einzelnen: aber Kriege und das ruhmreiche Verbrechen des Völkermordes? Nicht Habsucht, nicht Grausamkeit kennt ein Maß. Und solange derartiges verstohlen und von Einzelpersonen verübt wird, ist es weniger schädlich und weniger ungeheuerlich: aufgrund von Senatsbeschlüssen und

Volksentscheiden werden Grausamkeiten verübt und werden von Staats wegen Dinge befohlen, die dem einzelnen verboten" (Übers. v. Manfred Rosenbach).

21 *Die Erde verlangt:* Nach Euripides, Fr. 898, 7ff. N.

23 *Oder sonstwo:* Vgl. dazu auch den Hinweis auf die Land- und Stadtmaus (7, 3; 11, 22 mit Anm.).

Platon: Die Formulierungen stammen aus Platon, Theaitetos 174 d–e: Der „weltfremde" Philosoph vergleicht den Tyrannen mit einem Hirten, der allerdings ein boshafteres Tier melkt als der Hirte, der nur seine Schafe oder Rinder melkt. Der Tyrann, der in die Mauern seiner Burg eingezwängt ist, kann ebenso ungesittet und ungebildet sein wie der Hirte, der von seinen Hürden im Gebirge umschlossen ist.

M.A.s Zitate aus dem Theaitetos sollen vor allem daran erinnern, daß dort der „weltfremde" Philosoph den Unterschied zwischen dem Tyrannen und dem Hirten nicht sieht oder sehen will. Für ihn befinden sich beide in derselben Situation. Beide sind auf ihre Weise ungesittete und von den übrigen Menschen isolierte Wilde. Ein Beispiel also dafür, daß es keinen eigentlichen Unterschied gibt.

24 *Geist:* Das Hegemonikon ist also nicht identisch mit dem Geist (Nūs) oder der Vernunft (Dianoia). Es ist aber auch nicht identisch mit dem „Ich" der Persönlichkeit. Denn „ich" kann es zu bestimmten Zwecken gebrauchen und dieses Gebrauchen reflektieren. Vgl. 2, 2 mit Anmerkung.

28 *Freiwillig zu folgen:* Vgl. Seneca, Ad Lucilium 107, 11 mit den Versen des Stoikers Kleanthes: „Führe, Vater und Herr des hohen Himmels, wohin es dir gefällt: Ich gehorche unverzüglich ... Wenn man zustimmt, führt einen das Schicksal; wenn man nicht zustimmt, schleppt es einen mit sich."

31 *Satyron:* Die Namen gehören weitgehend unbekannten Personen. So ist es auch zweifelhaft, ob mit Kriton und Xenophon die Schüler des Sokrates, mit Euphrates der von Plinius, Epist. 1, 10, 10, und Epiktet, Diss. 3, 15, 8; 4, 8, 17, erwähnte Philosoph und mit Alkiphron der Rhetor des 2. Jahrh. n. Chr. gemeint sind.

32 *Du mußt dich:* Vgl. 10, 8.

33 *Richtig umgeht:* Zum Begriff des rechten Gebrauchs vgl. u. a. 9, 16 m. Anm.; 5, 21 m. Anm.; 7, 68 m. Anm.; 8, 29 m. Anm.

34 *Wort zur Erinnerung:* Homer, Ilias 6, 146–149: „Gleichwie Blätter im Walde, so sind die Geschlechter der Menschen; siehe, die einen

verweht der Wind, und andere wieder treibt das knospende Holz hervor zur Stunde des Frühlings: So der Menschen Geschlecht, dies wächst, und jenes verschwindet" (Übers. von Hans Rupé (Tusculum). Vgl. auch Seneca, Ad Lucilium 104, 11: „... Aber wie der Blätter Fall belanglos ist, weil sie wieder wachsen, so ist es der Verlust der Menschen, die du liebst und die du für die Erquikkung deines Lebens hältst, weil sie ersetzt werden, auch wenn sie nicht wiedergeboren werden" (Übers. von Manfred Rosenbach).

38 *Verborgene Macht:* Gemeint ist das Hegemonikon, das seelische Leitprinzip. Vgl. 2, 2 m. Anm.

Jene Macht ist ... der Mensch: Das Hegemonikon wird hier also mit dem Menschen als solchem gleichgesetzt, allerdings nur in Beziehung auf seine Vernunftnatur.

ELFTES BUCH

1 *Sie sieht sich selbst ...:* Zur Unabhängigkeit und Selbständigkeit der vernunftbegabten Seele vgl. auch 6, 8.

Tanz: Ein vernunftbestimmtes Leben kann jederzeit beendet werden, ohne daß es von minderem Wert wäre. Die lange Zeit ist kein Kriterium für den sittlichen Wert eines Lebens. Vgl. auch Cicero, De finibus 3, 24, wo die Weisheit mit der Darstellung des Schauspielers und dem Tanz verglichen wird. Was die Weisheit mit diesen Künsten jedoch nicht gemeinsam hat, ist die Tatsache, daß sie ganz allein auf sich selbst angewiesen und bezogen ist.

Wiederentstehung des Weltganzen: Daß die Welt periodisch vergeht und wieder entsteht, setzten bereits die Vertreter der Alten Stoa voraus: Zenon und Kleanthes. Vgl. SVF II 596–632. Diese Anschauung geht wohl auf Heraklit zurück. S. dazu auch Pohlenz, Die Stoa I 78. II 44. M.A. weist selbst auf Heraklits Lehre von der Ekpyrosis, der Weltverbrennung, hin: 3, 3.

3 *Widerspruchsgeist:* Das Handeln aufgrund einer klaren Entscheidung und mit einer überzeugenden Begründung hat einen höheren Wert. Auch Epiktet, Diss. 4, 7, 6 unterstellt den Christen irrationale Beweggründe für die Duldung des Martyriums. Die Gegenüberstellung von abgewogenem Urteil und irrationalem Todesverlangen findet sich auch bei Seneca, Ad Lucilium 30, 12: „Man sieht, wie gewisse Leute sich den Tod wünschen ... Ich weiß nicht, von welchen ich annehmen soll, daß sie uns mehr Mut

beweisen, die den Tod fordern oder die ihn heiter und ruhig erwarten, da ja jene Einstellung mitunter aus Wahnsinn und plötzlichem Ekel entsteht, während dies eine ruhige Entscheidung aus gesichertem Urteil ist." – Ob M.A. an dieser Stelle wirklich an die christlichen Märtyrer gedacht hat, wird von einigen Fachleuten bestritten; sie erklären die Wendung „wie es bei den Christen der Fall ist" für einen nicht auf M.A. zurückzuführenden späteren Zusatz zum Text, den z. B. J. Dalfen tilgen will (Teubner-Ausgabe [2]1987). – Zum Verhältnis des Kaisers M.A. zu den Christen vgl. Wilhelm Nestle: Griechische Geistesgeschichte, Stuttgart 1944, 483: „M. Aurel hat nach diesen seinen ethischen Grundsätzen auch gelebt . . . Um so auffallender ist es, daß er, dessen Gesinnung in der Nächsten- und selbst Feindesliebe der des Christentums verwandt war, zu diesem kein positives Verhältnis fand und lokale Verfolgungen durch einzelne Statthalter, die unter seiner Regierung stattfanden, nicht verhinderte. Er hat aber in seinem Edikt an den Landtag der Provinz Asien, der ein Vorgehen gegen die Christen von ihm gefordert hatte, dieses abgelehnt, außer wenn sie etwas gegen das Römische Reich unternehmen sollten. Sympathisch waren sie ihm aber nicht, und er fand ihre Haltung gegenüber dem Tod im Unterschied zu der ruhigen und überlegten Art des Stoikers ‚leichthin oppositionell und theatralisch' (11, 3)."

4 *Solidarisch:* Vgl. 9, 31 und 12, 20 mit Anmerkung.

6 *„Ach, Kithairon":* Zitat aus der Tragödie des Sophokles, Oedipus Tyr. 1391. Der Kithairon ist ein Berg in Böotien, auf dem Ödipus wegen des Orakels, er werde einst seinen Vater töten, ausgesetzt wurde. Mit dem Ausruf „Ach, Kithairon" beklagt er, daß er nicht schon als Kind umgekommen sei. – Auch Epiktet, Diss. 1, 24, 16, zitiert diese Stelle, um an König Ödipus den Aufstieg und jähen Fall eines Menschen zu demonstrieren.

„Wenn ich und meine Kinder . . .": Euripides, Antiope, Fragment 207 N.

„Über das Gegebene . . .: Euripides, Bellerophon, Fragment 289 N.

„Das Leben . . .": Euripides, Hypsipyle, Fragment 757, Vers 6. M.A. zitiert diese Verse auch in 7, 41; 38; 40.

Diogenes: Gemeint ist der Kyniker Diogenes (404–323 vor Chr.). Viele seiner Aussprüche sind von Diogenes Laertius 6, 20–81 überliefert. Die Behauptung, daß Diogenes sich die Sprache der Alten Komödie (z. B. Aristophanes) mit ihrer Offenheit und Direktheit aneignete, beruht auf folgendem Tatbestand: Die Komödie durfte frei und unzensiert Anstößiges aussprechen und über Politiker und Regierende uneingeschränkt schimpfen und diese durch Spott und Witz lächerlich machen. Der Kynismus übernimmt das Ideal der Offenheit (Parrhesie) von der Komödie. Vgl. auch Diogenes Laertius 6, 69: Der Kyniker Diogenes soll auf die Frage, was unter Menschen das Schönste sei, geantwortet haben: „Das freie Wort, die Parrhesie." M.A. sieht den Zusammenhang zwischen Kynismus und Komödie in der Parrhesie mit ihrer erzieherischen Funktion. Dazu auch: Gunnar Rudberg: Diogenes the Cynic and Marcus Aurelius, in: Eranos 47, Uppsala 1949, 7–12. Zum Ganzen: Heinrich Niehues-Pröbsting: Der Kynismus des Diogenes und der Begriff des Zynismus, München 1979, bes. 167 ff.

10 *Keine Natur ist geringer als eine Kunst:* Theiler vermutet, daß es sich um einen Vers aus einer Komödie des Menander (geb. etwa 342 vor Chr.) handelt (Willy Theiler: Kaiser Marc Aurel – Wege zu sich selbst, Zürich (Artemis) 1951, 342).

Künste ahmen ... Dinge nach: Ein in der Antike weit verbreiteter Gedanke, z. B. Aristoteles, Physik 194 a 21; Cicero, De natura deorum 2, 81.

Das Wort technē (Kunst) umfaßt ein größeres Sachfeld als das deutsche Wort „Kunst"; es bezieht sich ganz allgemein auf die Fähigkeit des Menschen, etwas herzustellen (z. B. mit den Händen), entsprechende Werkzeuge zu gebrauchen, etwas sachgerecht zu verwenden, aber auch geistige Leistungen zu vollbringen.

Gleichgültige Dinge: Im Text steht die „mittleren" Dinge, d. h. alles, was weder gut noch böse, also gleichgültig ist und der menschlichen Beeinflussung entzogen bleibt. Der Mensch darf sich von den Dingen, die er nicht beeinflussen kann, auch nicht beeinflussen lassen.

12 *Kugel der Seele:* Vgl. 12, 3 mit Anmerkung. Mit der „Kugel" ist wahrscheinlich die empedokleische Kugel (Sphairos) gemeint, die in sich geschlossen, unabhängig und unantastbar im Raum schwebt. – Wenn M.A. die Seele mit einer Kugel vergleicht, dann schließt er sich der allgemeinstoischen Auffassung von der Körperlichkeit der Seele an. Vgl. auch 5, 33, wo er die Seele als „Dampf aus dem Blut" bezeichnet.

13 *Phokion:* Athenischer Feldherr und Politiker im 4. Jahrh. vor Chr., der trotz seiner großen Verdienste um Athen im Jahre 318 als Feind der Demokratie hingerichtet wurde. Nach Aelian, Varia Historia

12, 49, sollen seine letzten Worte gelautet haben: „Den Athenern das erlittene Unrecht nicht nachtragen.“

15 *Wolfsfreundschaft:* Unechte, nur vorgetäuschte Freundschaft, wie sie in der antiken Fabel dem Wolf oft zugeschrieben wird.

16 *Auffassung:* Die Hypolepsis, die Aufnahme der Dinge und Vorgänge in unser Bewußtsein, entscheidet darüber, ob wir die „gleichgültigen Dinge“, die Adiaphora, auch als solche begreifen. Zum Begriff der Adiaphora vgl. auch 5, 20; 5, 36; 7, 58.

18 *Aus einem anderen Grund:* Hier spricht M.A. von seiner Rolle als Herrscher, die er mit der Funktion eines Leittieres in einer Herde vergleicht (nicht mit der eines Hirten).

„Wenn es nicht die Atome sind ...“: Vgl. schon 4, 3, ferner 10, 6. Hier geht es um die Alternative „Epikur oder Stoa“, Zufall oder Vorsehung.

20 *Das Hauchartige:* Zur Unterscheidung der vier Elementarbereiche „hauchartig“, „feurig“, „erdig“ und „feucht“ vgl. schon 4, 4. Im Gegensatz zu den vier körperlichen Elementen steht der denkende Seelenteil, der zur Abweichung von seiner natürlichen Bestimmung neigt.

21 *Wer nicht immer ...:* Cassius Dio 71, 34, 5 über M.A.: Er war in jeder Hinsicht der Gleiche und änderte sich niemals. – Hier zeigt sich wieder, daß bei M.A. Leben und Lehre übereinstimmten. Auch der Redner Aristides (Ad reg. 113 Jebb) sagte über M.A.: „Er war bis zum Ende derselbe.“

22 *Land- und Stadtmaus:* Siehe schon 7, 3 mit Anmerkung. Es handelt sich um eine Anspielung auf die Fabel von der Land- und Stadtmaus, die z. B. bei Äsop (314 Hausrath), bei Horaz (Satiren 2, 6, 79–117) und bei Babrios (108) in jeweils anderer Fassung vorliegt. – Wenn sich M.A. an die Land- und Stadtmaus und an deren heillose Flucht erinnert, so spricht manches dafür, daß er auf die bei Horaz vorliegende Fassung anspielt. Denn die Erwähnung der Fabel in 7, 3 bezieht sich offensichtlich direkt auf Horaz: M.A. gibt dort das Horazische currere (rennen) und trepidare (angstvoll hin und her laufen) beinahe wörtlich mit Hin- und Herlaufen wieder. Darüber hinaus entspricht in 11, 22 die Angst Horazischem pavidi (angstvoll) und διασόβησις (eig. das Verscheuchen) der Situation bei Horaz: Die Mäuse werden von einem großen Hund verscheucht.

Wenn es zutrifft, daß Horaz in der Satire 2, 6 mit der Erzählung der Fabel nicht etwa das Leben auf dem Lande gegenüber einem

Leben in der Stadt idealisiert und als erstrebenswert hinstellt, sondern beides für gleichermaßen unbefriedigend hält, dann könnte M.A. mit seiner Erinnerung an die beiden Mäuse-Leben etwa folgendes ausdrücken wollen: Wo man lebt, ist ohne Bedeutung; entscheidend ist, ob es ein Leben in Ataraxie (Seelenruhe) und ohne Angst ist. Das ist ebenso (oder ebensowenig) in der Weltstadt Rom wie auf dem Lande zu erreichen. Vielleicht ist dies auch die „Lehre" der Satire 2, 6 und ihres von Epikur angeregten Autors. M.A. ist hier wie Horaz epikureischem Denken verpflichtet.

23 *Lamien:* Lamia, die Verschlingerin, war im griechischen Volksglauben ein Gespenst, das Kinder fraß und diesen Angst machen sollte. – In Platons Kriton 46 c wird die Androhung von Gefangenschaft und Tod durch die Macht der Masse als Kinderschreck bezeichnet. Auf diese Stelle spielt auch Epiktet an: Diss. 2, 1, 15. Vgl. auch 3, 22, 105 f.

25 *Perdikkas:* Nach Seneca, De beneficiis 5, 6, 2, war es nicht Perdikkas, der König von Makedonien (um 430 v. Chr.), sondern Archelaos, dessen Sohn, mit dem Sokrates sprach. Vgl. auch Diogenes Laertius 2, 25, der Archelaos mit Sokrates zusammentreffen ließ.

26 *Ephesier:* Es spricht einiges dafür, daß man an dieser Stelle nicht Ephesier, sondern Epikureer lesen sollte. Denn Seneca, Ad Lucilium 11, 8, überliefert folgenden Ausspruch Epikurs: „Einen tüchtigen Mann müssen wir lieben und uns immer vor Augen halten, damit wir so, als ob er uns zusehe, leben und alles tun, als ob er uns zuschaue."

28 *Xanthippe:* Über Sokrates' Ehefrau Xanthippe vgl. Diogenes Laertius 2, 37.

30 *Du bist ein Sklave:* Ein Vers aus einer unbekannten Tragödie: Fragment. adesp. trag. 304 Nauck.

31 *Mein liebes Herz:* Homer, Odyssee 9, 413.

32 *Schwatzend:* Hesiod, Op. 186, wo allerdings die Tugend (Aretē) nicht der Gegenstand der Schmähung ist.

33 *Es ist ein Zeichen:* Nr. 33 bis 35 sind Auszüge aus Epiktet, Diss. 3, 24, 86–93.

36 *Es gibt keinen Räuber:* Epiktet, Diss. 3, 22, 105.

37 *Er sagt:* Epiktet, Fragment 27.

Möglichkeit zum Verzicht: Das Wollen (vgl. 8, 1) ist hypothetisch; es schließt die Möglichkeit zum Verzicht ein, wirkt also „unter Vorbehalt". Denn das gewollte Handeln kann durch äußere Umstände verhindert werden. Aus diesem Grund kann das Wol-

len nicht eigentlich scheitern. Es strebt nicht nach bedingungsloser Durchsetzung.
Streben: Zum Begriff des Strebens vgl. 5, 34; 6, 50 mit Anmerkung. Hier kann nur ein unvernünftiges Streben gemeint sein, das man nicht zulassen darf. Vgl. auch 11, 7.

38 *Der Kampf:* Epiktet, Fragment 28. Vgl. auch Epiktet, Diss. 1, 22, 17–21.

ZWÖLFTES BUCH

3 *Körper, Lebensatem und Geist:* Der Leib wird nicht einfach der Seele gegenübergestellt. M.A. unterscheidet hier drei Existenzbereiche des Menschen: Leib – Lebensatem – Geist. In 3, 16 hatte er Leib – Seele – Geist unterschieden und dem Leib die Fähigkeit zur sinnlichen Wahrnehmung, der Seele die vitalen Funktionen, das Sinnen und Trachten, das Wollen und Begehren, die Energie und Triebkraft, und dem Geist die (sittlichen) Grundüberzeugungen, die Prinzipien naturgemäßen Handelns zugewiesen.
Vgl. auch 6, 28, wo M.A. den Tod als die Beendigung der drei existentiellen Funktionen des Menschen definiert. Dieselbe Dreiteilung liegt auch 8, 41 zugrunde, wo von möglicher Behinderung bzw. Fremdbestimmung der Funktionen gesprochen wird.
An allen Stellen, wo M.A. von dieser Dreiteilung ausgeht, will er hervorheben, daß nur der Geist eine spezifisch menschliche Kraft ist. Vermutlich besteht M.A. auf dieser Dreiteilung, die Epiktet, seinem Lehrer, und den früheren Stoikern noch fremd war (s. Adolf Bonhöffer: Epictet und die Stoa, Stuttgart 1890, bes. 29–32), um die reine Vernunft (nūs) von den vitalen Funktionen des Pneuma, der niederen Schicht der Seele, scharf zu trennen (s. dazu auch Max Pohlenz, Die Stoa I 344).
Der empedokleische „Sphairos" . . .": Empedokles B 27, 4 und 28, 2. Das Fragment stammt aus dem Lehrgedicht „Über die Natur", wo Empedokles (um 450 vor Chr.) die These vertrat, daß die vier Elemente (Feuer, Wasser, Luft, Erde) ursprünglich in der alles umfassenden Weltkugel (Sphairos) miteinander verbunden waren. Später trennten sich die Elemente, und durch Anziehung und Abstoßung (Liebe und Haß) bildet sich immer wieder neu die Welt. Werden und Vergehen sind nach Empedokles nicht die bestimmenden Vorgänge, sondern nur noch Verbindung und

Trennung. M.A. teilt offensichtlich die Anschauung des Empedokles.

4 *So achten wir ...:* Das „Achten auf jemanden", die Achtung (Aidōs) ist „der sittliche Instinkt, das angeborene Gefühl für die Menschenwürde, das ihn (sc. den Menschen) davor behütet, den Dämon in der eigenen Brust zu besudeln und zum Spielball lokkender Vorstellungen zu machen, und das ihm als Aufgabe weist, die Pflichten gegen Gott und die Menschen zu erfüllen" (Pohlenz, Die Stoa I 341).

Diese Bewertung der Aidōs teilt M.A. mit Epiktet.

5 *Wie kam es denn ...:* Im „Herakles" des Euripides (655 ff.) heißt es (Übers. v. J. J. C. Donner): „Wäret ihr klug, Götter, und wögt Menschengeschick mit Weisheit, schenktet ihr wohl doppelte Jugend, ein helles Merkmal des Verdienstes dem, welchen er schmückt; vom Hades kehrt' er wieder zum Sonnenlicht, die neuen Bahnen zu wandeln; Unedlen aber verlieh't ihr ein einfaches Lebensgeschick. So würden die Bösesten am ehsten und die wakkeren Männer erkannt ... Doch kein göttliches Zeichen grenzt nun die Guten und Bösen ab ..." Es ist nicht auszuschließen, daß M.A. auf diese Stelle im „Herakles" Bezug nimmt, um Euripides zu widersprechen.

8 *Bloßes Aufnehmen:* Daß alles zunächst nur Hypolepsis, bloßes Aufnehmen, ist, betont M.A. mehrfach: z. B. 2, 15; 3, 9, 1; 12, 22; 12, 25; 12, 26.

Hier (12, 8) wird nochmals deutlich, was gemeint ist: Das bloße Aufnehmen der Dinge und Vorgänge reicht nur bis zu den „Rinden" des Wirklichen. Diese müssen beseitigt werden, um die Dinge „nackt", und „unverhüllt" zu erkennen. Mittels der Phantasia können sie dann bewertet werden: s. 10, 3. Darüber hinaus betont M.A., daß es in der Macht des Menschen liege, mittels des bloßen Aufnehmens den Wert oder Unwert der Dinge selbst zu bestimmen. Vgl. auch 12, 22.

9 *Boxer:* M.A. verwendet den Begriff „Pankratiast" („Allkämpfer"). Dieser ist ein Kämpfer, der den „Allkampf" beherrscht, d. h. eine Verbindung von Ringen und Boxen. Das Ziel dieses Kampfes bestand darin, den Gegner niederzuwerfen und mit Faustschlägen kampfunfähig zu machen. Nach Gellius 13, 28, 3 f. hat Panaitios, der Stoiker, in seinem Werk „Über die Pflichten" gefordert, daß man sich gegen die Beschwerden und Gefahren des Lebens so mit Geistesgegenwart und Standhaftigkeit wappnen müsse, wie die

Pankratiasten im Kampf mit ihrem Gegner. „Denn so wie diese, sobald sie zum Kampf herausgefordert sind, mit weit vorgestreckten Armen sich hinstellen und Kopf und Gesicht durch die vorgehaltenen Hände wie mit einem Wall verwahren ..., ebenso muß die geistige Willenskraft eines klugen und umsichtigen Mannes allenthalben und jederzeit Vorsicht anwenden gegen die Macht und Launenhaftigkeit der Ungerechtigkeiten und Widerwärtigkeiten, und er muß erwartungsvoll, unerschütterlich, völlig gedeckt, schlagfertig, selbst in Bedrängnis unverrückten Blickes den Mut nicht sinken lassen, nirgends sein Augenmerk ablenkend dastehen und muß (all' sein Sinnen und Denken) alle Entschließungen und Gedanken, gleichsam als Arme und Hände zur Schutzwehr gegen alle Schicksalsschläge und gegen alle Hinterlist seiner Feinde entgegen halten, damit bei einer plötzlich hereinbrechenden Gefahr ein Überfall uns nicht unvorbereitet (ungerüstet) und unbeschützt überrascht" (Übersetzung: Fritz Weiß).

12 *Unfreiwillig Fehler begehen:* Im platonischen „Protagoras" erklärt Sokrates, er sei der Überzeugung, daß kein Mensch freiwillig etwas Böses tue, sondern daß alle, welche etwas Böses täten, es unfreiwillig täten (Protagoras 345 d–e). M.A. beruft sich an mehreren Stellen auf Sokrates, die philosophische Autorität schlechthin.

14 *Entweder ... die Unausweichlichkeit des Schicksals ...:* Über diese drei Möglichkeiten reflektiert auch Seneca, Ad Lucilium 16, 4. *Geist:* Die Unterscheidung der drei Existenz- oder Funktionsbereiche (s. Anm. zu 12, 3 und 2, 2) räumt dem Geist wiederum die höchste Stellung ein: er ist der ruhende Pol im Durcheinander des Weltgeschehens; er wird von diesem nicht affiziert.

20 *Ziel „Solidarität":* Für M.A. ist der Mensch von Natur aus bzw. seiner Natur nach ein auf Solidarität angelegtes Lebewesen (z. B. 3, 4), das in solidarischem Handeln seine Erfüllung findet (z. B. 4, 33; 5, 1; 5, 6; 6, 7; 7, 55).

22 *Bloßes Aufnehmen:* Alles, was dem Menschen begegnet, wird, bevor es auf das Hegemonikon Einfluß nimmt, über diesen passiven Vorgang des Aufnehmens (Hypolepsis) erfaßt, über das der Mensch Macht hat. Die Hypolepsis ist kein Verfahren, das von sich aus zu einer Bewertung der Dinge führt. Wenn die Hypolepsis völlig ausgeschaltet ist, dann genießt das Hegemonikon völlige Ruhe. Offensichtlich ist die Hypolepsis keine aktive Auseinandersetzung mit den Dingen, sondern ein passives Aufnehmen von

Eindrücken, Empfindungen und Wahrnehmungen im Vorfeld ihrer reflektierenden Verarbeitung durch das Hegemonikon. Die unreflektierte Hypolepsis verursacht auch die Entstehung der Affekte. Daher fordert M. A. in 12, 25 die Distanzierung von Hypolepsis, um „gerettet" zu werden.

Stille: M. A. verwendet hier den Begriff galēnē (wie schon 5, 2; 7, 28; 7, 33; 7, 68; 8, 28) zur Bezeichnung des seelischen Friedens, der durch den „Rückzug in sich selbst" zu erreichen ist. Das Wort bezeichnet eigentlich die „ruhige See", die „Meeresstille", die „Windstille".

27 *Fabius Catullinus:* Die genannten Personen, die uns außer dem Kaiser Tiberius weitgehend unbekannt sind, werden von M. A. als Beispiele für „Aussteiger" (aus Menschenhaß?) aufgeführt. Tiberius, röm. Kaiser 14–37 nach Chr., zog sich im Jahre 26 angewidert vom Leben in der Hauptstadt auf die Insel Capri zurück.

28 *Sie sind auch den Augen sichtbar:* Damit sind die Sterne gemeint. Der Glaube an die Göttlichkeit der Gestirne entwickelt sich in Griechenland vor allem unter den Gebildeten. So erkennt z. B. Platon in den Himmelskörpern die wahren Götter (Nomoi 10, 885 e). In Rom war vor allem der Sonnenglaube lebendig. Über die Bedeutung der Sonne in der Lehre des Stoikers Poseidonios: Pohlenz, Die Stoa I 224 und 229.

Ich habe zwar auch meine Seele . . .: In Xenophons Memorabilien 4, 3, 13–14 bezeugt Sokrates seinen Glauben an die „unsichtbaren" Götter, indem er ihre Existenz aus ihren sichtbaren Werken erschließt. In diesem Zusammenhang weist er darauf hin, daß auch die Seele zwar unsichtbar, aber dadurch erkennbar sei, daß sie im Menschen ihre göttliche Herrschaft ausübe. Wer dies bedenke, dürfe das Unsichtbare nicht übersehen, sondern müsse aus seiner Wirkung auf seine Gegenwart schließen. In seinen „Tuskulanischen Gesprächen" (1, 70) gibt Cicero den stoischen Gedanken wieder, daß man Gott zwar nicht sehe, ihn aber aus seinen Werken erkenne, und daß auch die menschliche Seele, die man nicht sehen könne, an ihrer Funktion als göttliche Kraft erkennbar sei. Über M. A.s Verhältnis zum Götterglauben vgl. auch 2, 11 und vor allem 1, 17, wo er seine Dankbarkeit gegenüber den Göttern äußert.

34 *Verachtung des Todes:* Nach Gellius 2, 8 sagt Epikur über den Tod, daß er gleichgültig sei, da es nach einer einmal erfolgten Auflösung keine Empfindung mehr gebe. M. A. meint mit denjenigen, die die Lust für ein Gut halten, die Anhänger Epikurs.

36 *Schauspieler:* Der Vergleich des Menschen mit einem Schauspieler findet sich z. B. auch bei Epiktet, Encheiridion 17: „Erinnere dich, daß du ein Schauspieler in einem Drama bist . . . Spiele deine Rolle, ob sie nun kurz oder lang ist . . .“ Vgl. Seneca, Ad Lucilium 77, 20: „Wie im Theaterstück, so ist es auch im Leben nicht von Bedeutung, wie lange, sondern wie gut es geführt worden ist. Es ist gleichgültig, wo man aufhört. Wo immer du willst, hör auf. Nur setze einen guten Schlußpunkt.“

Mit heiterem Herzen: Heiterkeit als Grundeinstellung zum Leben: 3, 16; 8, 45. Heiter sterben: 2, 3; 2, 17. Bei Seneca, Ad Lucilium 30, 3 wird es als eine Wirkung der Philosophie bezeichnet, den Menschen angesichts des Todes mit Heiterkeit zu erfüllen. – Heiterkeit und Freundlichkeit sind für M.A. erstrebenswerte Einstellungen gegenüber Welt und Menschheit. Nicht ohne Grund wird dieser Gedanke am Schluß des Werkes noch einmal hervorgehoben.

NACHWORT

„Solange wir leben, werden wir, wie es scheint, der Erkenntnis nur dann sehr nahe kommen, wenn wir uns möglichst wenig mit dem Körper beschäftigen und uns nur soweit mit ihm abgeben, wie es unbedingt notwendig ist, und uns nicht von seinem Wesen anstecken lassen, sondern uns von ihm rein halten, bis der Gott selbst uns von ihm befreit ... Oder bist du anderer Ansicht? – Ganz im Gegenteil, lieber Sokrates. – Sokrates fuhr fort: Wenn das aber wahr ist, mein Freund, dann besteht große Hoffnung, daß ich dort, wo ich hingehe, wenn überhaupt irgendwo, gleich nach meiner Ankunft das zur Genüge bekommen kann, worauf all unser Tun im jetzt abgelaufenen Leben zielte. Darum ist der mir jetzt verordnete Abschied mit guter Hoffnung verbunden. Das gilt auch für jeden anderen, der davon ausgehen kann, daß seine Seele als gereinigt dasteht. – Ganz recht, sagte Simmias. – Bedeutet dies aber nicht schon Reinigung, worüber wir seit langem sprechen, die Seele möglichst weit vom Körper zu trennen und sie daran zu gewöhnen, daß sie sich in jeder Hinsicht vom Körper entfernt sammelt, zu sich selbst kommt und soweit wie möglich in Gegenwart und Zukunft allein und für sich existiert, vom Körper wie aus einem Gefängnis befreit? – Genauso, antwortete er. – Nennt man das also Tod: Lösung und Trennung der Seele vom Körper? – Völlig richtig, lautete seine Antwort. – Aber die Lösung der Seele vom Körper streben stets mit ganzer Entschlossenheit nur die wahrhaft philosophischen Menschen an, und genau das ist die eigentliche Arbeit der Philosophen: Lösung und Trennung der Seele vom

Körper. Oder nicht? – Offensichtlich. – Wäre es demnach, wie ich anfangs sagte, nicht lächerlich, daß ein Mann, der sein Leben lang daran arbeitet, in möglichst großer Nähe zum Tode zu leben, wenn dieser wirklich unmittelbar bevorsteht, darüber klagte? – Lächerlich. Wieso nicht? – Es ist also wirklich so, mein lieber Simmias, sagte er, daß die wahren Philosophen sich darum bemühen, das Sterben zu lernen, und daß sie die letzten sind, die den Tod fürchten."

Dieser Ausschnitt aus einem Gespräch zwischen Sokrates und Simmias, einem seiner jüngeren Freunde, in Platons Dialog „Phaidon oder über die Seele" (67 a–e) konfrontiert den Leser mit der Frage, die Marc Aurels Ausführungen wie ein roter Faden durchzieht: Wie soll ich mit meiner tiefverwurzelten Angst vor dem Leben und dem Sterben umgehen? Die Antwort lautet für den römischen Kaiser wie für den griechischen Philosophen: Wir stellen uns dieser Angst, wenn wir uns der Philosophie anvertrauen. Denn Philosophieren bedeutet, sterben zu lernen, weil sie den Weg zeigt, wie man zu sich selbst kommt und sich selbst in seinem spezifischen Menschsein erkennt und begreift. Die Besonderheit des Menschen aber offenbart sich einerseits in der Souveränität seines Geistes, andererseits in der Begrenztheit seiner physischen Existenz und der Unausweichlichkeit des Todes. Das ist auch der eigentliche Sinn des apollinischen Imperativs: „Erkenne dich selbst, d. h. erkenne, daß du ein sterbliches Wesen bist" oder „Denk an deine Grenzen, die dir aufgrund deiner Sterblichkeit gesetzt sind". Philosophieren ist danach nichts anderes als das Aufspüren und Abschreiten der Grenzen des Menschen: „Der Mensch soll wissen, wohin er geht, woher er kommt, was für ihn gut, was schlecht ist, wonach er streben, was er meiden soll, was die Vernunft leistet, die unterscheidet, was zu tun und was zu lassen ist, wie der Wahnsinn der Leidenschaften und Begierden eingeschränkt und das Wüten der Ängste bezwungen wird." Mit diesen Grundfragen menschlicher Existenz stellt sich Seneca (Ad Lucilium 82, 6) dem apollinischen Imperativ und geht ein Stück desselben Weges weiter, den Marc Aurel fortsetzte. In seiner „Trostschrift an Marcia", an eine Mutter, die ihren Sohn verloren hatte, sagt Seneca (11, 1–3) – scheinbar ohne Mitgefühl für den Schmerz der Trauernden: „Sterblich bist du geboren, Sterbliche hast du geboren: Du selbst, ein morscher und schlaffer Körper und mit Krankheitskeimen gefüllt, hast gehofft, in so schwachem Stoff Festes und Ewiges getragen zu haben? Abgeschieden ist dein Sohn: das heißt, er ist gekommen zu dem Ziel, zu welchem auch das eilt, was du für glücklicher hältst als dein Kind. Hierher kommt sie gänzlich, die auf dem Forum prozessiert, in den Theatern schaut, in den Tempeln betet – die Menge – mit ungleichem Schritt: und was du liebst und was du verachtest, wird die eine Asche gleichmachen. Das besagt jener an der pythischen Orakelstätte angeschriebene Spruch: Erkenne dich. Was ist der Mensch? Ein Gefäß, durch beliebige Erschütterung und beliebigen Stoß zu zerbrechen..."* Das ist der gleiche Horizont, den der mächtigste Mann der damaligen Welt durchmißt, der wie keiner die ungeheure Diskrepanz zwischen dem äußeren Glanz der hohen Stellung und der Wirklichkeit menschlicher Schwäche und Bedeutungslosigkeit in der Unendlichkeit von Zeit und Raum empfunden hat. Im Bewußtsein der Notwendigkeit, seinem von Vernichtung und Nichtigkeit bedrohten Leben einen Sinn abzugewinnen, verfaßte er die vorliegende Sammlung von Aphorismen und Reflexionen, die uns in zwölf Büchern erhalten sind.

Für den überlieferten Titel Τὰ εἰς ἑαυτόν oder Τῶν εἰς ἑαυτὸν βίβλια dieser Sammlung aus unterschiedlich langen und

* Übersetzung von Manfred Rosenbach: L. Annaeus Seneca. Philosophische Schriften. Erster Band, Darmstadt 1969.

z. T. extrem kurzen Stücken, aber auch mehrseitigen Abhandlungen gibt es unterschiedliche Übersetzungsvorschläge. Eine kleine Auswahl sei hier genannt: „Wege zu sich selbst" (Willy Theiler), „Selbstbetrachtungen" (Wilhelm Capelle, Albert Wittstock), „An sich selbst" (Albin Lesky), „Gedanken über sich selbst" (Egidius Schmalzriedt). Die Entscheidung für die Übernahme des Titels „Wege zu sich selbst" dürfte den Gedanken der fortgesetzten Reflexion im Sinne des apollinischen Imperativs, dem sich der Autor verpflichtet wußte, am besten zum Ausdruck bringen. Darüber hinaus verbildlichen die „Wege zu sich selbst" die immer wieder neuen Versuche des Autors, zur Gewißheit über seine Rolle als Mensch in der Welt zu gelangen. Denn die Texte sind keine abgeklärten „Selbstbetrachtungen" oder „Gedanken über sich selbst", sondern Dokumente eines zähen und mitunter leidenschaftlichen Suchens nach dem Sinn individueller Existenz, die der unausweichlichen Vernichtung ausgesetzt bleibt.

Marc Aurel begann seine Aufzeichnungen wahrscheinlich etwa zwölf Jahre vor seinem Tode. Zu zwei Büchern sind Angaben über den Entstehungsort überliefert: Im Land der Quaden am Gran und in Carnuntum. Dort hielt sich der Kaiser in den Jahren 168/69 und 171/72 auf. Es ist nicht sicher, ob die Ortsangaben für das erste oder das zweite und für das zweite oder das dritte Buch seiner Aufzeichnungen gelten. Trannoy, dessen Textausgabe der vorliegenden Übersetzung zugrunde liegt, hält es für wahrscheinlicher, daß die Angabe „Im Land der Quaden am Gran" an das Ende des ersten und nicht an den Anfang des zweiten Buches gehört. Dementsprechend gehört die Angabe „In Carnuntum" an den Schluß des zweiten Buches. Gegen Trannoys Lösung könnte allerdings eingewandt werden, daß das erste Buch wahrscheinlich erst nach den übrigen Büchern verfaßt wurde; daraus ergäbe sich, daß die Angabe „Im Land der Quaden am Gran" nicht zum ersten Buch gehören könnte.

Die Würdigung des Werkes und das Verständnis seines Inhalts bleiben davon unberührt, wie man sich in dieser Frage entscheidet. Von ungleich größerer Bedeutung ist jedoch die Tatsache, daß Marc Aurel seine Aufzeichnungen nicht in Rom oder an einem anderen Ort der Stille und Zurückgezogenheit vornahm, sondern während des Krieges gegen die Markomannen und Quaden, die seit dem Jahr 167/68 oder vielleicht schon früher unter Bellomars Führung in Italien einfielen. Diese Vorgänge waren für Rom keinesfalls unerheblich; denn sie setzten die gesamte germanische Welt von Illyrien bis Gallien in Bewegung und führten zu einer ersten Völkerwanderung. Die Germanen zogen sich zwar im Spätsommer des Jahres 168 wieder zurück, als Marc Aurel und sein Adoptivbruder Verus dem Feind entgegentraten. Es kam jedoch nicht zu einem Friedensschluß. Deshalb sah sich der Kaiser gezwungen, weiter vorzudringen, um Pannonien und den Donauraum für Rom zu sichern. Die Germanen drangen tatsächlich erneut vor und fügten den Römern schwere Niederlagen zu. Erst ein Sieg des von Marc Aurel eingesetzten Oberbefehlshabers T. Claudius Pompeianus im Jahre 170 verringerte vorübergehend den germanischen Druck. Doch waren die Germanen keinesfalls geschlagen; sie überrannten vielmehr die dakischen Provinzen und Obermoesien und stießen bis nach Griechenland vor, wo sie u. a. Eleusis zerstörten. Erst im Jahre 172 war die Germanengefahr soweit gebannt, daß Marc Aurel eine militärische Offensive unternehmen konnte, nachdem er zuvor sein Hauptquartier in Carnuntum, dem heutigen Petronell in Niederösterreich, aufgeschlagen hatte. Er unterwarf 173 und 174 die Quaden und Markomannen. Darauf begann er 175 einen Großangriff gegen die für Rom ebenfalls gefährlichen Sarmaten.

Zur gleichen Zeit ließ sich Avidius Cassius, der von Marc Aurel das Oberkommando über den römischen Orient erhalten hatte, als Anführer einer weitverzweigten Verschwörung gegen Marc Aurel zum Kaiser ausrufen. Marc Aurel begab sich unverzüglich in das Zentrum des Widerstands. Als er dort eintraf, war Avidius bereits tot. So konnte der Kaiser am 23. November 176 in Rom den Triumph über die Germanen und Sarmaten feiern. Aber der Krieg gegen die Markomannen brach im Jahre 177 erneut aus. Marc Aurel zog im Sommer 178 in das Kriegsgebiet und blieb dort bis zu seinem Tode am 17. März 180. Er starb im Alter von 59 Jahren in Vindobona, dem heutigen Wien, an der Pest. Zu diesem Zeitpunkt hatte er das römische Imperium fast genau 19 Jahre regiert. Denn am 7. März 161 war sein Vorgänger und Adoptivvater Antoninus Pius gestorben, der seinerseits 138 von dem damaligen Kaiser Hadrian adoptiert worden war.

Marc Aurel, der am 26. April 121 in Rom als Sohn des M. Annius Verus und der Domitia Lucilla geboren worden war, erhielt in seiner Kindheit und Jugend einen vielseitigen, gründlichen Unterricht in verschiedenen Disziplinen: in griechischer und lateinischer Grammatik nicht weniger als in Philosophie und Malerei. Sein prominentester Lehrer war Fronto, der ihn in lateinischer Rhetorik unterrichtete. Von Herodes Atticus wurde er in die griechische Rhetorik eingeführt. Marc Aurel war ein eifriger Schüler und Student; unter dem Einfluß des stoischen Philosophen Q. Iunius Rusticus konzentrierte er sich etwa seit dem Jahr 146 auf die Philosophie und zwar vor allem auf das Studium der stoischen Lehre, die er nicht zuletzt unter dem Eindruck der von Arrian aufgezeichneten Lehrgespräche des großen Stoikers Epiktet zum Zentrum seines philosophischen Denkens werden ließ. Marc Aurel wurde aber nicht nur von Epiktet und den Lehrinhalten der älteren Stoa, sondern auch von Poseidonios, dem bedeutendsten Vertreter der mittleren Stoa, beeinflußt. Das ist u. a. daraus zu schließen, daß Marc Aurels Gedanken an zahlreichen Stellen seines Werkes mit Senecas Äußerungen übereinstimmen, die ganz offensichtlich auf Poseidonios zurückgehen, und Marc Aurel Senecas Schriften wohl nicht gelesen haben dürfte. Allerdings wird Poseidonios von Marc Aurel nirgendwo namentlich erwähnt. Das gilt aber auch für die anderen stoischen Philosophen – abgesehen von Epiktet, den er im ersten Buch ausdrücklich nennt. Wahrscheinlich besaß der Kaiser Handbücher und philosophiegeschichtliche Zusammenfassungen der stoischen Lehre, aus denen er sich Auszüge anfertigte, um sie dann in seine Aufzeichnungen einzufügen.

Es ist merkwürdig, daß Marc Aurel die christliche Lehre, aber auch den Platonismus seiner Zeit und andere philosophisch-weltanschauliche Richtungen nicht zur Kenntnis nahm. Unter diesem Gesichtspunkt wird er wohl mit Recht als ein „altmodischer Denker" bezeichnet, der sich ganz rückwärtsgewandt nicht nur an der Stoa, sondern auch an Heraklit, an Sokrates und Platons Dialogen, aber auch am Kynismus eines Diogenes und an Epikur orientierte. Seine weitgreifende Literaturkenntnis kommt u. a. in zahlreichen Zitaten aus Homers Epen und aus den Werken der griechischen Tragödien- und Komödiendichter zur Geltung.

Von den Menschen, die ihn geprägt und gefördert haben, spricht Marc Aurel mit großer Achtung. Im ersten Buch seiner Aufzeichnungen bringt er seine tiefempfundene Dankbarkeit gegenüber den Menschen seiner nächsten Umgebung zum Ausdruck. Ein besonders inniges Verhältnis scheint er nicht nur zu seinen leiblichen Eltern, sondern auch zu seinem Adoptivvater Antoninus Pius gehabt zu haben. Aber auch seinen Lehrern, allen voran Fronto, mit dem ihn ein uns noch erhaltener Briefwechsel verband, brachte er große Verehrung entgegen. Es muß ihm daher auch schwergefallen sein, dem hochgeachteten Rhetoriklehrer Fronto eines Tages zu erklären, daß er nicht mehr der Vervollkommnung der Redekunst und einer von dieser geprägten Bildung, sondern der Philosophie leben wollte.

Wichtiger als die Suche nach literarisch-philosophischen Vorbildern und Vorgängern des Marc Aurel ist die Klärung der Frage, zu welchem Zweck er seine Aufzeichnungen vorgenommen hat. Vieles spricht dafür, daß er ausschließlich für sich selbst schrieb. Das ist u. a. daraus ersichtlich, daß er an vielen Stellen nur Stichworte formuliert, Zitate eben nur andeutet und ganz persönliche Bemerkungen macht, die nicht zur Veröffentlichung bestimmt sein konnten. Da er griechisch schrieb, dachte er bestimmt nicht an ein römisches Publikum. Nirgends spricht er einen Leser an; alles ist Selbstanrede, Selbstermahnung oder Selbstgespräch. Die Aufzeichnungen waren, da sie in vielem an die literarische Form der Paränese, der moralischen Ermahnung, und der Diatribe, der philosophischen Auseinandersetzung mit praktischen Lebensfragen, erinnern, für den Autor offensichtlich ein Mittel der Selbsterziehung und der Erinnerung an Grundsätze der eigenen Lebensführung und Daseinsbewältigung. Darin sieht Marc Aurel – so scheint es – eine Fortsetzung der Erziehung, die er durch andere erfahren hatte. So läßt sich auch erklären, daß Marc Aurel im ersten Buch von den Eigenschaften und Qualitäten spricht, die er in anderen Menschen verkörpert sieht und die er diesen verdankt, wie er sagt, um dann in den folgenden Büchern zu beweisen, daß er das Erfahrene und Erworbene auch zu gebrauchen versteht, um es wahrhaft zu besitzen und zu leben. Mit dieser Absicht läßt sich auch begründen, daß der Autor kein Interesse daran hatte, das philosophische System der Stoa selbständig fortzuentwickeln, sondern nur einzelne „individuell gewählte und akzentuierte Systemstücke“ (Willy Theiler) auf seine persönliche Lebensführung anzuwenden und zu seiner Selbstorientierung zu nutzen.

Marc Aurel war trotz seiner besonderen Vorliebe für die stoische Philosophie und trotz seiner Verehrung für Epiktet kein „lupenreiner“ Stoiker. Seine mitunter pessimistisch oder gar nihilistisch anmutende Weltsicht ist mit der Überzeugung eines Poseidonios oder Epiktet von der Schönheit der Schöpfung und der Herrlichkeit der göttlichen Natur des Menschen nicht vereinbar. In dieser Hinsicht hat sein Denken einen ausgesprochen kynischen Einschlag, was an verschiedenen Stellen seines Werkes ganz deutlich zutage tritt – vor allem dann, wenn er die Hinfälligkeit des menschlichen Leibes zum Gegenstand seiner Reflexion werden läßt oder das Leid und die Anstrengung als ein Betätigungsfeld für sittliches Handeln ansieht.

Marc Aurels Verhältnis zu seinen Mitmenschen und zum Menschsein als solchem läßt sich wohl am treffendsten anhand seiner Maxime ἀνέχου καὶ ἀπέχου („Ertrag deine Mitmenschen, nimm ihr Menschsein hin, wie es ist, und laß deine Mitmenschen nicht zu nahe an dich herankommen, zieh dich zurück, distanziere dich!“) charakterisieren: Marc Aurel wird nicht müde zu erklären, daß alle vernünftigen Wesen verwandt sind, eine natürliche Gemeinschaft bilden und sich von Natur aus lieben, daß man seine Mitmenschen in ihrer jeweiligen Besonderheit ertragen solle, daß man ihnen verzeihen oder sie eines Besseren belehren müsse, wenn sie etwas Böses getan hätten. Dann aber solle man ihre Meinung und Urteile ignorieren, sich ihrer Bedeutungslosigkeit und Nichtigkeit bewußt sein.

Diese Widersprüchlichkeit ist aufgehoben in einem festen Glauben an die Vernunft der Natur und des Kosmos und an die Vorsehung des göttlichen Schöpfers, der keine Sinnlosigkeit zuläßt. Es kann kein sinnloses Sein geben, weil die Schöpfung als ganze sinnvoll ist. Aber – und das ist eine Erkenntnis, die das ganze Werk durchzieht – der Mensch hat keine Einsicht in die Größenordnung des Schöpfungswerkes. In Relation zur unermeßlichen Größe des Seins in Vergangenheit und Zukunft ist der einzelne Mensch zwar kein Nichts, aber doch auch nicht viel mehr. Im unendlichen Strom der Zeit und in der Weite des Universums geht das individuelle Sein ebenso schnell wieder unter, wie es entstanden ist. Denn das Wesen des Kosmos ist ständiger Wandel, unablässige Veränderung, Auflösung und Entstehung. Nichts hat Dauer, nichts bleibt, wie es war. Auch der Tod des einzelnen Geschöpfes ist nichts anderes als eine ganz natürliche Erscheinungsform des unablässigen Werdens: die Auflösung eines Ganzen in seine Teile, aus denen dann ein neues Ganzes entstehen kann. Das ist kein Nihilismus im eigentlichen Wortsinn, sondern eher vielleicht ein anthropologischer Minimalismus, für den alles Menschliche von minimaler Bedeutung im Gesamtplan der Schöpfung ist. Dieser Minimalismus erwächst aus dem Gefühl für die richtigen Proportionen zwischen dem Sein des Individuums und dem Sein des Weltganzen.

Es ist erstaunlich, daß ein Mensch, der fast 20 Jahre der mächtigste Mann der Welt war, der das Imperium Romanum mit Tatkraft und Erfolg gegen einen gefährlichen äußeren Feind verteidigte, der, ohne Schaden zu nehmen, einer seine Machtposition und sein Leben bedrohenden Verschwörung Herr wurde und der sein hohes Amt in jeder Hinsicht mit glücklicher Hand verwaltete und von hohem Pflichtbewußtsein erfüllt war, sein Menschsein so geringschätzte. Oder ist dies vielleicht gerade ein Zeichen von Größe?

Marc Aurels Interesse an der stoischen Philosophie beschränkte sich keinesfalls – wie mitunter behauptet wird – auf die Ethik. Das Fundament seiner ethischen Reflexion ist die Naturphilosophie, d. h. das Problemfeld, das in der antiken

Terminologie „Physik", „Lehre von der Natur des beseelten und unbeseelten Seins", heißt. Marc Aurel konnte seinen anthropologischen Minimalismus nur aus seinem „physikalischen" Weltbild ableiten, dessen entscheidender Inhalt die Minimalität des individuellen Seins ist. Diese auch empirisch vielfach zu bestätigende Einschätzung der individuellen Existenz als annähernd bedeutungslos in Relation zum Sein und zur Zeit lieferte Marc Aurel den Maßstab seines moralischen Urteils. Wenn man von Sokrates sagte, er habe die Philosophie vom Himmel auf die Erde heruntergeholt, sie in den Städten angesiedelt, sie sogar in die Häuser hineingeführt und sie gezwungen, nach dem Leben, den Sitten und dem Guten und Bösen zu forschen (Cicero, Tuskulanische Gespräche 5, 10), um ihre Bedeutung für den Menschen wirksam werden zu lassen, dann kann man von Marc Aurel behaupten: Er hat nun auch noch den Menschen auf das ihm zukommende rechte Maß im Verhältnis zum Ganzen reduziert. Aus der Einsicht in die minimale Existenz erwachsen entsprechende Verhaltensregeln für den Umgang mit dem Geschehen in der Welt. Und hier verfügt Marc Aurel über einen Schlüsselbegriff: Das ist der Begriff des „richtigen Gebrauchs". Nur derjenige, der die Welt, das Geschehen in der Welt, die Menschen und die Dinge, das von der Vorsehung Bestimmte „richtig gebraucht", ist in der Lage, sein Leben den Bedingungen seiner minimalen Existenz entsprechend zu führen und dieser Existenz den ihr zukommenden Sinn zu geben. Eine Grundregel des „richtigen Gebrauchs" lautet, daß wir uns nicht von den Dingen und Ereignissen berühren lassen dürfen, auf die wir keinen Einfluß haben, die nicht in unserer Macht stehen und für die wir keine Verantwortung übernehmen können. Dazu gehören nicht nur Gesundheit und Krankheit, sondern die Gesamtheit der materiellen Welt. Allein die „Vorstellungen", die wir uns von diesen Dingen bilden, und die Entscheidung darüber, ob und gegebenenfalls wie wir sie in unser Bewußtsein aufnehmen wollen, sind unserer Beeinflussung zugänglich und damit auch moralisch von Bedeutung. Marc Aurel erklärt ebenso entschieden wie vor ihm Epiktet alles für wertfrei, für weder gut noch böse, für moralisch irrelevant, was sich unserem Zugriff entzieht. So ist schließlich auch der Tod als das natürliche Ende der individuellen Existenz weder etwas Gutes noch etwas Schlechtes, weil er als solcher außerhalb der menschlichen Entscheidungsmöglichkeiten liegt.

Das schließt freilich den eigenen, den selbstbestimmten Tod nicht aus. Dann aber muß die Selbsttötung nach stoischer Auffassung eine moralisch relevante Tat sein, eine Form des „richtigen Gebrauchs" der Umstände, der sich nur unter der Bedingung als „richtig" erweist, daß er dem „Gebrauchenden" innere Freiheit und Unabhängigkeit gewährt.

Marc Aurel erwähnt die Möglichkeit der Selbsttötung mehrfach. Aber es scheint so, als ob er es mit seinem Pflichtbewußtsein nicht vereinbaren konnte, diese Möglichkeit für sich selbst ernsthaft in Erwägung zu ziehen.

Die Paradoxie, die darin besteht, daß der mächtigste Mann der Welt eine Philosophie des anthropologischen Minimalismus vertrat und daß er seine Gesundheit und schließlich auch sein Leben dafür hergab, die Grenzen eines Reiches zu schützen, das in dieser minimalistischen Sicht als ein kaum wahrnehmbares Gebilde im alles umgreifenden Kosmos erscheinen mußte, ist schwer zu verstehen. Sie läßt sich aber vielleicht dadurch erklären, daß Marc Aurel, bestärkt durch den stoischen, aber auch epikureischen Versuch, das Dasein zu bewältigen und „richtig zu gebrauchen", von einem ungewöhnlichen Bedürfnis nach Ruhe erfüllt war, nach einer Ruhe, die die Stoiker und Epikureer als „Apathie", als „Freiheit von Leidenschaften", als „Ataraxie", als „seelische Unstörbarkeit", oder als „Galēnē", als „heitere Stille des Herzens", bezeichneten.

Dieses tiefe Verlangen nach Ruhe wird von dem ganz elementaren Bedürfnis gespeist, die permanente Bedrohung des Lebens durch Krankheit, Schmerz und Tod in Würde zu ertragen.

Marc Aurels Aufzeichnungen, seine „Wege zu sich selbst" haben nur das eine Ziel, die Ruhe des Herzens zu finden – durch Minimalisierung der eigenen Existenz. Marc Aurel ist kein Pessimist. Denn wer das Sein als ein sich ununterbrochen verwandelndes Sein begreift, sieht nirgendwo Zerstörung, Vernichtung oder Untergang. Für ihn gibt es kein Nichts. Marc Aurel ist ein Philosoph der Ruhe aufgrund einer Minimalisierung seiner Wünsche und Bedürfnisse. Im Ringen um diese Ruhe hat der Mensch nicht den Drang, die Welt zu besitzen; er braucht nur die Kraft, sie zu ertragen und soweit wie möglich ohne sie auszukommen.

In dieser Hinsicht mag Marc Aurel Epikur ähnlicher sein als einem stoischen Philosophen. Stoisch aber ist an dieser Ruhe, daß sie der freiwilligen, bejahten Erfüllung einer (vom Schicksal) auferlegten Pflicht, dem pflichtgemäßen Handeln, abgerungen wird – durch Nähe und Distanz, aber in Freiheit und Selbstbestimmung.

Die Geschichte der *Textüberlieferung* wurde zuletzt in der neuen Textausgabe von Joachim Dalfen (Leipzig ^{2}1987) ausführlich beschrieben. Marc Aurels Aufzeichnungen wurden zum ersten Mal 1559 bei Andreas Gesner in Zürich gedruckt. Die Druckvorlage war eine leider verschollene Handschrift, der Codex Toxitanus (T), der seinen Namen dem Humanisten Michael Toxites verdankt. Dieser hatte die Handschrift für die Drucklegung besorgt. Dem gedruckten Text ist eine lateinische Übersetzung von Guilelmus Xylander, dem Augsburger Humanisten, beigegeben.

Die einzige vollständig erhaltene Handschrift ist der Codex

Vaticanus 1950 (A), der im 14. Jahrhundert geschrieben wurde. Dieser Codex wurde erst 1774 für eine in Paris gedruckte Textausgabe benutzt.

Daneben gibt es zahlreiche, zu verschiedenen Gruppen zusammenzufassende Handschriften aus dem 14.–16. Jahrhundert, die nur einzelne Teile des Werkes (Exzerpte) enthalten, aber für die Herstellung des authentischen Textes mitunter von großer Bedeutung sind.

Die seit dem 16. Jahrhundert erschienenen gedruckten Textausgaben – von besonderer Bedeutung sind die kommentierten Ausgaben von Thomas Gataker (Cambridge 1652) und von A. S. L. Farquharson (Oxford 1944) – enthalten z. T. sehr wertvolle auch in die neueren Editionen übernommene Textverbesserungen (Konjekturen) für schlecht überlieferte Textstellen.

HINWEIS FÜR DEN LESER

Marc Aurels Wege zu sich selbst sollten nicht in zusammenhängender Lektüre erschlossen werden, indem man Seite für Seite voranschreitet. Die Fülle der Gedanken entfaltet ihre Wirkung erst dann, wenn man sich auf eine kleinere Auswahl konzentriert, um sich zu ruhigem Nachdenken anregen zu lassen. Man könnte – ohne an eine bestimmte Reihenfolge gebunden zu sein – mit folgenden Stellen beginnen, die den Menschen unserer Zeit in besonderem Maße anzusprechen oder auch zur Stellungsnahme herauszufordern vermögen: 1, 12 – 2, 1; 5; 14; 17 – 3, 1; 5; 7 – 4, 1; 3; 24; 37; 49 – 5, 1; 20 – 6, 21; 50; 56; 59; 62 – 7, 18; 22; 26; 27; 56; 62; 65; 69; 70 – 8, 36; 49 – 9, 3; 5; 21; 42 – 10, 19; 30 – 11, 9; 14 – 12, 4; 13.

LITERATURHINWEISE

Ein ausführliches, nach Sachgebieten geordnetes Literaturverzeichnis mit zahlreichen neueren Arbeiten über Marc Aurel und sein Werk enthält die Ausgabe von Joachim Dalfen. Für einen ersten Überblick über Leben und Werk des Autors sind folgende Titel besonders hilfreich:

Birley, A. R.: Mark Aurel, Kaiser und Philosoph, München ²1977.

Bonnart, A.: Marc-Aurèle, in: Rev. de théol. et de philos. 1929, 217–236.

Brunt, P. A.: M. Aurelius in his Meditations, in: Journ. of Roman Studies 64, 1974, 1–20.

Dalfen, J.: Formgeschichtliche Untersuchungen zu den Selbstbetrachtungen Marc Aurels, Diss. München 1967.

Farquharson, A. S. L.: M. A., his Life and his World, Oxford ²1952.

Görlitz, W.: M.A., Kaiser und Philosoph, Stuttgart ²1954.

Hadot, P.: Les „Pensées“ de M.-A., Bull. Budé 1981, 2, 183–191.

Hanslik, R.: Art. Marcus, in: Der Kleine Pauly. Band 3.

Klein, R. (Hrsg.): Marc Aurel, Darmstadt 1979.

Maier, B.: Philosophie und römisches Kaisertum. Studien zu ihren wechselseitigen Beziehungen in der Zeit von Caesar bis Marc Aurel, Diss. Wien 1985.

Maurach, G.: Geschichte der römischen Philosophie. Eine Einführung, Darmstadt 1989.

Misch, G.: Geschichte der Autobiographie. Band 1/2, Frankfurt ³1950, 448–493.

Neuenschwander, H. R.: Mark Aurels Beziehungen zu Seneca und Poseidonios, Bern/Stuttgart 1951.

Pohlenz, M.: Die Stoa. Geschichte einer geistigen Bewegung, Band 1, Göttingen ²1959, 341–353. Band 2, Göttingen ³1964, 167–172.

Schmalzriedt, E.: Art. Tōn eis heauton biblia, in: Kindlers Literatur Lexikon, Band 4, 3019–3020.

Stanton, G. R.: M.A., emperor and philosopher, in: Historia 18, 18, 1969, 570–587.

Theiler, W.: Kaiser Marc Aurel. Wege zu sich selbst, Zürich 1951.